本书是教育部人文社会科学重点研究基地重大项目
"传媒智能化背景下中国传媒和广告产业竞争力研究"
（批准号：16JJD860002）中期成果

教育部"211"工程三期项目
"社会转型与中国大众媒介改革"课题成果
《社会转型与传媒发展研究丛书》编委会

编委会成员：

    石义彬   罗以澄   吕尚彬   张金海

    刘九洲   夏   琼   秦志希   陈   刚

主   编：

    罗以澄

副主编：

    吕尚彬

走向在线社会信息传播系统

——中国报业的转型之路

吕尚彬　熊敏　黄荣　著

人民出版社

策划编辑：陈寒节

责任编辑：王志茹

装帧设计：朱晓东

图书在版编目(CIP)数据

走向在线社会信息传播系统：中国报业的转型之路/吕尚彬，熊敏，
黄荣 著.—北京：人民出版社，2018.9
（社会转型与中国大众媒介改革论丛/罗以澄 主编）
ISBN 978-7-01-019804-0

Ⅰ.①走… Ⅱ.①吕… ②熊… ③黄… Ⅲ.①报业-产业发展-
研究-中国 Ⅳ.①G219.2

中国版本图书馆CIP数据核字(2018)第217560号

走向在线社会信息传播系统
ZOUXIANG ZAIXIAN SHEHUI XINXI CHUANBO XITONG
——中国报业的转型之路
吕尚彬 熊敏 黄荣 著

人民出版社 出版发行

（100706 北京市东城区隆福寺街99号）

北京中兴印刷有限公司印刷 新华书店经销

2018年9月第1版 2018年9月北京第1次印刷
开本：710毫米×1000毫米 1/16 印张：17.25
字数：245千字

ISBN 978-7-01-019804-0 定价：68.00元

邮购地址：100706 北京市东城区隆福寺街99号
人民东方图书销售中心 电话：(010)65250042 65289539

社会转型与传媒发展研究丛书·序

  自从 1978 年 12 月 18 日，中国共产党第十一届三中全会拉开了改革开放大幕之后，中国社会踏上了克服总体性社会危机，在经济全球化、社会市场化、传播数字化、政治民主化的发展轨道上，努力探求经济振兴、社会民主、文化繁荣、国民富裕、民族复兴的转型之路。中国传媒作为影响社会转型发展的核心要素之一，在与政治、经济、文化、技术等协同推进中国社会转型的同时，自身也在转型发展。因此，社会转型与传媒发展的互动互构、协同共进，是当代中国社会的一大重要景观。特别是进入改革开放的第二个三十年以来，伴随着中国社会着力建构和谐社会并开始探索构建公民社会，中国传媒正在本体化、市场化、数字化、国际化的轨道上，不断转型，持续刷新自己。所谓本体化，是讲中国传媒在政治与资本的博弈过程中，日益回归作为社会信息传播系统这一传媒本体，尽管艰难，却竭尽全力地逼近社会事实真相，承担着社会生活的"探照灯"与"监视器"职责；所谓市场化，或者叫产业化，是讲中国传媒在"两分开"的基础上，正在不断演进成为市场主体；所谓数字化，是讲中国传媒伴随着数字技术的创新与扩散，正在构筑新的内容生产与传播机制，并不断形成新的媒介样态；所谓国际化，是讲中国传媒在社会改革开放的大背景下，既不断学习、吸纳发达国家传媒运行的新技术、新经验、新惯例、新思维，又不断提升着自己的国际影响力和传播话语权。这样一些特点和走向，对于具体的传媒组织而言，已经成为影响和制约其发展的战略走向。探索和分析社会转型过程中的传媒转型的特点、规律和走向，这是当下研究中国媒介发展的核心议题和战略议题。因此，在

2008 年，武汉大学新闻与传播学院开始承担教育部"211"工程三期项目"社会转型与中国大众媒介改革"课题时，研究的聚焦点就自然集中在"社会转型与传媒发展"上。经过了多年的艰辛探索和协同创新，课题组获得了一定的创新成果。《社会转型与传媒发展研究丛书》表述的就是这一重大课题的初步成果。

《社会转型与传媒发展研究丛书》是由武汉大学新闻与传播学院的多个研究团队分工负责、联合攻关，才得以推出的一套丛书。整体而言，我们组织这套丛书注重创新性、前瞻性，兼顾实用性。

第一，创新性。中国社会转型过程中的传媒发展问题，已经成为当今全球传播学者所关注的解析"中国案例"的一大战略性话题。这套丛书，便是学术界首推的解决"中国社会转型与传媒发展"这一复杂性问题的学术专著系列。丛书的议题与观点均颇具新意。其中，既有对于社会转型背景下中国公民社会建构与新闻传媒发展一般关系的探究，又有基于协商的民意而对于转型社会的大众媒介与公共决策机制的分析；既有对于转型社会背景下网络与传统媒介新闻宣传的比较，也有对于媒介、民族主义与现代性规划的深度分析；既有对于政府危机公关与大众媒介应对的洞察，也有对于中国社会经济转型中的传媒产业化发展问题与战略思路的探究，还有对于包括报业、广电、网络企业在内的中国十五大传媒集团产业发展的观察。

第二，前瞻性。整套丛书，重视对于中国传媒发展现实问题的捕捉、分析与解决，更注重中国传媒及新闻改革未来走向的探究与思考。这对于转型中的大众传媒在中国社会政治、经济、文化、生态文明构建过程中充分发挥本体功能，具有重要的指引作用。

第三，实用性。丛书以理论与实践相一致为撰述的基本指导思想，既重视学理层面的探索与创新，又重视对于中国传媒发展实践的指导意义，从而表现出较强的实用性。

这套丛书是集体合作、团队协作创新的结晶。作为这套丛书的主编，我要向各部著作的作者及参与者表示衷心的感谢。是你们的精心研究和创造性劳动才促成丛书的生成。我还要向人民出版社及本丛书的策划编辑陈寒节先生表示诚挚的谢意，正是有你们的杰出工作和鼎力支持，这套丛书才得以如此迅速地、精彩地问世。当然，尽管我们做了最大的努力，但由于我们的水平有限，书中"大端之谬，小节之失"在所难免，恳请读者批评指正。

罗昕

2013 年 1 月 28 日

序

在某种意义上，本书既是对课题组最近十余年关于中国报业及传媒业发展思考的一个总结，又是一个探索中国传媒业发展进路的新开始。

2009年出版《中国大陆报纸转型》的时候，我们还倔强地使用了"转型"的概念，试图揭示报业的未来走向。因机缘巧合，2008年底我们还申报成功教育部重点研究基地重大项目（批准号：08JJD860220）"中国报业发展战略转型研究"。那个时候，还是中国报业发展的"黄金时期"。虽然"寒冬论"等盛世危言已经振聋发聩，但我们依旧相信"转型"之后的报业尚有活路。不过，这个课题的研究却十分艰难，我们持续观察、分析、探索将近十年才于去年草草结题。"艰难"在于两个方面：一是研究对象变化剧烈，难以准确洞察其发展变化的内在规律。近些年，我们课题研究对象的变化似乎是戏剧性的，中国报业的命运惊心动魄而又悲怆无比，从生存的顶点断崖式跌到深不见底的"谷底"。2004年之前，还是报纸最为辉煌的时代，被学者称为"大报纸的时代"。时间的车轮转到2005年，报业经营的"拐点"突现之后，似乎在一夜之间报纸进入了最为艰难的时代，进入了面临灭顶之灾的时代。尤其是到了现在，报业的衰落似乎无可挽回。在地铁的列车上，一个个年轻人大多专注地盯着手里的智能手机屏幕而不再读纸报、纸刊；常年守着报摊谋生的大爷或者大妈，无奈地看着行人从自己的面前匆匆走过而不再停留，大街上的报刊亭一天天在消失；从前的优秀报人或者深度报道记者开始纷纷"转场"移动互联网、智库、高校与其他新媒介，以重新寻求生存的峰顶；一些新闻与传播学院的学生们也已经把报纸视为"古典传媒",传统的报社即使有留京户口的诱惑,似乎也不再是他们趋之若鹜的理想职场。特别是1985年以后出生的所谓"网生代"逐步成为社会的中流砥柱的时候,报业似乎正在传媒产业里被次要化、边缘化。二是自身研究能力的局限。基于互联网的发展,讨论以报业的转型为核心的传媒演进话题,是一个典型的"复杂性挑战"问题。时常感觉作者的思维和知识结构难以跟上中国互联网及其平台媒体的日新月异的发展。在整个课题研究展开的艰难进程中,不断学习,不断突破,持续地构建自己与传媒发展变化相适应的洞察能力与知识结构,一直是课题组的艰巨任务之一。

从思想轨迹来看,本书基本观点的形成,有几个关键点。一是大约在2012年导入产业更替与再生理论,跳出一般意义的业界趋势追踪和表层分析,试图从产业更替的内层面洞察互联网产业对媒介生态的颠覆逻辑,这才形成对中国传媒产业演进逻辑与轨迹的基本判断;二是基于长时段演进轨迹的判断和长期的产业观察,2013年上半年形成以互联网平台为基础的报业实现产业转型的思路。从转型的角度思考报业及传媒业的走向,则是在2014年前后。在2014年中国传媒大会会议上的主报告之一《重组中重生:报媒的转型生存逻辑》,则是最早从转型的角度发声的。到了2015年11月,在深圳大学新闻与传播学院辜晓进教授组织的学术沙龙上,与曹轲先生、唐润华先生纵论"报业路在何方"这一核心话题,转型就成为我的核心支撑话语了。

如果说中国报业发展的基本路径是转型的话,那么其目标则是成为"在线社会信息传播系统"的一部分。事实上,今天的传媒就是在线社会信息传播系统。所谓媒介融合,所谓传媒资源重组,所谓互联网的"倒整合",其结果则是生成在线社会信息传播系统。当然,"上线""在线""隐线""超线"则可能是基于智能传播新技术不同发展阶段所形成的在线社会信息传播系统的不同形态。例如,今天的传媒学术界瞩目的智能媒体,即是在线社会信息传播系统的较高级阶段的形态。因此,我们在2016年又成功申报教育部重点研究基地重大项目(批准号:16JJD860002)《传媒智能化背景下中国传媒和广告产业竞争力研究》，进一步探索中国传媒产业的智能化发展之道。

本书集中讨论基于互联网发展的中国报业的转型，以至于形成在线社会信息传播系统，以期为第四次工业革命背景下中国当代传媒的智能化发展进路提供一种基础性思考。

是为序。

吕尚彬

2018 年 8 月 8 日

目　录

引　论 ……………………………………………………………… 1

第一章　中国报业发展战略转型的机理分析 ………………………… 11
　第一节　核心概念 …………………………………………………… 11
　第二节　报业的生命周期及中国报纸产业重组 ………………… 19

第二章　市场与互联网双重视阈下中国报业的困境 …………… 47
　第一节　中国媒介产业化演进与报纸的产业化转型的纠结 …… 47
　第二节　互联网的发展与报业"数字化转型"的无奈 ………… 67

第三章　中国报业致困原因与影响因素 …………………………… 81
　第一节　中国报业致困原因 ……………………………………… 81
　第二节　中国报业困境的影响因素 ……………………………… 102

第四章　中国报业转型战略的基本路径与内容 ………………… 120
　第一节　中国报业的激进式变革 ………………………………… 120
　第二节　市场化转型战略 ………………………………………… 140
　第三节　互联网化转型战略 ……………………………………… 149

第五章　新型传媒业态：重构与"网生代"的连接 …………… 177
　第一节　在线社会信息传播系统的初级形态及其特征 ……… 177
　第二节　用户战略 ………………………………………………… 186
　第三节　平台化战略 ……………………………………………… 196

第六章　2011年以来发达国家报业发展状况及分析 ………… 210
　第一节　美国报业发展及其付费墙战略 ……………………… 210

第二节　日本报业发展及其多元化跨位战略 ·················· 227

第三节　英国报业发展及其平台战略 ······················ 240

第四节　发达国家报业转型发展战略分析 ················· 248

结　语 ·· 259

后　记 ·· 263

引 论

在当代中国新闻传播与媒体发展的现实图景之中，有两大传媒发展事件非常引人注目：一是以报纸、电视为代表的传统媒体的日益衰落；二是以互联网为社会传播构造的新范式，正在重组传媒资源，构建着在线社会信息传播系统。本书着力探讨的核心问题是中国报业在新的在线社会信息传播系统构建过程中转型的可能性及其战略走向。

一、研究背景和价值

在中国传媒产业激进式变革正波澜壮阔地展开的历史进程中，中国报业正处于断崖下跌、化蛹蝶变、凤凰涅槃、转型的"关键时刻"，不断凸显"关键问题"。

"关键时刻"的出现，既有全球报业面临的共性背景，又有中国报业自身的特殊背景。

所谓"共性背景"，强调的是全球报业共同面临的来自新技术革命、传媒新技术的创新与扩散、互联网的强劲发展所带来的颠覆性压力。众所周知，互联网导入商用之后，传统纸媒逐步成为夕阳产业。尤其是在最近十几年中，纸报的生存空间越来越小，读者持续流失，印刷广告收入接连下跌。虽然《纽约时报》《华尔街日报》《卫报》等国际知名大报纷纷实施"网络优先"战略，先后开始通过网络版和移动 APP 增加订阅收入和广告收入，但是这仍然无法抵消用户的持续流失和印刷广告的不断下滑。例如，为了限制非自愿裁员的规模，2016 年 10 月，《华尔街日报》面向全世界的员工——包括管理层和普通员工——提供买断雇佣合同的机会，他们通过获得自愿离职补偿的方式离开报纸。①

　　所谓"特殊背景"，强调的是中国报业面临的独有的背景。这有两点不容忽视：一是以报业为先导的传媒产业化进程正在推进之中，但报业自身却难以可持续发展；一是传统报业一直充当新闻宣传、舆论引导的"排头兵"。在中国改革开放和社会主义市场经济体制转型过程中，传媒产业化进程逐步展开。1978 年中国传媒市场重开以来，从刊登广告、自办发行、扩版扩容、集团化发展，到新闻宣传与可经营性资产两分开、转企改制、媒介融合等，此前的每一步产业化的探索，报业都走在其他传媒产业的前面，引领整个传媒产业化的发展。但是，中国传媒市场化进程中的报业却是"出师未捷身先死"。中国传媒产业化的进程，依旧任重而道远，按照行政差序格局配置传媒资源的壁垒依然如故、传媒大市场尚需构建、传媒市场主体尚需培育，而报业自身却面临巨大的生存危机，其命运难以自持。在党的新闻宣传、舆论引导的传媒方阵里，以各级党报为主体的报业，一直担当着思想宣传、信息传播、社会整合、价值引领的"排头兵"。不过，伴随着用户的不断流失和"85 后""95 后""00 后"等互联网原住民、移动互联网原住民与传统报纸的隔膜，导致这个"排头兵"也逐步丧失其"阵地"，难免"有序退市"的命运。在全国范围内，仅仅在 2017 年12 月 29 日一天内，休刊、停刊的报纸包括《渤海早报》《假日 100》《采风报》《球迷》《北京娱乐信报》《台州商报》《大别山晨报》《皖南晨刊》《无锡商报》《西凉晚刊》《白银晚报》《西部开发报》《北部湾晨报》《上海译报》《楚天金报》等十几家。

　　中国报业向何处去？中国报业将如何转型发展？中国报业所面临的这些共性背景与特殊背景凸显出中国传媒发展的"关键问题"，要求传媒学界和传媒业界必须共同探索中国报业的转型发展战略走向。

　　分析解决这一"关键问题"的肯綮在于顺应中国传媒产业演进的大

---

① 晨曦编：《最牛的纸媒也扛不住，〈华尔街日报〉鼓励员工主动买断离职》，腾讯科技，http://tech.qq.com/a/20161022/022728.htm。

势，在市场的轨道与互联网的平台上，重构报纸产品与互联网原住民和新型用户的有效供求关系。显然，本书对这一"关键问题"的努力探讨与着力解决，具有重大的学术理论价值和重要的实践指导价值。

1. 学术价值

第一，促进报纸产业发展理论的当代转型。我国的当代报业发展理论经历了党报理论、市场化报纸理论等不同阶段。尽管这些理论在过去有效地指导了报纸新闻传播实践，但是随着新闻改革与社会转型向纵深发展，传统的报纸发展理论已经显现出局限性。在传播主体、传播对象与传播媒介、传播内容发生了巨大转型的今天，传统的报纸发展理论已经难以有效地解释和引导报纸媒介与报纸产业的发展及其走向，亟待进行理论的创新和转型。本课题聚焦于产业逻辑、技术逻辑的博弈场域中的报纸产业在市场与互联网视阈下发展战略的转型，探讨互联网作为一种重构社会传播的新范式，在报纸产业的转型历程中的框架与基础功能，探索报业转型发展过程中颠覆性变革的路径与对策思路，由此提出在全球化背景下我国报纸产业转型、再生发展的理论框架，进而试图达到促进报纸媒介发展理论的当代转型的目的。

第二，为解决中国报业战略转型过程中的问题提供理论资源支持和路径指示。目前报纸产业发展战略转型过程中，出现了重视物的转型而忽视人的转型、重视数字化业态转型而轻视产业制度创新、重视信息表达途径与方式转型而轻视信息质量与品质提升、重视自身优势的延伸而忽视互联网平台的发展、重视"两微一端"的建设而忽视用户智能化演进、重视新型产品和服务的开发而轻视报社组织结构转型等问题。报业产品与新型用户失联这一产业的核心问题，并没有得到解决。导致这些问题的根源有两个：一是报纸产业制度创新变革的滞后与制度资源供给的严重不足；二是"实践先于理论""摸着石头过河"的报业转型实践路径本身，缺乏系统的理论指导。本课题试图超越过去的一般跟进式、总结性、解释性研究，而从学理层面，运用产业变迁、平台媒介等多学科理论资源，解析中国报业发展战略转型的宏观环境、微观环境因素，分析报业战略转型的条件与依据，提出基于中国传媒产业演进轨迹与"互联网＋报业"战略的转型新思路；通过理论创新，试图提出具有实践指导意义的中国报业"转型与再生"发展的理论观点和系列命题，为解决报纸产业战略转型过程中的问题提供理论资源的支持和路径指示。

2. 实践价值

其一，为促进我国报业发展战略转型实践提供"互联网＋报纸"的新转型战略对策思路。媒介的多载体化、传播的全球化以及信息的数字化等趋势，导致报纸形态的多元化、复杂化、数字化，导致报纸产业的内部条件和外部战略环境的巨大变化。尤其是传播科技进步引发的媒介革命方兴未艾，使报业与其他媒介的竞争与整合日益加剧。有线电视、卫星电视、数字电视、手机、互联网等新媒介狂飙与广播、电视、报纸、杂志、电影等原有媒介秩序和传播系统形成的激烈竞争使报纸媒介传播形态正在发生大变革、大汇流、大整合，也使报纸产业发展战略转型异常复杂和艰辛。课题组追踪研究中国报业发展演变轨迹及湖北日报、上海报业、浙江日报等具有代表性的传媒集团媒介融合的进程多年后发现，以 2014 年为界线，中国报业的转型发展实践明显分为两个截然不同的战略走向。此前，转型发展的战略走向集中在以报为中心的"报网互动"，大多做产品的延长线或者产品平台。对这种"报纸＋互联网"的思路，我们称之为"数字报纸1.0"。2011 年、2012 年、2013 年、2014 年以来的报业整体"断崖式下跌"，迫使报业寻求新的突围思路。此后，报业整体开始探索向互联网的迁移，形成新的战略走向，互联网企业办报，以互联网思维、互联网逻辑、互联网平台重组产业资源。对这种"互联网＋报纸"的新战略走向，我们称之为"在线社会信息传播系统（数字报纸2.0）"。基于"在线社会信息传播系统"的战略构想，本课题将探索中国报业转型的路径与内容、新型智能报业（具有纸质出版物的互联网媒介平台）等问题，提出促进报业战略要素转型和"在线社会信息传播系统"的战略构想实施的应对策略和操作建议。

其二，促进国家传播能力和舆论引导能力的提升。迄今为止，中国报业还是国家传播能力和社会舆论引导能力的重要基础。从国家层面，正着力推进以报业为代表的传统媒体与互联网的深度融合发展。早在 2014 年 8 月 18 日，由中央全面深化改革领导小组第四次会议审议通过的《关于推动传统媒体和新兴媒体融合发展的指导意见》，不仅将媒介融合上升为国家战略，而且设定了媒介融合的思路和目标。其基本思路就是要遵循新闻传播规律和新兴媒体发展规律，强化互联网思维，坚持传统媒体和新兴媒体优势互补、一体发展，坚持先进技术为支撑、内容建设为根本，推动传统媒体和新兴媒体在内容、渠道、平台、经营、管理等方面的深度融合；其目标就是着力打造一批形态多样、手段先进、具有竞争力的新型主流媒体，建成几家拥有强大实力和传播力、公信力、影响力的新型媒体集团，形成立体多样、融合发展的现代传播体系。探索报业与互联网平台媒介融合发展的战略思路，回应媒介融合国家战略，促进传统报业升级转型，进而提升国家传播力、巩固舆论阵地，这是本书的题中之义。

二、研究目标、主要内容、研究方法和技术线路

（一）研究目标

总体研究目标是针对中国传媒产业激进式变革进程中报业面临的断崖式下跌的生存困境，探索在市场与互联网视阈下转型突围的路径与思路，提出优化和促进中国报业实施转型发展战略的对策，以期找出一条适合中国媒介生态环境的报业转型且可持续发展的道路——构建"在线社会信息传播系统"。具体研究目标包括以下三个方面：一是对我国报业断崖式下跌的现实问题进行客观的、富于学理深度的解析；二是对我国报业转型发展战略的路径、内容与思路进行尽可能全面、准确的剖析；三是提出促进我国报业转型发展、构建"在线社会信息传播系统"的对策体系。

（二）主要内容

本书的主要研究内容有：

1. 中国报业发展战略转型机理分析

在厘定了本课题研究所使用的中国报业、产业发展、发展战略、产业

转型与产业融合等几个核心概念后，从产业革命的视野分析报业整体的生命周期与演变脉络，其中包括揭示第一次产业革命与报业市场要素的孕育与形成、第二次产业革命与现代报业的诞生与成长、第三次产业革命（20世纪50年代以来）与报业的成熟与衰退。在此基础上，导入产业演变理论，分析中国报业转型升级的内在机理。研究强调，中国报业发展战略的转型，实质是报业面临"被淘汰的威胁"时的激进性演变及其产业资源重组。激进性演变意味着同时发生了产业的架构性变化和基础性变化，表明产业的核心资产和核心经营活动均受到了颠覆性威胁。根据报业正在展开的激进性演变轨迹，提出了中国报业重组的战略走向思路。

2. 市场与互联网双重视阈下中国报业的困境

直面中国报业目前遭遇的核心产品与传媒市场的主流用户的整体失联——报业经营模式坍塌的困境，从中国传媒产业化演进与报业市场化转型的纠结，互联网的发展、移动互联网的崛起与报业"数字化转型"的无奈两个层面讨论了这一困境的历史来源与现实表现。从历时性分析的角度，揭示了导致中国报业"断崖式下跌"的变化脉络。

3. 中国报业致困原因与影响因素

从共时性角度探索导致中国报业困境的主要的直接原因与间接的影响因素。从媒介生态环境的颠覆性变革、网生代媒介接触方式的变化（用户）、新型媒体生产模式的爆发性增长、传统报业产品竞争力的逐步丧失等角度探索导致中国报业困境的原因，从市场化进程的滞留、社会信息化进程的加快（新的信息技术的创新与扩散）、传媒制度的制约、渐进式转型路径失误等层面探讨导致中国报业困境的影响因素。

4. 中国报业转型战略的基本路径与内容

本章分析报业演进的创新、再生的应循路径——中国传媒产业的激进式变革演进路径，进而从构建媒介市场主体、根据网生代的媒介接触习惯形成新型产品等层面分析市场化转型战略，从深度推进媒介融合、建设融合型互联网媒介平台等角度分析互联网化转型战略。同时，提出市场化转型与互联网化转型战略的目标与框架，提出"互联网＋"时代的报业的创新业态——构建"在线社会信息传播系统"的思路与内容。

5. 新型传媒业态：重构与"网生代"的连接

本章集中讨论中国报业实施转型发展战略之后形成的新型业态——"在线社会信息传播系统"及其特征，并从用户战略及其实施、平台化战略及其实施等方面，提出构建"在线社会信息传播系统"的对策和建议。

6. 2011 年以来发达国家报业发展状况

报业的衰退是一个世界传媒产业面临的共性问题。本章集中分析美国、日本、英国等发达国家报业转型发展的特点与思路、案例。先后分析美国报业转型的特点、美国报业的付费墙战略（《纽约时报》《华尔街日报》等），分析日本报业转型及其多元化跨位发展战略（《读卖新闻》等），分析英国报业转型及其平台战略（《卫报》《泰晤士报》等）。在此基础上，提出发达国家报业转型给予中国报业转型发展的启示。

（三）研究方法

根据所需解决的核心问题，本书的主要研究方法如下：

一是静态结构分析与动态趋势探究。本课题聚焦于中国报业转型发展战略选择的共时性结构与影响因素探析，揭示这一转型事件本身与传媒环境、产业环境的互动影响；同时，又观照中国报业转型发展战略实践进程的态势，提出促进报业转型的战略对策，从而为正在推进的我国报业可持续发展的探索实践提供学术理论资源和操作对策的支持。

二是案例研究与系统分析。案例研究法是本研究采用的另一种重要的研究方法，案例研究"涵盖了设计的逻辑、资料收集技术以及具体的资料分析手段"[①]。美国的《纽约时报》、《华尔街日报》、《赫芬顿邮报》网站，英国的《金融时报》，日本的《读卖新闻》，它们的转型探索都各具特色，值得作为个案来细致研究，以资借鉴。中国的浙江报业集团、上海报业集团、湖北报业集团等也根据自身实际尝试不同的转型思路，对这几家报业

---

① ［美］罗伯特·K. 殷：《案例研究：设计与方法》（中文第 2 版），周海涛等译，重庆大学出版社 2010 年版，第 3 页。

案例进行研究，一是可以使复杂的中国整体报业状况简化，二是这几家报业集团具有典型性和代表性，它们在转型过程中的试错与成功可以通过案例分析而呈现出样本价值，使得对中国报业的研究有着力点，也便于研究过程的展开和分析结论的形成。与此同时，中国报业转型发展又是一个宏观、系统、复杂的问题，牵涉众多，盘根错节。要探究清楚这一问题，宏观上需要借助新闻传播学、政治学、经济学、社会学等学科的理论观点，微观上更需了解传媒科技发展的新动向、报业集团的经营状况、国内外报业转型思路以及理论的介绍和评析。因此，本书又对中国报业整体的转型发展过程、逻辑等进行系统分析，揭示其演进的内在逻辑与发展走向。

（四）技术线路

本书表达的是应用性对策研究的成果，注重实证研究与理论建构的结合，主要从两个方面设计研究的技术方向。一是问题—思路—对策的总体技术线路。本课题首先从中国报业转型发展实践进程面临的断崖式下跌开始，对问题的原因和影响因素进行分析，进而聚焦于报业转型发展战略这一核心问题。其次，对报业的转型发展的路径与战略内容进行理论与实践相结合的学理解析，提出分析问题和解决问题的系统对策。二是纵向研究与横向研究相结合。从共时性的视角，在传媒产业市场化进程与互联网发展的历史视阈中，对问题、思路、对策及其相关因素、构成因素进行解析，把握报业转型战略的复杂性；从历时性的视角，研究报业与用户、报业制度与产业政策、报业形态演进的一些主要脉络和特点。

三、主要创新点

在较长时间的案例观察和探索性研究的基础上，本书形成了三个创新观点。

第一，提出了中国传媒产业长时段演进路径。研究发现，1987年以来，在以互联网为代表的新传媒产业模式生长、壮大、发展的过程中，它与代表旧的传媒产业模式的传统大众传媒之间，不断竞争博弈，使中国传媒产业形成了"新兴—趋近—共存—支配"的演进路径。迄今为止，中国传媒产业的演进，已经历了"新兴""趋近"阶段，目前处于"共存"阶段，即将进入"支配"阶段。

第二，提出了中国报业转型发展的"在线社会信息传播系统"构建思路。从20世纪90年代末期报纸开始触网，到2014年前后，报纸所作"报网互动""报网联动"等报业数字化的探索，大体上属于数字媒介渠道延伸探索。其总体特征就是"报纸＋新媒体"，以报纸为中心，做网络延长线，报人或报社只是把互联网、移动互联网等作为报纸产品的延伸工具，视互联网为一种普通媒体、一种传播渠道或传播工具，把互联网作为延伸自己价值和影响力的一个宣传营销平台、一个锦上添花的补充工具。这样的"转型"表面上热热闹闹，但并没有真正实现产品与80后、90后、00后"网生代"用户的有效连接，渠道失灵的态势日渐严重，互联网原住民用户日益丢失，经济效益江河日下。2014年前后，已然觉醒的一部分报纸企业开始反向突围、转换思路，主动融入互联网，因时而变，顺势而为，正视以互联网为代表的新产业模式不断释放信息产业巨大能量的广阔前景。尤其是2015年以来，随着"互联网＋"行动计划浪潮的不断推动，中国报业数字化探索的最新态势迅速转向探索"互联网＋报纸"的新型数字媒介形态。据此，本书提出了"在线社会信息传播系统（数字报业2.0）"的战略构想。这一构想强调：中国报纸转型发展战略的目标是构建"在线社会信息传播系统（数字报业2.0）"。在线社会信息传播系统就是"互联网＋报纸"的数字报纸新业态，其构建的核心是"互联网企业办报"，而不是"报纸企业办互联网"。在线社会信息传播系统的基本特征有四个。一是全面融入互联网。这一特征强调的是，报业不只是从内容、渠道、经营、管理、平台等几个方面与互联网融合，而且需要进一步从企业的思维、操作系统等方面整体迁移到互联网，把传统报纸的品牌、理念、团队、资本等生产要素从"纸"的载体向互联网和移动互联网平台转移、延续，以重构新型产业生态和经营生态。二是用户驱动发展。以用户为中心，重组企业核心内容生产价值网；以用户需要为动力、以用户数据流为能源，驱动在线社会信息传播系统的发展和创新。三是参与构建新型平台媒体。在线社会信息传播系统实际上是一种平台媒体。传统报业必须颠覆自我、化蛹成蝶，在互联网这个高效的自组织平台上重新定位于一个组织者、行动者，参与构建互联网新型平台媒体。这需要报业经历思维重组、市场重定、组织重构、产品转型，逐步成为互联网企业的一部分，与互联网企业的其他业务模块一起参与构建新型平台媒体。四是重新构建协同经营模式。新型平台媒体将面向"互联网＋"激活的各个产业领域全面开放，并基于用户、内容、关系、场景数据挖掘与分析，实施个性化营销。构建协同经营模式的关键在于，重新定义企业合作伙伴，实施大数据个性化营销。

第三，提出了重构媒体与"网生代"用户连接的操作对策。构建"在线社会信息传播系统"必须实施用户战略和平台化战略。这是一种探索"在线社会信息传播系统"与"网生代"用户连接重构的新思路。传统媒体没有用户，只有基于大数据的在线社会信息传播系统才能够实现媒体与"网生代"用户的连接。用户战略要完成报纸读者的"用户化"、用户数据的收集与扩张、用户规模的提升，以用户为中心开发出具有高商业价值、富有竞争力的数据流产品。其核心策略是构建互联网核岛（规模用户）；以用户为中心，进行产品的可视化、体验化、社交化生产；根据用户需要的变化趋势，提供在线社会信息传播的"解决方案"。平台化战略要完成大数据资源平台、智能生产和传播平台、用户沉淀平台，以便更好地实现内容和用户的标签化。其关键策略在于构建智能生产与推荐系统，形成连接用户的价值支点；整合产业资源，构建产业平台；实施跨位战略，拓展产业平台；构建协同网络，完善互联网生态圈。

第一章 中国报业发展战略转型的机理分析

中国报业发展战略转型是一个正在展开的中国传媒业本体演进发展的复杂问题。本章首先厘定本课题所涉及的几个核心概念，然后从报业的生命周期、产业更新的角度，分析中国报业发展战略转型的机理及其产业重组的战略走向。

第一节 核心概念

为了有效展开和推进本课题的研究，需要廓清中国报业、产业发展、发展战略、产业转型与产业融合等核心概念。这是由本课题的研究目标和问题领域所决定的。

一、中国报业

本书所称的"中国报业"指的是除香港、台湾、澳门等地区报业外中国的报纸产业。与此同时，从传媒产业的层面来看，"中国报业"主要指的是那部分依靠传媒市场生存和发展的报纸所构成的产业。中国的报纸情况非常复杂。在我国的传媒体制中，至少有机关报、行业报、晚报、都市报等多个报纸种群。不同类型的报纸种群，性质与发展方式是不一样的。机关报、行业报，大多超市场生存。它们并不依靠用户市场而发展，往往由主管、主办机构及其领导机构采用行政文件指定发行或者财政补贴的方式发行。市场化程度较高的晚报、都市报等报纸，则主要通过其产品的影响力，依靠用户消费而生存。较之于机关报和行业报，晚报和都市报的产业属性大于事业属性，是一种"在市场中诞生，在市场中死亡"的媒体。它们是报业市场的真正主体。在以互联网作为社会构造新范式重组人类传播媒介的今天，导致其核心内容产品与社会主流用户失联而遭遇灭顶之灾，需要寻求发展战略转型的不是机关报，也不是行业报，而是这部分报业市场主体。因此，本书所讨论的"中国报业"严格意义上讲，强调的是由晚报、都市报等市场化报纸的集合所构成的"中国报业"。

二、产业发展

"产业发展"是产业经济学的基础范畴。产业经济学所强调的"产业发展"，其基本含义是指产业的形成、成长和演进。问题是如何理解"产业"及其产生、成长、演进。"产业"，可以从不同角度进行理解。产业是同类可替代性产品的集合，这是从产出的角度来认识；产业是同类产品及可替代性产品的生产活动的集合，这是从生产的角度来认识；产业是生产经营同类产品及其可替代性产品的企业的集合，这是从产业主体的角度来认识。任何一种产业，都有它的生命周期，即要经历形成期、成长期、成熟期和衰退期。即使是"在淘汰阶段产业的产出仍会有较大的增长"[①]。产业发展则是要根据产业的不同生命周期，促进产业的成长和演进。产业发展的具体内容十分丰富，既包括单个产业的进化，又包括产业总体的演进；既包括产业关联、产业布局、产业类型、产业结构的演进，又包括技术的进步、效益的提升和产业组织的变化、产业规模的扩大。产业发展的过程，就是单个具体产业的产生、成长、繁荣、衰亡或单个产业大类产生、成长、不断现代化的过程，也是产业总体的各个方面不断由低级走向高级、由不协调走向协调、由不成熟走向成熟的过程，也就是产业布局逐步合理化、产业结构逐渐优化的过程。根据中国报纸产业的发展现状，本研究所使用的"产业发展"强调的是作为传媒业的一部分的报纸产业可持

---

① 芮明杰主编：《产业经济学》，上海财经大学出版社 2005 年版，第 55 页。

续成长和不断演进，进而达到产业规模的扩大、产业组织的变化与技术的进步、效益的提升。当然，就今天的传媒产业现实而言，"报业发展"的关键首先在于重建传媒产品与"网生代"的联系。如果没有这一条，所谓"报业发展"也就失去其产业基础了。

产业发展具有产业演进、产业转移、产业扩张、产业调整、产业选择等不同的形式和途径。产业在一定时期内结构和内容不断变化、不断更新的过程，就是产业演进。正是在演进的过程中，产业在数量上提高了经济规模和总量，在质量上提高了经济效益和素质。产业在时间上的演进表现为产业结构的不断合理化和高级化的过程，在空间结构上的演进是指它在空间上的横向扩张，包括产业整体规模的不断扩大、产业区域分布的扩张、布局优化与产业转移。因此，产业演进是资源配置结构转换的过程，是连续性与非连续性的统一。① 产业演进的规律可以从两个方面来看。从单个产业的演进来看，也就是产业的生命周期过程，即产业逐步由孕育期、成长期、成熟期到衰退期，产业的战略地位逐步由新兴产业、主导产业、支柱产业到衰退产业转变。技术革命的出现导致新主导产业的形成，早期的主导产业与技术革命之间是紧密的单向联系，现代的技术革命产生了范围广泛的新技术群，导致主导产业出现了多维化平行交互的发展。从整个产业系统来看，产业演进就是产业结构不断合理化和高级化的过程。所谓产业转移，是某一经济体把已经没有优势的产业向其他经济体或外国转出、把拥有优势的产业转入的活动。产业转移内容包括产业转出和产业转入两个方面，这是由经济体的资源禀赋的生产要素的状况决定的。转出的产业也就是需要收缩、淘汰的产业，转入的产业也就是需要发展、扩张的产业。在产业的成长阶段，可能市场规模不断扩大，需求增长迅速，生产技术日益完善，产品呈现多元化、差别化，产业利润增长较快，也会有大量厂商进入，导致产业规模的迅速扩张。这就是产业扩张。如果通过生产要素利用效率的提高和技术进步，如产业组织结构优化、产品升级换

---

① 陈晓涛：《产业演进论》，四川大学博士论文，2007年，第1页。

代、管理水平提升等，不断推进产业向更高层次迈进，这是内涵式扩张；如果增加生产要素投入，不断实现产业分布区域扩大、劳动就业的增长、资产规模的提升、产业内企业数量的增加等，这是外延式扩张。无论哪一种产业扩张，其结果都表现为产业组织的扩充、产业内部各个部门的同步扩张、产业地域空间的扩展、产业综合生产能力的增强、产业规模的扩大和整体价值的提升。一个经济体重点扶植或调整、限制，或者识别和确定优先发展的产业经济活动，则属于产业选择。从许许多多的产业之中挑选出需要优先发展、重点扶持的新兴产业或者需要限制、调整发展的衰退产业，这是产业选择的关键。一个经济体对相关产业分别实施鼓励、引导、保护、支持、扶持和收缩、转移、改造、限制、淘汰产业政策的经济活动，这是产业调整。市场机制和政府作用是产业调整的两种类型。产业发展的调整、产业组织的调整、产业布局的调整、产业结构的调整等，属于产业调整的主要内容。

对中国报业而言，报纸产业发展涉及报业的产业选择、产业调整、产业扩张、产业转移、产业演进。报业选择强调的是报业经济确定优先发展、重点扶植或调整、限制发展的产业经济活动。就其具体内容，数字优先、智能优先、限制纸版，应为报业选择的基础。报业调整是经济体对报业实施鼓励、引导、保护、支持、扶持和收缩、转移、改造、限制、淘汰的经济活动。就其具体内容，应鼓励、引导、保护、支持、扶持报业资源和生产要素向互联网和移动互联网迁移聚积，收缩、转移、改造、限制、淘汰纸质生产。报业转移是把报业经济已经没有优势的产业向其他经济体转出、把其他经济体拥有优势的产业转入的活动。就其具体内容，应鼓励报纸企业的过剩产能从东向西、从中国向"一带一路"的其他经济体转移；支持报纸企业吸纳整合媒介融合与"互联网＋"技术，"转入"智能技术新经济形态，重构产业优势。报业演进也就是报业的生命周期过程，即报业逐步由孕育期、成长期、成熟期到衰退期，报业的战略地位逐步由现代传媒业的主导产业、支柱产业到衰退产业的转变过程。就其具体内容，需要鼓励衰退期产业的自我颠覆、自我革命，以克服衰退期障碍，促进自我更新。

三、发展战略

何谓"战略"？从传媒组织的角度来看，战略是组织的生存和发展的方向和道路。战略所包含的核心内容有四个层面：一是环境适应；二是目标；三是路径；四是创造价值。战略的确定，首先要判断组织所处的市场环境。市场环境不仅仅包括社会经济、政治、文化、技术、传播环境，还包括与社会组织的核心经营活动直接关联的用户、竞争者、供应商、市场中介、合作者等直接环境。通过环境判断寻求市场机遇和铸造竞争优势的可能。其次，需要对组织的战略目标做出勾画与界定。根据组织所拥有的内部资源，包括用户规模、技术、资金、人力资源、产品等，设定组织的发展愿景。德鲁克定义战略时写道："依据组织所拥有的资源勾画出组织的未来发展方向。"再次，仅仅有目标是不够的，怎样从现有资源出发实现发展目标，这是战略选择必须解决的问题。实现目标的路径，自然成为战略的应有之义。通过一定的路径，实现目标。从这个角度讲，"战略是定位某个组织以寻求竞争优势。战略要对参与哪些行业、提供哪些产品和服务，以及如何分配公司资源进行选择。其首要目标是通过提供顾客价值，为股东和其他利益相关者创造价值"①。最后，需要明确的是战略与创造价值的关联。市场环境是经常变化的，用户的需要也是变动不居的。但是，好的战略则必然促进资源的有效整合与配置，更好地满足用户需要，创造市场价值，进而为股东、合作伙伴等利益相关者创造价值。环境适应、目标设定、路径选择的落脚点在于创造价值。

战略和战术不同。如果说战略是传媒组织整体的定位与竞争优势的选择，是目标和行动的结合、愿景与路径的统一，那么战术则是实现战略的具体的方式、方法。一个有效的战略将包含公司、业务单元、职能领域等

---

① ［美］科尼利斯·德·克鲁维尔、约翰·皮尔斯二世：《战略：高管的视角》，马昕译，世界图书出版社 2012 年版，第 2—3 页。

多个层次。组织整体的战略涉及公司应该参与哪些业务的竞争，以及公司的整体业务组合应该如何管理；业务单元战略涉及决定哪些产品或服务、如何制造或生产它们，以及如何推向市场；职能战略一般涉及市场营销、人力资源或技术部门实现组织战略的目标与行动。战术一般为业务单元战略、职能战略实施的方式、方法。

战略与策略也有区别。如果说战略是企业宏观的方向的话，策略则更具体、微观一些，是执行、实现战略的思路与方式，是如何实现战略目标的办法与过程。例如，传媒企业的营销策略，必须考虑已经成为今天社会主流群体的"网生代"用户的需要。无论是机构生产，还是节点化的个人生产，要以用户需要为出发点，根据市场分析，以获得规模用户的需求量以及购买力的信息、市场期望值，并且选择合适的产品策略、价格策略、渠道策略和促销策略，有计划地组织各项经营活动，为用户提供满意的、符合预期的在线社会信息产品和服务。

四、产业转型与产业融合

产业转型的意义有两种理解。一是从经济体内部产业系统变化的角度来理解，产业转型是一个经济体内，产业技术装备、产业组织、产业规模、产业结构等产业经济的主要构成发生显著变动的状态或过程。显然，这种包括了产业在结构、组织和技术等多方面显著变动的状态的产业转型，是一个综合性的过程。如果产业的外部环境发生了巨大变化，将导致产业发展遇到多重约束，突显产业内部资源配置不合理，难以适应市场的需要，就需要重组产业要素，升级置换产业技术装备，重建产业结构，以满足产业可持续发展的长远要求。这是产业结构的转型。技术转型是指根据新的生产技术的要求对产业整体技术装备、技术流程更新升级。如果是改变产业内部企业之间的关系，或者是企业组织内部业务流程、生产模块的显著变化，则属于产业组织的转型。通过企业间的联合、兼并、重组等手段，以获取规模优势、一体化优势和 $1+1>2$ 的聚合效应，这是改变产业内部企业之间的关系；企业迫于市场竞争压力，对其内部组织结构、生产经营方式和业务流程等进行重组和改造，以提高市场快速反应能力，增强集约效应，这是企业组织内部的转型。产业转型就是产业结构、产业组织、产业技术三大方面根本性变革的过程，最终改变行业边界，形成新的产业形态。一是从行业内部的角度来理解。在一个行业内，将资本、劳动力等生产要素从衰退产业向新兴产业转移，实现资源存量在产业间的再配置的过程，就是产业转型。所谓衰退产业，指的是"在正常情况下，一个国家或地区的某一产业产品销售增长率在较长时期内持续下降或停滞的产业"①。它也被称为不景气产业、夕阳产业、萧条产业、衰落产业等。衰退产业之所以形成，主要是基于替代产业假设、技术创新停滞假设、消费偏好变化假设、政策与制度约束假设、人口变化假设的巨大变化。新兴产业一般是指随着新的科研成果和新兴技术的发明、应用而出现的新的产业部门和行业。新兴产业与成熟的传统产业相比较，没有可精确描述的显性需求，甚至也没有定型的设备、技术、产品以及服务，没有产业发展的参照需要系统创新，没有明确的产业政策，没有成熟的上下游产业链。但是，新兴产业与人类的生活方式新趋势密切关联，并且代表产业的未来走向。行业内部的生产要素从衰退产业向新兴产业的转移，有利于发展有效供给。

中国报业的产业转型既可以从内部产业系统变化的角度来认识，也可以从传媒行业内部来理解。就前者来看，传统报业的产业结构、产业组织、产业技术三大方面均在发生根本性的变革。整个社会的信息化进程重构了国人的生活方式，"数字化生存""智能化生存"导致报纸产业遭遇核心经营活动与核心资产的全面失效，导致其产品与用户的失联。报业的可持续发展必须通过重组产业要素，升级置换产业技术装备，重建产业结构，重组产业组织，彻底改变行业边界，形成新的产业形态。就后者而言，作为传媒业之中的衰退产业之一部分的报业向新兴的互联网产业的转移，有利于重建产品与"网生代"用户的密切联系，促进报业实现真正意

---

① 陆国庆：《衰退产业论》，南京大学出版社 2002 年版，第 43 页。

义上的可持续转型发展。

产业融合是这样一个过程，日新月异的信息技术，不断推动着经济领域内产业的边界逐渐模糊，甚至消失，新的产业现象不断涌现，新产业、新经济出现蓬勃发展、持续增长。就融合本身来看，一般经历技术融合、产品融合、市场融合三个阶段，才能完成产业融合的整个过程。所谓技术融合，指的是同一技术具有向不同产业扩散的现象。在产业的技术装置中，不同产业的共享的技术基础显著地改变或影响另一产业中的产品、竞争、价值创造过程时，即意味着技术融合的发生。在今天的信息技术融合过程中，当数字技术逐步实现了信息储存和传输形式的统一之后，网络技术为各种信息提供了一种统一的传输平台，信息技术即作为通用的技术基础不断渗透到各个传统产业中。在技术融合的过程中，原本经营边界清晰的不同产业之间出现了可相互替代的产品或服务，各产业的企业产生替代性产品（服务）的能力开始加强，彼此之间从原来没有竞争走向了竞争与合作关系，产业出现交叉，进入产品融合。从需求的角度看，产品融合可分为替代性融合与互补性融合。例如，采用信息数字技术以后，形成了以前独立的产品的汇流或功能的统一。在业务融合的过程中，电信网、互联网、广电网，以及传统的广播、电视、报刊等产业的产品或服务的差异性明显弱化，产业间的边界开始消失，传统的单一产业价值链被多产业融合的新型价值网所取代。基于共享技术的改变，不仅相关产业之间不断重组，而且不同产业或同一产业内部的不同行业之间，也通过渗透、交叉、融会逐步形成新的产业，这可称为市场的融合。

产业融合一般通过以下三种具体方式展开。其一，是高新技术及其相关产业对其他产业的包围、渗透，不断形成新的产业。在"互联网＋"时代，互联网作为重组产业的新范式，正在重构第一产业、第二产业和服务业，促进产业融合向前所未有的广度、深度发展，重构着新的产业。其二，是三次产业分类的三个部门之间的产业功能互补和延伸实现产业间的融合。通过这类融合，赋予原有产业新的附加功能和更强的竞争力，形成融合型的产业新体系。其三，是不同类别产业内部的重组融合。第一产业、第二产业、第三产业各自内部的相关联的产业通过融合提高竞争力，适应市场的新需要，形成新的业态。

第二节 报业的生命周期及中国报纸产业重组

一、报业的生命周期

（一）产业的生命周期理论

大多数产业都会存在一个产生直至衰亡的生命周期。"所谓产业生命周期，是指某个产业在市场上从产生到衰退的时间周期。"[①] 一个产业从形成到衰亡，具有明显的阶段性和共同规律性的厂商行为（特别是进入和退出行为）的改变过程，这就是产业生命周期。

产品生命周期的存在决定产业生命周期。因为单个产业是由生产同类产品的企业所组成的集合。某种具体的产品大多存在一个生命周期。当某种产品走向消亡的时候，生产这种产品的企业要么消亡，要么转产而变成别的产业的企业，由生产消亡产品的企业集合而成的产业也就会走向衰亡。"从这个意义上，也可以说产品的生命周期也就是产业的生命周期。"[②]

产业生命周期理论源于产品生命周期理论，是 20 世纪 80 年代以后才逐步兴起的，并且有一个演进和升级的过程。美国哈佛大学弗农解释产品的国际贸易问题和对外直接投资的时候，提出了产品生命周期理论。其后，1975 年和 1978 年哈佛大学的阿伯纳西和麻省理工学院的厄特拜克在大量案例研究的基础上，又提出了基于技术创新的产品生命周期理论 A-U 模型。该模型解释了以产品变化为中心的创新分布，向产业周期理论的建立迈出了坚实的一步。1982 年高特和克莱珀在对 46 种产品最长达 73 年

---

① 芮明杰主编：《产业经济学》，上海财经大学出版社 2005 年版，第 56 页。
② 简新华主编：《产业经济学》，武汉大学出版社 2001 年版，第 165 页。

的时间序列数据分析的基础上，按产业中的厂商数目对产品生命周期进行划分，即引入、大量引入、稳定、大量退出和成熟等五个阶段，从而建立了产业经济学意义上的第一个产业生命周期模型，即 G-K 模型。1990 年克莱珀和格莱狄对 G-K 模型进一步发展，按照厂商数目重新将产业生命周期划分为成长、淘汰和稳定三个阶段。1996 年阿加瓦和高特又沿着另一条路径对 G-K 模型进行了发展，他们着重强调产业生命周期阶段和厂商年龄对厂商存活的影响。[①] 1999 年克莱珀通过对四个产业的案例研究，提出了技术效率存活的寡头进化理论。这一理论强调，最早的市场进入者具有最大的创新效率，成长为最大的厂商，进行着最多的创新，从而具有最强的竞争优势。甚至在进入停止后，其不断的成长也会挤出无效者和后进入者（以不同的存活率模式表示），这样不但引起淘汰，并且导致寡头市场形态的出现。[②]

按照产业生命周期理论，产业生命周期的一般形态可以划分为形成、成长、成熟和衰退等几个阶段。在生命周期不同阶段的产业，则会具有明显的特征。

形成阶段即是一定时间内产业的萌芽和孕育、分离过程。在这一阶段中，产业的市场需要，产品生产的物质条件（生产要素、技术要素、自然条件），供求关系，市场环境与市场规则，得到发生和发展。"产业形成的标志主要有以下几个方面：一是该产业符合社会需要，能为当时经济和生活条件下的消费者所接受，从而获得生存和发展空间；二是该产业生产已进入商业领域，具备一定的规模；三是该产业具有专业化的从业人员，包括专门的设计、技术人员，管理人员以及工人群体；四是具有专业化的生产技术装备和技术经济特点。"[③] 至于形成产业的具体方式，则是多种多样的。这可以是产业新生（并不孕育于既有产业，从萌芽到形成以相对独立的方式从无到有），也可以是产业分化（从既有产业中孕育、分离出来，

---

① 芮明杰主编：《产业经济学》，上海财经大学出版社 2005 年版，第 55 页。
② 李靖华、郭耀煌：《国外产业生命周期理论的演变》，《人文杂志》2001 年第 6 期。
③ 芮明杰主编：《产业经济学》，上海财经大学出版社 2005 年版，第 68 页。

分解为一个独立的新产业），还可以是产业派生（一个既有产业的不断发展孕育、带动另一个与之相关新产业产生），亦可以是产业融合（不同产业或同一产业内的不同行业渗透、交叉、融合，逐步形成新产业）。

产业成长是指产业形成之后，快速吸纳各种经济资源而不断扩大自身的过程。产业形成之后大体上沿着外延和内涵两个路向实现成长。所谓内涵上成长，包括技术进步、管理水平提高、产品升级、产业组织合理化等；所谓外延上成长，则包括企业数量增加、投入规模扩大、生产能力提高等。产业成长的过程，是产业的技术与市场的选择过程。那些技术创新快的、产品迭代迅速的、符合市场需要的、具有成长条件的产业，才可能得到快速成长。产业成长的实质是产业持续扩大再生产。产业成长是在企业追求高额利润的内在动力以及产业内部竞争压力的推动下进行的。在这样一个阶段中，需求增长的空间大，技术进步快，具有较大的利润空间，既构成厂商不断进入的内在动力，也吸引社会资本不断流入，形成产业内部企业之间激烈竞争的外部压力。就时间维度来看，产业成长大体上要经历启动、加速和加强三个阶段。"启动期"，即产业成长的初期，对该产业的投资规模开始扩张，生产要素开始不断向该产业集中，进入企业增加，竞争日趋激烈。由于进入企业不断增加，生产能力不断扩大，产业成长进入"加速期"。在这个时期，量的扩张可能成为产业生产经营的主轴。"加强期"则是产业成长的末期。技术和产业组织形态趋稳，市场容量达到峰值，产业投资活动及企业进入活动减弱，产业规模、产业产出份额及增长速度达到高峰。这是加强期的典型特征。

产业成熟阶段是指经过了成长阶段以后，产业的生产能力和市场空间的扩大趋于停滞，随之进入生命周期的成熟阶段。主要有两个因素决定产业进入成熟阶段。一是市场需求的增长速度。市场需求趋于饱和，产业增长下降，产业进入成熟阶段。二是某个产业的要素供给及其价格水平。如果一个地区的要素价格相对较高，在要素供给方面失去了比较优势，即使市场需求仍在增长，但该产业的增长速度也会下降。"从长期趋势来看，一个产业的成熟要经历着从局部成熟到整体成熟，从个别产品成熟到少数产品成熟再到大多数产品成熟的发展过程。"① 产业进入成熟阶段既表现为再投入和产出的增长速度的下降，也表现为产业素质方面的成熟，如技术的成熟、产品的成熟、产业组织的成熟。产业成熟阶段与成长阶段的显著不同在于：第一，产业生产能力扩张的速度减慢，要素投入的增长率下降，进入的企业减少，产业重组的速度加快；第二，产业市场销量增长放缓，市场需求量趋于饱和，社会普及率比较高；第三，竞争往往转向更注重成本和服务方面；第四，利润下降。但是，"在衰退期，如果出现了重大技术变革，该产业就可能结束衰退期，开始新的产业生命运动周期"②。

产业的衰退阶段，市场需求萎缩，生产能力过剩，丧失了增长潜力，并在整个产业结构中的地位和作用不断下降。能力过剩、过度竞争、财务状况恶化、"退而不衰"是整个产业衰退阶段的特点。到了衰退阶段，产业进入一个退出资源的阶段。不过，在衰退产业内，存在有退出障碍。资本专用性障碍、巨大的退出成本、关联性障碍、体制性障碍、政府及社会障碍都可能成为衰退产业的退出障碍。

按照产业的生命周期理论，产业的发展一般要经历形成、成长、成熟和衰退的不同阶段，并且在不同的生命周期阶段呈现出迥然不同的阶段特征。

有研究者认为，由于文化产业与传统制造业存在根本区别，如文化产业对创造力和原创性有更高要求，需要大企业专注于累积性创新，而新企业重在颠覆性创造，因而文化产业是经典产业生命周期理论应用的另一个例外产业。③

如果仅仅从狭义的文学艺术品生产的层面理解文化产业的话，的确可能更关注风格创新，经典产业生命周期理论强调的规模经济、技术积累和学习效应、统一行为标准和主导设计等在文化产业中似乎并不明显。不

---

① 芮明杰主编：《产业经济学》，上海财经大学出版社 2005 年版，第 78 页。
② 芮明杰主编：《产业经济学》，上海财经大学出版社 2005 年版，第 56 页。
③ 转引自李超、李伟、张力千：《国外新兴产业生命周期理论研究述评与展望》，《科技进步与对策》2015 年第 2 期。

过，作为文化产业重要板块的传媒业似乎又是文化产业中的例外。传媒业既注重技术创新，又重视规模经济和同一行为标准、主导设计。因此，我们认为，产业生命周期理论是适用于传媒业及其报业的。事实上，三次技术革命中的报业的演进，经历了一个从形成到衰退的完整的生命周期。

（二）三次产业革命中的报业演进

产业革命是指产业及其各个方面的根本性变革。旧产业的衰退、新产业的形成，产业结构、产业关联、产业布局、产业组织和产业技术基础的根本性变革，都属于产业革命的应有之义。

从 18 世纪 60 年代到今天为止，人类社会曾经发生三次产业革命。每一次产业革命都对报业的发展产生革命性影响，带来报业生命周期的质变。

1. 第一次产业革命与报业的形成

第一次产业革命（又称工业革命）是 18 世纪中叶首先在英国兴起，随后在美国、法国、德国展开的人类社会由农业经济时代向工业经济时代转型的产业革命。第一次产业革命在欧美的爆发有其深刻的经济、技术、科学、政治原因。15 世纪末至 16 世纪初，在西欧国家扩大贸易和追求黄金的海外探险热潮中，葡萄牙人伽玛发现通往印度的新航路，意大利人哥伦布发现美洲新大陆，葡萄牙人麦哲伦第一次完成了环球航行。一系列地理大发现使得世界市场骤然扩大，直接促进商业、航海业和工场手工业空前高涨。世界市场的迅速扩大，促进欧洲工场手工业的长期发展。其分工和专业化程度日益提高。劳动工具的迅速改进和技术的不断进步，既培养出一批技能熟练的工人，又培养出一批具有冒险精神和创新观念的企业主。这为以机器为主的大生产工厂制度的演进提供了条件。17 世纪之后，肇始于英国，继而衍生于美国、法国、德国的资产阶级革命风起云涌，极大地给予人类以自由，并形成了一批"自由得一无所有"的雇佣劳动者。尤其是与资产阶级革命同步的"圈地运动"导致一批资产阶级新贵和大租佃农场主集聚了庞大的资产，完成了资本的原始积累。与此同时，16—18世纪，也是一个科学研究获得了极大进展的时代。牛顿的经典力学体系、波义耳的化学元素概念、拉瓦锡的燃烧理论、费马和笛卡儿的解析几何、莱布尼茨的微积分等重大成就，为机械设计和制造、为大机器生产的出现奠定了坚实的基础。

工业革命开始于英国棉纺织业的机械化。1733 年约翰·开伊发明了飞梭，1764 年哈格里夫斯发明了珍妮纺纱机，极大地提高了劳动生产效率。尤其是 1776 年瓦特发明了蒸汽机，不仅仅为纺织机提供了新的动力，而且引发了能源革命。1797 年莫兹利里发明了车床，出现了"创造机器的机器——工作母机"，标志着机械制造业的诞生。工作机、动力机、工作母机的生产和使用，扩大了对原材料的需求，由此引发煤炭、钢铁、轮船、铁路业的兴起。1807 年美国人富尔顿制造了第一艘轮船，1814 年英国发明家史蒂芬逊制造了第一辆实用的蒸汽机车，1825 年英国建成世界上第一条公共交通铁路，交通运输业的发展进一步促进了机械工业、钢铁工业、能源工业、化学工业、金融证券业的兴盛。与此同时，物流、资金流和世界贸易的扩大，促进了以轮船、火车和电报作为信息传递手段的新型通信业的兴起。第一次产业革命通过机械的发明、使用和改进，在各种产业的互相关联、相互带动和生产技术革命、运输革命、通信革命、能源革命、金融创新的相互影响、相互促进中，逐步展开和完成。这次产业革命是实现蒸汽机化、机械化的产业革命，是以英国为中心，从纺织业逐步向重工业推进，构建人类工业产业结构和体系的产业革命。

第一次产业革命为现代报业构建了产业形成所需要的生产要素、技术要素、供求关系。从产品与需要的层面看，"以 20 世纪的标准来看，一份真正的报纸必须符合以下条件：它必须是定期出版的，每日一期或者每周一期；它必须诉求读者的普遍兴趣，而不是某种特殊兴趣；它必须提供及时新闻"[1]。因此，对报纸而言，"新闻成了一种商品，就像是食物或其他商品一样，以满足一种需求"。到了 17 世纪，新闻对英国人开始显得重要

---

① ［美］迈克尔·埃莫里、埃德温·埃莫里：《美国新闻史》，展江、殷文主译，新华出版社2001 年版，第 9 页。

起来。宗教纷争、英国作为一支海上力量的崛起、国王与国会间的斗争和社会形势的变化，使公众对本地外发生的事件越来越感兴趣。弥尔顿最恰当地表达了新闻出版自由的思想，许可证制度寿终正寝，逐步优化了报纸出版发行环境。英国的第三等级崛起以后，三个阶级都产生了自己的报纸和新闻工作者。尤其是到了 18 世纪，工业革命极大地释放了产业工人、企业主、城市平民的新闻需要，为报业的诞生准备了市场。从印刷技术进步的层面看，工业革命之中也实现了"印刷革命"。1720 年左右，威廉·卡斯隆发明了"卡斯隆字体"；1800 年前后，亚当·拉梅奇制成了铁质的印刷机；1811 年，弗里德里希·柯尼生产了他的第一台印刷机，三年后发明了"双面印刷机"，并开始印刷《泰晤士报》。1830 年英国人戴维·内皮尔改进了柯尼的蒸汽印刷机，将印刷速度提高了两倍。美国的 R·霍公司选择了内皮尔的印刷机作为原型，进行了较大的改进，效率极大地提升，每小时可以印刷双面报纸 4000 份。从广告经营的层面看，当时传播效率最高、速度最快的报纸，当然也是交易人、批发商、制造商关注的重点。"报刊对于雄心勃勃的交易人和批发商来说是很有用处的。新兴的商业阶级要出售商品，做广告是使货物脱手的最省钱的途径。"①

2. 第二次产业革命与报业的诞生、成长

第二次产业革命是 19 世纪 40 年代到 20 世纪 40 年代发生在欧美发达国家的重工业取代轻工业为主导的根本性变革。第二次产业革命仍然是发生在工业化进程中的产业革命，带来的是发达的工业化，也是第一次产业革命的深化和继续。

第二次产业革命之所以发生，至少有三个因素的推动。其一，第二次科技革命的推动。从 19 世纪中叶到 20 世纪 40 年代，人类社会爆发了第二次科技革命。发电机、电动机、变压器、电力传输技术的发明，形成了电磁学理论体系；电话的发明，创造了无线通信技术；石油开采技术的创

---

① ［美］迈克尔·埃莫里、埃德温·埃莫里：《美国新闻史》，展江、殷文主译，新华出版社 2001 年版，第 40 页。

造，内燃机的发明和改进，汽车、飞机的发明，极大地促进了人类的机械制造技术的提高；平炉、转炉炼钢法的发明，提高了炼钢技术。第二次科技革命既是第二次产业革命的成果，又是第二次产业革命的推动力。其二，工业革命深化的要求。第一次产业革命实现了产业的根本性变革，促进了社会生产力的巨大发展，但也有许多问题亟待改进。蒸汽机、煤炭、铁质机器有很大的局限，以轮船、火车、电报为主的交通、通信业等远远难以满足社会、经济发展的需要。"工业革命不仅为新的产业革命提供了潜在的巨大市场需求，而且积累了资本，为新的产业革命创造了必要的有利条件。"[1] 其三，国家干预的影响。这一阶段，经济危机周期性出现，爆发了两次世界大战，市场失灵暴露无遗。为保障经济的正常运行和社会稳定，欧美国家纷纷实行程度不同的国家干预和宏观规制。

第二次产业革命的内容非常丰富。电力的发明和应用与电力产业、电器制造业的兴起，爆发了能源动力领域的"电气化"革命，催生了制造业、运输业、化学工业、通信业的巨大变化；内燃机的发明和应用，引发机械制造业的巨大变革；石油提炼与石油工业的形成，导致石油化时代的到来；新的炼钢法与钢铁工业的发展，促使新材料进入"钢铁化"时代；电话、无线电通信的发明，实现了人类历史上首次通信技术革命。第二次产业革命是在欧美及日本等几个工业化程度较高的国家同时发生的，实现了电气化、石油化和钢铁化的产业革命，重点在电力产业、机械制造业、石油工业、钢铁工业、通信业等资本密集的生产资料部门。因此，第二次产业革命引起的产业结构的变化，还是以劳动密集型产业为主向资本密集型产业为主的演进。

第二次产业革命全面促进报业的成长。如果我们把报业的成长也划分为成长启动、加速、加强三个阶段的话，那么便士报的勃兴大体上相当于报业的成长启动，第一次世界大战之前大体上相当于报业发展的加速期，电子媒介崛起后至40年代则是报业成长的加强期。

---

① 简新华主编：《产业经济学》，武汉大学出版社2001年版，第180页。

所谓报业成长的启动期，即报业成长的初期。如果从产业发展史的角度来看，大体上相当于19世纪三四十年代。"1833年9月3日，一张新颖的小报与读者见面，开创了新闻事业的新纪元。这张小报就是《纽约太阳报》，由本杰明·H. 戴创办。"① 一般的说法是，它开创了人类大众传播的时代，开创了"面向大众的报业"。从产业的角度说，《纽约太阳报》的问世，开创了报业经营的"双重出售"模式。从此，报业进入成长初期。新生产业迅速释放出产业活力，吸引了一大批企业家、投资者进入这一领域，不断吸纳着社会经济资源，并获得了茁壮成长。1835年5月，依靠500美元资本的家底，詹姆斯·戈登·贝内特将《纽约先驱报》办成了他那个时代赢利状况最好的报纸之一。他发明了"号外"，较早使用"木刻"，开拓了"金融组"，开辟了"读者来信"，提供"体育新闻"。贝内特是他那个时代最具创新精神的报纸企业家，极大地拓展了报纸产品的类型。今天尚在使用的一些报业产品始作俑者即是贝内特。"便士报先驱者们的成功激励了其他发行人纷纷效仿。在19世纪30年代，有35家便士报在纽约创办。"②

报业成长的加速期，则是19世纪后期到第一次世界大战前。能够表征报业加速发展的指标，有三项不容忽视。

一是编辑部的发展与报业集团的形成。从企业核心内容产品生产机构成长的角度看，报纸编辑部作为一个整合采编系统的枢纽，非常重要。最初的便士报的编辑部，常常是一个人单独工作，但到了詹姆士·贝内特、约瑟夫·普利策等杰出的报业企业家时代，报纸编辑部逐步成熟。例如，贝内特的《纽约先驱报》拥有自己庞大的采编队伍，仅仅在南北战争时期，派驻各个战场的战地记者多达40余名。普利策则对报纸编辑部的构成及其功能进行了系统优化，编辑部成为许多新闻工作者的"组织"，并

---

① 〔美〕迈克尔·埃莫里、埃德温·埃莫里：《美国新闻史》，展江、殷文主译，新华出版社2001年版，第117页。

② 〔美〕迈克尔·埃莫里、埃德温·埃莫里：《美国新闻史》，展江、殷文主译，新华出版社2001年版，第122页。

且形成了"主编精神"。贝内特、普利策等传媒企业家完善编辑部的功能与结构之后，报业内容生产组织形态旋即成熟。另一方面，报业企业组织也开始形成报业集团。报业集团是产业发展相对成熟的组织——公司在传媒产业领域的表现形式。世界上最早的报业集团，就是由美国人德华·怀利斯·斯克里普斯和其同母异父的弟弟密尔顿·麦克雷于1889年共同组建的斯克里普斯报团，又称斯克里普斯－麦克雷报业联合组织。1893年至1925年间，斯克里普斯报团平均每年要增加1—6家报纸。1908年，"舰队街拿破仑"取得了对《泰晤士报》的控制权之后，加上众多的地方报、杂志，建立了英国最早的报团——北岩报团。

二是现代交通与信息传播速度的加快。工业革命过程中，铁路、航运业的发展，也加快了报纸新闻的传播速度。早期便士报往往利用信鸽、快马远距离传递新闻，但从19世纪40年代开始，火车、轮船取代了信鸽、快马。而在第二次产业革命过程中，19世纪中期电报问世以后，马上成为最新、最快的新闻传递方式。1844年世界上第一条电报线路在美国华盛顿与巴尔的摩之间启用。1851年，连接英法两国之间的跨越多佛尔海峡的海底电缆铺设成功。19世纪50—70年代，连接欧洲、美洲、亚洲、大洋洲之间的海底电缆先后铺设建成。这些都极大地提高了报业信息传播速度。

三是报纸内容生产商——通讯社的问世。报业的迅速发展同时促进了新闻内容生产专业机构的诞生。英国的路透社（1851年）、法国的哈瓦斯通讯社（1836年）、德国的沃尔夫通讯社（1849年）、意大利的斯泰法尼通讯社（1854年）、美国的美联社（1849年）等，大多在19世纪中后期形成。

报业成长的加强期，大体是在电子媒介诞生之后的20世纪30—50年代。第二次产业革命对现代传媒发展的最大影响在于广播、电视等电子媒介的诞生，机器商业化迅速打破了报业垄断传媒业的状态，并形成了广播业、电视业和报业三足鼎立的新产业格局。1920年11月2日，美国西屋电器公司在匹茨堡开播KDKA电台，标志着广播业的正式诞生。20世纪

20 年代，莫斯科中央广播电台（1922 年）、法国国营电台（1922 年）、英国广播公司（1922 年）先后建立，迅速推动广播业的发展。1936 年 11 月 2 日，英国广播公司建立电视发射台，并开始定时播出电视节目，标志着电视业的正式问世。此后，美国、苏联等国的商业电视台陆续问世，人类步入电视的时代。电子传媒业创生及发展，与报业形成了竞争。报业依旧在成长，但进入了成长末期，即所谓成长"加强期"。这一阶段，报业成长的技术和产业形态开始稳定，市场容量达到峰值，产业的投资活动及企业进入活动开始减弱，产业规模、产业产出份额及增长速度达到了高峰。例如，在欧美国家，"一城一报"的现象日渐普遍，报纸数目明显减少；报业公司的规模不断扩大，形成了少数报业集团垄断国家报业的格局；出现了跨媒体、跨行业、跨国家的新型媒介集团；"电气化"革命极大地提高报纸产业生产效率的同时，也极大地提高了报业生产设施的"电气化"水平和科技含量。

经过这样的发展，报纸的产业生态系统发展成熟，并且充分嵌入第二次产业革命所构建的现代产业体系之中，发展到了顶峰。

3. 第三次产业革命（20 世纪 50 年代以来）与报业的成熟、衰退

第三次产业革命是以信息产业为核心的高新技术产业取代重工业为主导产业的新的革命，是 20 世纪 50 年代开始并仍在继续的、主要在发达国家首先发生的、人类社会由工业经济时代走向信息经济或知识经济时代的革命。如果说第二次产业革命是第一次产业革命的继续和延伸，那么第三次产业革命则是颠覆性的产业革命。当然，学术界还有一种观点，把 2000 年以来的不断崛起的以人工智能技术为先导的技术变革称为第四次产业革命。有学者认为，以"各种新兴突破性技术出人意料地集中出现，涵盖了如人工智能、机器人、物联网、无人驾驶交通工具、3D（三维）打印、纳米技术、生物技术、材料科学、能源储存、量子计算等诸多领域"为标志，人类社会进入到继蒸汽革命、电气革命和信息革命后的智能革命阶段。"这些技术正给我们的经济、商业、社会和个人带来前所未有的改变。它不仅改变着我们所做的事情和做事的方式，甚至在改变人类自

身。""它包含国家、公司、行业之间（和内部）以及整个社会所有体系的变革。"① 这样的观点，无疑是非常正确而极其深刻的。本书在表述上，尽管把智能传播技术体视为促进传媒转型发展的重要力量，把智能技术视为信息技术形态的升级，但从中国报业演进的视角来看，很难将互联网商用后的二十多年，清晰地分为"信息革命"和"智能革命"两个背景阶段。因此，本书暂时没有将"智能革命"作为一个独立的第四次产业革命阶段来使用。这是需要特别说明的。

2016 年 2 月 11 日，加州理工学院、麻省理工学院以及"激光干涉引力波天文台（LIGO）"的研究人员向新闻界宣布，他们探测到引力波的存在。"引力波"是爱因斯坦广义相对论实验验证中缺失的最后一块"拼图"。"引力波"的发现，使爱因斯坦 1915 年提出的广义相对论得到了完美的证实。事实上，第三次产业革命形成的条件之一，即是 19 世纪末 20 世纪初开始发生的第三次科学技术革命。相对论、量子理论、原子物理、分子物理、固体物理、核物理、等离子体物理、粒子物理等理论相继诞生，完成了物理学的革命；高分子化学的创立，促使化学领域发生了革命性变化；核酸、蛋白质结构、遗传基因的研究，分子生物学的创建，实现了生物学的革命；系统论、信息论、控制论的产生，完成了科学研究方法的革命。第三次科学技术革命直接引发了 20 世纪 50 年代以来新的产业革命。此外，第二次产业革命的基础和不足、国际竞争的强烈影响、国家干预和军备竞赛的刺激也都是第三次产业革命形成的重要条件。例如，第二次产业革命创造了巨大的物质财富，但也带来许多问题。重工业的发展消耗了大量自然资源，造成严重污染，要求产业进一步升级换代；石油、煤炭、铁矿等资源的稀缺性，使经济增长受到限制，出现传统能源危机，必须开发新能源、新材料；地球空间的局限，需要人类开发太空，等等。

第三次产业革命的具体内容非常丰富、广泛和深刻。"第三次工业革命的支柱包括以下五个：（1）向可再生能源转化；（2）将每一大洲的垃圾

---

① ［德］克劳斯·施瓦布：《第四次工业革命·前言》，李菁译，中信出版集团 2016 年版。

转化为微型发电厂，以便就地收集可再生能源；（3）在每一栋建筑物以及基础设施中使用氢和其他存储技术，以存储间歇式能源；（4）利用互联网技术将每一大洲的电力网转化为能源共享网，这一共享网的工作原理类似于互联网（成千上万的建筑物能够就地生产出少量的能源，这些能源多余的部分既可以被电网收回，也可以被各大洲之间通过联网而共享）；（5）将运输工具转向插电式以及燃料电池动力车，这种电动车所需要的电可以通过洲与洲之间共享的电网平台进行买卖。"① 这种把互联网与再生能源相结合的思路，是紧紧抓住了第三次产业革命的核心的。绿色能源等新能源的开发利用和绿色能源工业等新能源产业互联网、电子计算机和信息技术与信息产业、空间技术与宇航工业、新材料和新技术产业、人工智能和新型服务业等的创生和发展，都是第三次产业革命的重要组成部分。与前两次产业革命比较，第三次产业革命是广度、深度空前的，深入到人类社会生活的各个方面，引起人类社会的生产方式、生活方式和思维方式的巨大变革。这次革命是实现信息化、网络化、智能化、自动化的产业革命。电子计算机、网络、自动控制系统、机器人等是第三次产业革命最重要的标志。

在第三次产业革命的浪潮中，即使在第三世界的发展中国家，报业获得了巨大的发展，甚至呈现出良好的成长势头，但在以信息化、数字化为主潮的这场产业革命过程中，报业总体上趋于成熟，走向衰退。从 20 世纪 50 年代至今，如果说在互联网络商用之前属于报业发展的成熟期，那么互联网导入商用以来报纸产业进入全面衰退期。第三次产业革命中诞生的互联网，既是人类信息化、网络化、智能化生存的基础设施，也彻底颠覆了人类社会信息交流与传播的基本方式，引爆传媒的革命。

报业的成熟期，报业的市场垄断性进一步加强，产业再投入和产出的增长速度下降，其表现之一就是"一城一报"的现象相当严重。例如，美

---

① ［美］杰里米·里夫金：《第三次工业革命》，张体伟、孙豫宁译，中信出版社 2012 年版，第 32 页。

国首都华盛顿在 20 世纪 50 年代有 4 家日报，到了 1981 年则只剩下《华盛顿邮报》。其表现之二是报业集团的竞争和兴衰更替加剧。有的报团日趋强大，有的报团急剧衰落。其表现之三是出现了跨媒体、跨行业的资本运作。一些以报业为初始产业的传媒企业，除了办报刊，还办电视，办广播电台，办出版社，办电影，办音像出版；一些跨国公司也从其他行业介入传媒业，用巨资收购包括报纸在内的传媒产品，形成了一批"传媒大鳄"。但仅仅从报业竞争这一狭小的视角来看，这是一个"电视占据中心舞台"的时代。报业自身的生产能力扩张速度减慢，要素投入增长率下降，产业重组的速度加快了。

尽管报业全面衰退的表征是在 2005 年才被人们感知到，但 20 世纪 90 年代初期互联网的商用及其普及，就已经决定了包括报纸在内的传统媒体的命运。基于互联网络的新媒体的诞生，颠覆了人类的信息交流与分享方式，颠覆了包括报业在内的传统大众传播产业。"自工业革命以降，给人类社会带来最大震撼力的事物，可以说，是新媒介。""日新月异、争奇斗艳的新媒体以网络传播、电脑传播、手机传播、电子书传播等多种方式，从传统的报纸、广播、电视等大众传播领域，彻底颠覆了传统的信息传播方式、传授关系、传播理念、传播规律；也不仅以电子商务、淘宝购物、手机支付、智能家居、智慧城市等改变了人们既往的行为方式和生存条件，还以上述种种创造了新的产业形态及经济增长方式，而且国家间的网络渗透、网络煽动、网络攻击、电子战争等，还成为决定国家命运及国际安全的重要利剑。"[①] 不过，报业全面衰退的信号到了 2005 年岁末才显现，广告营业额的大幅度下滑和广告增长率的明显下跌使报业倍感"漫长的寒冬来临"。报业衰落最早的市场信号来自全球报业最为发达的北美。到 2005 年的时候，北美地区报业市场就出现了十年间发行量最大幅度的下滑。当时，美国发行量排名前 20 的各大报纸发行量平均下降 1.9%。

---

① 吴信训：《媒介融合：网络传播、大众传播和人际传播的三重维度·总序》，复旦大学出版社 2012 年版，第 1 页。

有的老牌报纸，如《达拉斯晨报》发行量在半年中竟然下跌了12％。令人吃惊的是，越大的报业集团亏损越严重，美国报业长期以来的金字招牌《华尔街日报》《纽约时报》也无一幸免。先后经历了广播、电视挑战的拥有一百多年发展历史的现代报业，第一次感觉到可能被彻底颠覆的危险。① 事实上，最近10年，报业正在衰退中被颠覆。市场需求逐步萎缩，生产能力过剩，丧失增长潜力，在产业结构中的地位和作用不断下降，衰而不退，报业公司财务状况恶化等所有描述衰退产业典型特征的词语，都在报业的现状中充分体现出来。

尽管报纸这种传媒形态已经存续了400余年，但诞生于产业革命过程之中的现代报业则经历了一个从新生到衰亡的完整生命周期。它在第一次产业革命中诞生，在第二次产业革命中成长，在第三次产业革命中成熟和衰退。以信息化、网络化、智能化为特征的第三次产业革命所具有的扩散、辐射、示范、加速效应正在不断推进着互联网作为新兴社会传播构造范式，重构着人类社会信息传播系统，正在加速着报业的衰亡。此后，有一些报纸或许"衰而不退"，出于公共关系传播的需要，出于政党宣传的需要，或者出于其他种种需要，作为一种人类历史上的重要传播方式可能依旧存在，但作为一种产业的报业则必将退出市场，报业公司的衰亡难以避免。报业公司的衰亡过程，留给报业经营者的"任务"则是应对"报业的退出障碍"，并适时进行产业重组。

二、产业演变理论与中国报纸产业重组

(一)产业演变与产业重组理论

产业如何演变？美国学者安妮塔·M.麦加恩基于700多家企业资料分析、10项具体的统计分析研究，以及25个案例分析，历时10年，提出了产业演变理论，揭示了产业演变的内在机制。

麦加恩认为，产业的演变往往与那些潜伏在产业表象背后，将导致产

---

① 吕尚彬：《中国大陆报纸转型》，上海交通大学出版社2009年版，第270页。

业的核心经营活动和核心资产价值受损的环境变化因素相关联。这些因素也就是产业面临的"被淘汰的威胁"。"被淘汰的威胁"有多种来源，它可能缘于新技术的出现、政府政策的变化、新市场的开放或者战争的突然爆发，也可能源于重要原材料的匮乏。整个社会所有体系的变革。"①

这些因素对产业的核心资产或者核心经营活动构成不同程度的威胁，就会推动产业按照不同的演变轨迹实施产业重组。

首先，需要明确"核心资产"与"核心经营活动"。"资产"是企业所拥有的耐用物品和服务，只有在拥有有形或无形资产时，企业所有权才能成立。"一种物品要想成为资产必须具有耐用性，即使闲置一年仍然具有创造价值的潜能；所有权，必须为产业内一个或多个企业所拥有。"②"经营活动"是在创造收入和管理成本的企业指导方针的指引下采取的一系列行为，如采购、运营、人力资源管理、配送、营销和销售等。经营活动是产业内部企业之间、企业与顾客以及供应商之间关系的一部分。"一种行为要想成为经营活动必须具有可控性，行为必须有产业内的一个或多个企业主导；收益导向性，旨在为产业内的一个或多个企业增加收益或降低成本，或二者兼备。"③ 那么，"资产"与"核心经营活动"如何才算"核心"的？"一项资产或经营活动如果能以下面这种方式对创造产业价值产生关键性影响，那么我们就说它是核心的。这种方式是它此刻的消失（或持续消失一年）将造成一年内收益锐减，而替代它的努力对此毫无帮助。"④

其次，要认识产业的"架构性变化"和"基础性变化"。如果产业的核心经营活动受到威胁，这类产业就被称为"正在经历架构性变化的产

① ［美］安妮塔·M. 麦加恩：《产业演变与企业战略》，孙选中等译，商务印书馆2007年版，第40页。

② ［美］安妮塔·M. 麦加恩：《产业演变与企业战略》，孙选中等译，商务印书馆2007年版，第39页。

③ ［美］安妮塔·M. 麦加恩：《产业演变与企业战略》，孙选中等译，商务印书馆2007年版，第40页。

④ ［美］安妮塔·M. 麦加恩：《产业演变与企业战略》，孙选中等译，商务印书馆2007年版，第40页。

业"。"之所以选择这种叫法，是因为核心经营活动受到威胁，至少在一定程度上意味着收益和成本结构受到威胁；当某种产业与顾客及供应商的关系陷入僵局，收益结构随之出现危机时，架构性变化就发生了。"[1] 如果一个产业的核心资产遭受到威胁，就被称为"正在经历基础性变化的产业"。"之所以称之为基础性变化，是因为核心资产决定了产业的长期结构。没有核心资产，企业将没有任何的资产价值。"[2] 基础性变化发生时，就意味着长期支撑核心经营活动的根本的框架结构出现了问题。

根据产业"核心资产"和"核心经营活动"遭到淘汰性威胁而面临"架构性变化"或"基础性变化"的不同情况，产业的演变模式有渐进性演变、创新性演变、适度性演变、激进性演变四种轨迹。

渐进性演变不涉及对核心经营活动和核心资产的威胁；那些来自产业环境的因素推动产业发展变化，但并不影响到产业的核心经营活动和核心资产。从演变的定义性规则来看，在渐进性演变过程中，产业的核心经营活动、核心资产等具有稳定性。从演变的配套规则来看，正在经历渐进性演变的产业的界限比较容易定义，因为经营活动的主流模式设置了较高的效率标准；运营效率较高，渐进性演变产业的主流模式强调有一个连锁经营活动。这类产业的创新包括以下几个要素时通常最有效，调整了个体经营活动之间的关联方式，增加了新的经营活动，或者加强了个体经营活动之间信息的流动。从演变的行为规则来看，顾客议价能力日益增强；供应商通过调整其业务为产业创造价值，增强议价能力；替代品的威胁；现有企业试图通过建立快速增长的规模经济和范围经济以及寻求地域和产品特征的差异性来掌控竞争；新进入者大都会为产业投资获得一个稳定回报的前景所吸引。

创新性演变强调的是产业的核心资产已遭受到了被淘汰的威胁，但核

---

① ［美］安妮塔·M. 麦加恩：《产业演变与企业战略》，孙选中等译，商务印书馆 2007 年版，第 41 页。

② ［美］安妮塔·M. 麦加恩：《产业演变与企业战略》，孙选中等译，商务印书馆 2007 年版，第 42 页。

心经营活动并未受到威胁。"创新性产业中的龙头企业证明了该产业的变化是基础性的而非架构性的。这意味着企业利用不断的创新来与核心客户及供应商维持良好的关系，并以此保住自己的地位。"① 因此，企业想要在一个正处于创新性变化的产业内立足，培育一个配套的支持性经营活动系统是极为必要的。从演变的定义性规则来看，产业的核心经营活动具有稳定性，但核心资产遭受重创，需要创造新的核心资产。从演变的配套规则来看，产业界限相对容易确定；运营效率、主流模式通常是采用多种方式进行新的核心资产的开发；产业的创新发生在那些为生产新产品和服务而设计的模块化项目中。从产业演变的行为规则来看，顾客议价能力往往表现在对那些新的、采用了新的原材料或在某个方面有突出表现的产品和服务的价值给予很高的评价。供应商议价能力则分为几种情况：其一，那些核心资产的供应商一般拥有最大的影响力和最高的地位，他们试图保持较低的转换成本，以迫使业内企业选择他们的服务；其二，那些支持核心经营活动的供应商拥有稍逊于前者的影响力和地位，他们形成了专门的技能，并在此过程中提高交易成本。替代品的威胁方面，替代品的增减取决于创意本身和获取创意体验的难易之间的对比。产业现有的竞争状况比较复杂。企业试图通过不断扩大规模经济和范围经济来应对竞争；竞争的水平取决于企业在不同的创新能力基础上形成独特性特征的成功程度。新进入者常常为某个畅销产品的高回报率所吸引。

适度性演变，是架构性变化的一种，意味着产业的核心经营活动面临被淘汰的威胁。"当信息流程的变化导致新的交易方式更为有效时，适度性演变通常就会发生。适度性演变通常会导致该产业与其顾客、供应商之间关系的重新洗牌，以及产业内许多企业的倒闭。"② 与激进性演变不同，在适度性演变中，核心资产仍旧保留了其适用性。对核心经营活动而非核

---

① ［美］安妮塔·M. 麦加恩：《产业演变与企业战略》，孙选中等译，商务印书馆 2007 年版，第 55 页。

② ［美］安妮塔·M. 麦加恩：《产业演变与企业战略》，孙选中等译，商务印书馆 2007 年版，第 65 页。

心资产的威胁给管理带来了挑战。产业的经营业绩最终取决于新关系的发展和经营活动的重构，但同时也要保留住原有的品牌资产、知识资产和物质资产。"最终目标是在保持现有收益的同时，把其最有价值的那部分核心资产剥离出来。"[①] 从适度性演变的定义性规则来看，核心经营活动受到被淘汰的威胁，产业与顾客及供应商的关系不稳定，企业必须找到能够重构核心经营活动的新方法；核心资产相对稳定，但需要重构以支持包含不同经营活动的新的交易模式。从产业的配套规则来看，产业界限很难确定，新模式包含一套不同的核心经营活动，它已经成为一个新的产业，将按照新的规则来进行。提高运营效率的关键主要是在新旧产业运营模式之间平衡这两种看似相互冲突的需求。产业的创新点集中于两个方面：其一，它给企业提供了从新模式的核心资产中获取价值的途径；其二，它缓和了保留固有关系模式与追求新的关系模式之间的紧张状态。从产业演变的行为规则来看，顾客的议价能力取决于顾客鉴于外部选择的变化而导致的偏好改变，以及继续保持与该产业交易的可能性；供应商的议价能力的大小，取决于能否成功地找到新的交易方式——这种交易方式会通过新的模式使价值最大化；最大的替代品的威胁是新模式的出现，这将导致产业内部核心经营活动被淘汰。从产业现有的竞争状态来看，竞争一般是被恶化的。许多因素都将导致竞争加剧。核心经营活动的规模经济会被打破；现有企业在消除固定核心资产的退出性障碍过程中，将出现大量的额外产能；现有企业可能会制定出新的战略以维持其竞争力。新进入者的威胁：进入壁垒通常会出现在核心资产而非核心经营活动中。因此，将企业的核心资产转移到新的经营活动中以保持其价值，这是适度性演变的产业组织的行动选择之一。

激进性演变意味着同时发生了架构性变化和基础性变化，表明核心资产和核心经营活动均受到了威胁。"在激进性演变中，顾客和供应商越来

---

　　① ［美］安妮塔·M. 麦加恩：《产业演变与企业战略》，孙选中等译，商务印书馆 2007 年版，第 65 页。

越不愿意用传统方式进行交易；同时，现有企业也被激发去剥离资源和产能，而这些曾是它们价值创造的基础。激进性演变的典型结果是整个产业的重组，产业规模也会变小。"① 当对核心经营活动和核心资产的威胁变得日益清晰时，激进性演变就开始了。从激进性演变的定义性规则来看，产业的核心经营活动受到被淘汰的威胁，产业与顾客及供应商之间的关系均极不稳定；产业的核心资产遭到淘汰性威胁，导致竞争的不稳定。"业内企业总是面临是重建核心资产以保持竞争力，还是不断减少业务方面的投入的矛盾。"② 从演变的配套规则来看，产业界限或多或少是有相似性的，它们都受到了架构性威胁。许多企业通常是既争取新业务，又不放弃旧业务，尽量寻求业务多元化。运营效率则体现在，企业要生存，就必须为正在失去价值创造能力的耐用性资产和经营活动系统找到新的用途。现有产业的收益取决于核心资产和核心经营活动体系能够维持多久。产业的创新通常发生在两个层面：一是通过减少投入、避免过度投资和利用先前未利用的机会为顾客创造价值，从而找到一条在已经受到威胁的产业中进行有效创新的新路子；二是进行多元化经营，虽然这些新业务最初看起来与核心经营活动和核心资产的保值毫不相干。顾客的议价能力有较大变化，当顾客面临新选择时，交易成本会发生重大变化；在长期的转型过程中，供应商的议价能力会有升有降，但产业演变却始终朝着更强的供应商议价能力发展。替代品的威胁也是明显存在的，新模式意味着对现有产业产生替代的威胁。从产业现有竞争状况来看，"为了管理过剩的产能，企业可能会与过去的竞争对手结成合作伙伴，甚至通过兼并、收购而与竞争对手合并为一个企业"③。新进入者的威胁通常不是很大，因为新进入者获得合理的投资回报的前景很渺茫。

---

① ［美］安妮塔·M. 麦加恩：《产业演变与企业战略》，孙选中等译，商务印书馆 2007 年版，第 74 页。

② ［美］安妮塔·M. 麦加恩：《产业演变与企业战略》，孙选中等译，商务印书馆 2007 年版，第 76 页。

③ ［美］安妮塔·M. 麦加恩：《产业演变与企业战略》，孙选中等译，商务印书馆 2007 年版，第 79 页。

几乎所有的产业都是以渐进性或创新性演变开始的，因为产业中的企业具有很强的动力去创造一个明晰的主流模式来组织经营活动以获取价值。当核心资产必须在其商业化价值还无法估计之前就要被创造出来时，产业就会经历创新性演变，而非渐进性演变。"创新性演变和渐进性演变中蕴涵了基础性变化，适度性演变和激进性演变中蕴涵了架构性变化。"①多大的威胁才足以推动架构性变化和基础性变化的同时发生？一般来说，这种威胁要严重到足以对超过一家的产业龙头企业的生存造成实质性影响。换句话说，威胁是针对整个产业的，将影响到所有未能及时做出战略反应的企业。此外，威胁一旦成为现实，足以导致产业的核心资产和核心经营活动的很大一部分遭到被淘汰的威胁。在处于渐进性演变和创新性演变的产业中，主流模式蕴涵了变化的压力。结果，产业价值创造的方法可能会遭到被淘汰的威胁，架构性变化随之发生，产业被迫进入激进性演变或适度性演变的轨道中。激进性演变和适度性演变都会在一个较长时期内进行，并将对现有龙头企业的竞争地位和赢利能力造成威胁。

产业面临的基础性变化或者架构性变化所经历的适度性演变与激进性演变，本质上是一种产业重组。在某些产业发生集中的、大规模的资产重组与产业结构、经营活动的调整，即是产业重组。"经过长时间的经营活动重组后（通常会数十年），被淘汰的威胁可能减弱，其标志是产业重新回到渐进性或创新性轨道。"②

（二）中国报业重组的战略走向

如果说 1949 年以后中国产业的发展，叠加经历了欧美发达国家 150 余年的三次产业革命历程而获得突飞猛进的发展的话，中国报业的发展与三次产业革命的发展同构对应。1978 年以来，中国报业的产业化历程事实上也经历了一个报业的诞生、成长、成熟与衰退的完整生命周期。

---

① ［美］安妮塔·M. 麦加恩：《产业演变与企业战略》，孙选中等译，商务印书馆 2007 年版，第 43 页。

② ［美］安妮塔·M. 麦加恩：《产业演变与企业战略》，孙选中等译，商务印书馆 2007 年版，第 81 页。

这个生命周期遭遇并叠加于互联网的崛起及进化，导致中国传媒产业更新过程形成了激进式变革的演进路径，并决定了报业转型升级与产业资源重组的战略走向。

1. 互联网的崛起及其进化

互联网的蓬勃发展让我们今天的大多数国人已经习惯在线生活。中国互联网络信息中心（CNNIC）发布的第 41 次《中国互联网络发展状况统计报告》数据显示，截至 2017 年 12 月，我国网民规模达 7.72 亿，普及率达到 55.8%，超过全球平均水平（51.7%）4.1 个百分点，超过亚洲平均水平（46.7%）9.1 个百分点。我国网民规模继续保持平稳增长，互联网模式不断创新、线上线下服务融合加速以及公共服务线上化步伐加快，成为网民规模增长的推动力。[①] 从中国科学家初次"触网"的 1987 年开始，互联网在中国"肇始"迄今，已有 30 余年。其间，中国的互联网从零开始不断发展、持续崛起，其进化大体上经历了从 PC 网、移动互联网到智能互联网的发展。

互联网在中国最初是沿着"科研机构—大学—社会"这样的路径实现创新与扩散的。1987—1993 年间，互联网的早期应用范围仅仅局限于科研机构和大学校园；1994—2004 年，互联网在中国得到初步扩散。不过，那时候互联网的基础设施形态还是 PC 网，浏览模式主要是 Web1.0，网络向用户单向传播信息，用户通过固定的浏览器获取信息，"只读"，其典型应用形态包括门户网站和搜索引擎。新浪、搜狐和网易等商业门户网站的兴起，人民网、新华网等全国性新闻网站的开办，开启了中国互联网的商业化阶段。

Web2.0 则是一种"用户参与创造内容，大家共享"的应用模式，具有个性化、自组织、互动交流、充分分享等特点。其典型应用有博客、播客、信息聚合（RSS）、维客、分类信息标签、社交网络（SNS）、社会性

---

① 中国互联网络信息中心（CNNIC）:《第 41 次中国互联网络发展状况统计报告》，http://www.cnnic.net.cn/hlwfzyj/hlwxzbg/hlwtjbg/201801/t20180131_70190.htm。

书签等。[①] 就中国互联网的发展来看，大约从 2005 年开始，"可读可写"的 Web2.0 应用模式勃兴起来。博客以及网络社区、网络视频等不断涌现，推动互联网进入规模化、多元化、个性化发展的门户网站黄金时期。

　　大约在 2010 年前后，中国进入移动互联的时代。移动互联网把通信网与互联网结合起来，通过移动终端，采用移动无线通信方式获取业务和服务。互联网的技术、平台、商业模式和应用与移动通信技术结合并实践，互联网得到了扩大和升级。移动互联网的主要技术解决方案是"基于 Web2.0 的内容整合适配技术、基于 Parlay 的业务接入技术、基于策略控制和计费的（PCC）架构的智能管道技术、智能化手机技术"[②]。因此，"用户创造内容"（即 UGC）和"用户销售内容"（USC）是移动互联网解决内容生产和内容分销的重要模式；用户的移动化、个性化、互动化是其重要特点。用户既是网站内容的消费者、浏览者，也是内容的生产者、销售者。互联网进入一个更加开放、交互性更强、由用户决定内容并参与共同建设的可读写互动的网络阶段。正是在这一阶段，微博、微信、新闻客户端等社会信息传播方式得到了空前发展。网络信息平台用户的内容生产能力和影响力大大提升。从功能上看，移动网络的信息平台能够对报纸、广播、电视等传统媒体进行完全替代之外，还具备新的功能，并且其用户体验远远大于传统媒体之和，正如麦克卢汉所预言的那样，"因特网是一切媒介的媒介"。这导致包括报纸在内的传统媒体在整个媒介格局中的地位日益下降的趋势难以遏制，网民创造内容的规模大大提升。

　　伴随着大数据技术和人工智能技术的发展，2015 年前后，中国互联网进入智能互联网发展的初级阶段，在智能化维度上不断拓展。智能互联网的核心技术应用模式是 Web3.0。Web3.0 模式的特点在于，信息依靠高度标准化、可描述的元数据联系起来，用户可以更多地使用可视化的手段对数字信息进行归类、展示，使得交流、分析、感知、搜索都更加丰富多彩；信息的聚合与个性化的服务更为便捷。Web3.0 的技术基础是语义

[①]　李卫东编著：《网络与新媒体应用模式》，高等教育出版社 2016 年版，第 12 页。
[②]　李卫东编著：《网络与新媒体应用模式》，高等教育出版社 2016 年版，第 23 页。

网。"语义网的基本思想是提供基于机器可处理的数据语义，并应用这些元素数据进行自动化的信息访问。"① 依托 Web3.0 模式，互联网的传播过程呈现出由用户到网络、再由网络到用户的特点，通过人工智能、关联数据和语义网络构建，形成了便利的人机对话机制，通过数据分析、机器学习可以对用户需求、行为习惯与信息资源进行智能筛选和匹配。语义网技术极大地提升了互联网的内核及功能，加之硬件和软件的智能化，以及"人工仿脑"技术的突飞猛进，这都不断促进着互联网智能化程度的提升。另一方面，智能互联网的外延扩张也很惊人，尤其是伴随着大数据能量的流动，互联网在一个巨大的广域空间里野蛮生长着，迅速将"人的世界"和"物的世界"全面连接，进入一个全新的大互联时代。按照凯文·凯利的观点，人与人、人与物通过连接将会形成一个具有"庞大规模的囊括思维、网页、计算机为一体的统一物。这台巨大的机器将是有史以来最大、最复杂、最可靠的机器"。其中，"（互联）网络是这台统一机器的操作系统，而我们每人所拥有的小型个人终端将是进入其操作系统的途径"②。这正是 Web3.0 或者未来网络应该具备的特性。尤其是物联网和智能技术体的不断创新与持续扩散，特别是即将到来的 5G 技术的应用，将推动互联网整体进入"连接一切，无所不在，万物皆媒，人机合一，自我进化"的泛在智能网新阶段。

互联网自身的不断进化，不断地重组社会传播方式，重构包括报纸在内的社会信息传播形态和格局。互联网的进化脚步，是我们认知中国报业转型发展的现实及未来的"入口"。它的每一个阶段的升级和发展直接塑造着传媒产业更新演进的路径，影响着报业的升级与转型的形态。

2. 中国传媒产业更新的激进式变革路径

伴随着互联网崛起及其进化，中国传媒产业呈现出非常明显的激进性演变轨迹。激进性演变最终为产业形态带来巨大的不可逆转的变化，这个

---

① 李卫东编著：《网络与新媒体应用模式》，高等教育出版社 2016 年版，第 15 页。

② ［美］凯文·凯利：《技术元素》，张行舟、余倩等译，电子工业出版社 2012 年版，第 202 页。

变化过程可能需要几十年。其间，将先后经历"新兴""趋近""共存""支配"四个阶段。

所谓"新兴"，指的是那些给产业带来的"威胁"首先在那些较小的、有重要战略意义的细分市场出现，并开始成长为产业新模式的阶段。中国传媒产业激进性演进的"新兴"阶段，大体是互联网在中国发展的初期，即1987年至2004年的十几年间。特别是1994年之后，互联网逐步向社会开放，传统媒体纷纷创办网络版，开启了数字化生存的探索。当时，虽然传统报业不一定直接感受到了这种威胁，但"威胁"自身正在茁壮成长，而且给传统报业的核心经营活动和核心资产带来了淘汰性威胁。

所谓"趋近"，则突出的是在产业新模式下经营活动得到了更为高效的组织之后，对产业老模式的威胁增大的阶段。中国传媒产业的"趋近"阶段的到来，是2005年报业广告增长"拐点"的凸现。当年北美报业市场广告剧烈下滑，中国国内报业广告增速骤减，让报人感觉寒冬已至。以2005年为界，中国传媒产业演进进入了激进式演变的"趋近"阶段。这实际上是产业的新旧模式"短兵相接"的博弈时期。这个阶段有三个特点：一是新的产业模式抢夺了传统媒体公司的大量利润，利润开始流向新模式所支配的业务；二是传统媒体公司试图与新技术建立伙伴关系，想以此获得相应的技术并与关键的供应商建立起联系；三是采用了新模式的公司也会积极响应，它们可以通过传统公司而获得顾客。就传媒市场的现实来看，BAT机构及其相关产业生态圈的崛起正是在这个阶段。由国家新闻出版总署指导的启动于2006年的"中国报业数字化工程"，也是在这个阶段着力推进；一些传统报业公司与腾讯、百度、阿里巴巴的技术与流量、市场的合作更是这个阶段的重要景观。例如，一些报纸与以互联网企业的资本、运行机制为主导的构建的"合作"网站，如"腾讯大×网"系列、杭州日报19楼网站等，全面融入互联网，具有互动性、社区化、超链接、应用性和电商化等特点，充分利用社交媒体的"关系"嵌入功能，多层次嵌入到用户的生活方式之中。

所谓"共存"，指的是产业的新老模式之间竞争的升级和紧张状态的加剧阶段。从中国传媒产业的演进实际来看，到 2014 年，这一激进式变革的"趋近"阶段已经结束，开始进入"共存"的新阶段。在此前的"趋近"阶段，传媒产业激进性演变过程中的"威胁"实际上已经在市场博弈中成长为一种新的经营模式，而且新模式下的经营活动得到了更高效率的组织，并对传统媒介产业形成压倒性优势。因此，到了"共存"阶段，随着产业新老模式之间竞争与博弈的升级，紧张状态加剧，原有产业日益脆弱。这是产业转型过程中老产业模式凤凰涅槃、新产业模式强势胜出最为关键的时段。"共存"阶段的主要特点：其一，新产业创造价值的方式成为传媒市场的主导方式；其二，纸报等传统媒体生产及其产品纷纷退出市场，或者转而完全经营新模式。最近几年，传媒市场态势变化呈现出典型的"共存"阶段特征。互联网领域的以"三巨头"和"两兄弟"为代表的新产业模式获得爆发性增长，无论是腾讯、百度，还是阿里巴巴，已经挟裹"互联网＋"战略带来的优势，实施包围战略，进入对传统媒体的整合扩张。尽管一批具有一定的企业家精神的报业公司已经主动从"互联网的票友"转型成为"互联网的专业操盘手"，但是从整体上来看，报业传媒公司的经营业绩普遍下滑、核心人才持续流失、缩减纸质内容生产规模、业务骨干转型"内容创业"等，已经是大势所趋。

所谓"支配"，凸现的是产业必须按照新模式来为目标用户创造价值。到了这个阶段，为传媒用户创造价值的产业新模式处于绝对支配地位，传媒产业必须按照新模式来创造价值。也即是说，传媒产业的新模式处于支配地位。"支配"阶段的特点：一是大多数传媒用户，停止使用旧系统而更换新系统；二是包括报纸在内的传统媒体或许还会存在，但它已经不再具有赢利可能；三是产业新模式之下形成的新市场领导者将涌现出来。尽管中国传媒市场的演进尚处于"共存"阶段，但"支配"阶段的端倪已经出现。基于互联网的进化和发展，以社会性媒体为主导的平台媒体正在成长。也许在 2020—2025 年之间，整体的传媒产业的演进将进入"支配"阶段。随之而来的将是整个产业演变周期的完成和新的演进周期的开始。

3. 中国报业产业重组主轴及其形态变化

沿着从"新兴""趋近"到"共存""支配"这一产业演进轨迹，中国报业在转型升级的过程中，也不断地从传统报纸到智能平台媒体的主轴升级（见图1—1），并改变样态。

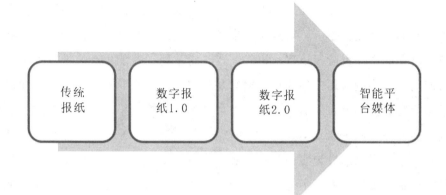

图1—1 报纸形态演化的主轴

1994年之前的报纸，无疑是纯粹的传统纸报。但是，从互联网导入商用、报纸开办报纸网站开始，报纸的形态就开始变化。

产业重组的初级形态：数字报纸1.0。所谓"数字报纸1.0"，指的是报纸利用互联网作内容、影响力延伸平台而形成的数字报纸形态。这是报纸产业重组的第一层次形态。其核心是"报纸＋互联网"。报网互动、报网联动基础上出现的报纸网络版、手机报、二维码、电子阅报栏，以及一部分报纸微博、微信、新闻客户端（APP）等产品，均属于数字报纸1.0业态。这个业态具有四个特点：第一，它属于传媒产业演进的"新兴"和"趋近"阶段的产物；第二，它依托的还是传统报纸编辑部生产，还是以生产者为中心的；第三，整体业态上，采取"报＋网"的双面架构，"报体网用"；第四，固守纸报的深度报道和信息解读优势。其主要的劣势：其一，基本上忽视"网生代"的媒介信息生产与消费需要；其二，跟随互联网发展的部分传播方式；其三，缺乏互联网思维及其运营平台。

产业重组的中级形态：数字报纸2.0（在线社会信息传播系统）。所谓"数字报纸2.0"，是基于互联网平台而形成的数字报纸升级形态，是"互联网＋报纸"的业态。这是报纸产业重组的第二层次新形态。其核心是以用户为中心，互联网企业办报，构建"在线社会信息传播系统"。凡是以在线用户为核心形成的基于 PC 网和移动网的"两微一端"、音频、视频各类产品，均属于数字报纸 2.0（在线社会信息传播系统）。这个业态具有如下特点：第一，它属于传媒产业演进的"共存"阶段的产物，在媒介融合的中高级阶段出现；第二，尽管它依托"智能生产与推荐"系统实现内容、终端与用户的连接，但它是以用户为中心的；第三，整体业态上尽管为"报"留有接口，但事实上去纸化，传统纸报的"优势"逐步演变为内容平台的一部分；第四，用户战略与平台战略是它运营的主要战略；第五，可以部分地实现信息内容的自动推荐。当然，"在线社会信息传播系统"也需要演进。它也只是今天传媒发展的一个过渡环节，在智能化程度上还仅仅处于初级水准。

产业重组的高级形态：智能平台媒体。智能平台媒体是基于智能互联网而形成的"在线社会信息传播系统"。智能平台媒体可能是一种人工智能与人类智慧协同的在线社会信息传播系统。其核心是依托海量用户，拥有开放数字内容生产体系（DGC），以专业编辑机制与人工智能算法推荐相结合的数字内容生产、聚合、分发体系，技术、用户、内容、采编、算法是其五大核心要素；是以用户为中心，以大数据、物联网、人工智能为支撑技术形成的，能够在任何时间、任何地点、任何场景支持用户在线消费和生产社会信息的传播系统。这是包括数字报纸 2.0 在内的传媒产业重组的第三层次新形态，也是媒体演进的未来形态。这个业态将具有以下特点：一是传媒产业演进的"支配"阶段和新演进周期"新兴"的产物；二是可能彻底颠覆并升级"数字报纸 2.0"的业态要素，并呈现出产品的社会信息流化、"屏读"的崛起、高智慧与高智能的平衡等全新的特质；三是按照自组织逻辑演进，并具有"开放""共生""学习"的传媒基因。在这样的平台媒介系统之中，传统报纸已经演变为内容基因。

如果说激进式变革的演进路径正处在"共存"阶段，与之相适应，中国报业形态演进的主轴大体是处于"数字报纸 2.0（在线社会信息传播系统）"的构建阶段。这也与目前互联网的发展阶段大体上相适应。

第二章 市场与互联网双重视阈下中国报业的困境

中国传统报业的经营模式正在坍塌。统计数据表明，自2012年报纸广告由增长转为下降后，降幅逐年扩大，2014年降幅由上年的8.1％急剧增加到18.3％，三年间报纸广告累计下降了29.6％。广告下降在报纸广告版面中表现得更为明显，2014年报纸广告资源量（报纸广告占版面积）下降了20.9％。[①] 2015年的情况更糟，报纸广告降幅在传统媒体中最高达35.4％，资源量（广告占版面积）降幅达到37.9％。[②] 2016年、2017年、2018年中国报业的几个关键数据，则更是直线下跌。数据的背后表明中国报业发展遭遇巨大困境，或者说面临巨大的问题。这一问题的实质是报业核心产品与用户的整体失联——报业经营模式的坍塌。本章讨论中国报业的困境实质及其两个方面表现：一是中国媒介产业化演进与报业的产业化转型的纠结；二是移动互联网的崛起与报业"＋互联网"的无效。

第一节 中国媒介产业化演进与报纸的产业化转型的纠结

今天中国报业核心产品与用户的失联，问题的实质之一，则是中国媒

---

① 中国广告协会报刊分会、央视市场研究媒介智讯：《中国报纸广告市场2014年度报告》，中国广告网，http://www.cnad.com/html/Article/2015/0206/20150206093339477.shtml。
② 中国广告协会报刊分会、央视市场研究媒介智讯：《2015年1—12月中国报纸广告市场分析报告》，中国经济网，http://www.ce.cn/culture/gd/201602/05/t20160205_8780381.shtml。

介产业化演进与报纸的产业化转型的纠结。如果说从 20 世纪 70 年代末期中国改革开放的启动开始，中国报业一直充当了中国传媒产业化探索的主动力和推进器，那么到 2010 年前后由于媒介生态环境的巨变，传统报业已经开始丧失其市场影响力。报业的"出师未捷身先死"，导致中国传媒产业的市场化探索的继发动力和推进器转换为新兴的互联网平台。用户资源不断向市场化探索的继发动力和推进器聚集。

一、市场经济背景下的中国媒介产业化进程

为应对总体性社会后期的国民经济濒于崩溃的严重危机，1978 年 12 月召开的中国共产党十一届三中全会拉开了经济体制改革的序幕。以此为契机，中国社会开始走上了改革开放、发展社会主义市场经济体制的道路。伴随着改革开放的历史进程，中国传媒业也走上了"产业化"的道路，并且两者呈现出相辅相成、相互作用的演进路径。

纵观中国传媒产业化的进程，有四个节点引人注目。它们分别是 1978 年财政部转批《人民日报》等首都 8 家新闻单位要求试行"事业单位，企业化管理"的报告；1993 年国务院批转国家计委《关于全国第三产业发展规划基本思路》，把文化、广播影视、新闻出版等列为"文化、体育产业"；2003 年开始的新一轮文化体制改革，明确将文化产业与文化事业区分开来，即实行"一媒两制"；2009 年开始探索非时政类报刊"转企改制"。我们将以此作为分期，梳理中国传媒产业化的实践进程。

（一）1978—1992 年：经济新体制的探索与传媒的"事业单位，企业化管理"

1. 经济新体制的初步探索

中国经济体制改革的基本内容就是实施从计划经济到市场经济的转型，构建以市场机制为社会资源配置基础方式的新经济体制。这样的新经济体制的构建，一开始是在渐进式改革的路径中逐步实现的。

中国共产党十一届三中全会召开以后，中国社会的发展转向以经济建设为重点，中国经济的发展出现了转机。当时的国家决策层确认了"计划

经济为主，市场调节为辅"的改革方针。在这样的经济体制改革背景下，1979 年 5 月，国家经委、财政部等 6 个部门在北京、上海、天津、武汉等城市选择了首都钢铁公司等 8 家单位进行以利润留成为核心的企业改革试点。但是，这种扩大自主权的改革，不久便陷入困境。这之后，"经过了一段时间的摸索，中国改革找到了这样一条新的道路，这就是经历了开始阶段扩大企业自主权试验不成功、国有经济改革停顿不前的情况下，采取一些修补的办法维持国有经济运转，而把主要精力放到非国有经济方面，寻找新生长点。我们把这种战略叫作增量改革战略"①。其间，从政策层面，最大的转变就是对农村包产到户从禁止到允许，并鼓励实行联产承包责任制。在此基础上，以集体所有制为主体的乡镇企业蓬勃发展起来。从这时起，经济体制改革的重点转移到非国有部门，在那里创建市场导向的企业，并依托它们实现经济总量的增长。当时，鼓励非国有企业的发展，鼓励对外开放，实现沿海、沿江部分地区与国际市场对接，进入国际经济循环圈，建立经济试验特区等一系列战略举措的推出，有力地推动着非国有经济的发展。从 1978 年至 1990 年的 12 年间，城镇居民家庭人均可支配收入年均增长 13.1%，国内生产总值年均增长率为 14.6%。10 余年的经济增量改革给中国经济带来了初步的高速增长。

不过，到了 20 世纪 80 年代后期，国家经济形成了"体制内"与"体制外"两种体制双峰对峙的"双轨制"景观。在增量改革的"局部自由化"基础上形成的新体制与在很大程度上仍然受着传统的计划经济体制束缚的"体制内"部分之间形成了剧烈的摩擦，导致国有企业财务状况日益恶化，经济通货膨胀的压力经常存在并不时增加。面对这种状况，为了寻求解决之道，政府决策层的政策思路又回到了"维持市场经济与计划经济并存的老做法"②。改革开放的初期，中国经济体制的改革一直在"计划"与"市场"之间博弈，尤其是 80 年代后期，改革的"犹豫徘徊"倾向更

---

① 吴敬琏：《当代中国经济改革》，远东出版社 2003 年版，第 55 页。
② 吴敬琏：《当代中国经济改革》，远东出版社 2003 年版，第 71 页。

是明显。1984年中国经济体制方针便调整为"计划经济与市场调节相结合",1987年进一步提出"国家调节市场,市场引导企业",但1989年又回到"计划经济与市场调节相结合"。尽管如此,"市场"的呼声在这一阶段始终没有停止。

2. 传媒产业化转型的起步

在经济体制改革的初期,传媒业同时发生了一系列的变革,其中包括新闻事业摈弃工具论,从单纯强调新闻事业是政治宣传工具、阶级斗争工具,到认同它是"大众传播媒介",具有传播信息、指导经济、服务社会、舆论监督等功能。而从传媒业的产业化进程与市场化转型的角度看,"事业单位,企业化管理"经营方针的提出、广告经营的恢复、自办发行的出现等,更具有里程碑意义。

"事业单位,企业化管理"方针的提出。从1949年之后,一直到20世纪70年代末期,按照我国的传媒宏观体制,把传媒作为机关事业单位,由国家财政全额拨款支持其运行,沿袭苏联传统的党报模式。在这一管理框架下,传媒只是一种社会政治表达工具和舆论宣传工具。其资产完全属于国家所有,传媒业有形与无形资产的使用者(受托人)只有使用权而没有获益权。1978年改革开放正式启动以后,部分新闻单位要求实行"事业单位,企业化管理"。当时,国家财政部批准了人民日报社等8家首都新闻单位提出的要求试行"事业单位,企业化管理"的报告,允许这些单位从经营收入中提取一部分比例的资金,用于增加员工收入、改善自身工作条件。到了1979年,财政部颁发《关于报社试行企业基金的管理办法》,再次明确报社是党的宣传事业单位,在财务管理上实行企业管理的方法。这个政策在短短的几年中迅速在全国大多数传媒中实行。"事业单位,企业化管理"的传媒定性,在体制上打破了原先"大一统"的国家办传媒的模式。这是中国传媒业从完全的计划运作向市场运作的重要转折。可以说,这也拉开了中国传媒体制改革与产业化探索的大幕。

传媒广告经营的恢复与快速发展。在实践进程中,中国的传媒产业化是从广告经营开始的。1979年1月,《天津日报》、《文汇报》、上海电视台、《解放日报》等媒体恢复刊出商业广告或者刊登为广告正名的文章。各地的媒体纷纷开始刊播商业广告。中共中央宣传部在 1979 年 5 月 14 日发文，明确肯定了报刊恢复广告的做法。媒介广告经营的恢复，既重开了广告市场和广告产业，又重开了传媒市场和传媒产业。基于广告经营的恢复中国传媒的经济资源开始释放，产业的经济实力开始增强。例如，仅仅过了两三年时间，到 1981 年底，全国的广告经营单位增长到 1160 家、从业人员 16160 人、营业额 1.18 亿元；而到 1992 年，全国广告经营单位达到 16683 家，从业人员增加到 185428 人，营业额更是达到了 67.8 亿。通过广告经营积累的资金也为报纸更新技术装置，扩大再生产提供了条件。一部分报社开始导入激光照排系统，建设新大楼，配备电脑等现代办公设备。

自办发行的尝试。与传统党报模式和计划经济体制相适应，报刊长期实行"邮发合一"体制。到 20 世纪 80 年代中期，"邮发合一"模式的弊端已经严重制约了报刊的发展。不只是投递时间长、发行费率高、资金回笼慢、覆盖面窄，更重要的是它切断了报纸与读者的联系。洛阳日报社率先"吃螃蟹"，组建发行体系，以"自办发行"代替"邮发合一"。经过河南省委宣传部和洛阳市委批准后，1985 年 1 月起，河南洛阳日报社正式开始了自办发行试验。洛阳日报社首创自办发行，而且效果很好。此后，自办发行蔚然成风。如果说"事业单位，企业化管理"的经营方针为传媒产业制度的构建提供了基础，那么广告经营的蓬勃发展则为传媒的产业化运营提供了血液和自我经营发展的动力，而自办发行的实施则为传媒面向市场转型获得了发行处置权与来自受众的动力。经过了这一阶段的初步发展，传媒产业化进程迈出了实质性的一步，依托读者用户与广告的报业自主经营的"双重出售"经营模式构建起来。早在第二次产业革命初期形成的《纽约太阳报》所开拓的便士报经营模式与技术，又在 20 世纪 80 年代的中国复活，并且生根开花。中国真正意义上的传媒产业在这个阶段诞生了。

(二) 1992—2001 年：市场经济体制的构建与传媒业的双重属性

1. 经济新体制的构建

1992 年春，邓小平在视察武昌、深圳、珠海、上海等地的谈话中，旗帜鲜明地指出"社会主义也可以搞市场经济"。1992 年 10 月，中共第十四届全国代表大会第一次会议也明确提出改革的目标是"建立社会主义市场经济体制"。1993 年 11 月，中共十四届三中全会通过《中共中央关于建立社会主义市场经济体制若干问题的决定》，提出了"整体推进、重点突破"的新改革战略，要求在 20 世纪末期初步建成社会主义市场经济制度，并为财税体制、金融体制、外汇管理体制、企业体制、社会保障体系、社会分配体制等方面的重点改革制定了目标、拟定了方案。这成为 20 世纪 90 年代经济体制改革的行动纲领。整个 90 年代的经济体制改革，就是在这一纲领的指导下，从现代产权制度改革、市场经济体制改革、现代收入分配体制改革、宏观经济体制改革四个方面整体推进。其中，产权制度改革是一个巨大的突破。特别是在 1997 年召开的中共第十五次全国代表大会上，充分肯定了多年来的改革探索成果，彻底否定了过去所认为的国有经济在国民经济中所占比重越大越好的苏联式观点，明确规定公有制为主体、多种经济成分并存、多种所有制共同发展是至少一百年的社会主义初级阶段的"基本经济制度"。据此，形成了"三个有利于"（有利于发展社会主义生产力，有利于增强社会主义国家的综合国力，有利于提高人民的生活水平）的原则，调整和完善国民经济的所有制结构，建立今后长时期的基本经济制度。"虽然我国的经济体制改革涉及经济体制的方方面面和各个环节，但有四个方面的变革起着基础性和框架性作用。正是因为它们的变革，才引起了经济体制的各个方面和各个环节的变革，而且也正是因为这四个方面的变革，才使得新体制的基本框架最终得以确立。这四个方面的变革是现代产权制度改革，现代市场经济体制改革，现代收入分配体制改革，现代宏观经济体制改革。"① 在 1998 年全国"人大"会议

---

① 魏杰：《亲历改革》，中国发展出版社 2008 年版，第 2—3 页。

上，中共"十五大"的上述决定内容被写进了《中华人民共和国宪法修正案》，"国家在社会主义初级阶段，坚持公有制为主体、多种所有制经济共同发展的基本经济制度""在法律规定的范围内的个体经济、私有经济等非公有制经济，是社会主义市场经济的重要组成部分""国家保护个体经济、私营经济的合法权利和利益"。社会主义市场经济体制，作为中国新经济体制的法律地位，由此得到了确认。

2. 传媒产业化进程的加速

社会主义市场经济新体制构建极大地推进了传媒的产业化转型，使传媒业组织在制度变迁、规模扩张以及技术发展的三大动力的作用下，逐步向市场主体迈进。在这一阶段，传媒产业属性的认定，传媒业的高速发展与结构调整，传媒集团化的大力推行成为传媒产业化进程加快的标志性事件。

传媒产业属性的认定。新闻传媒的产业属性的认定，是建立社会主义市场经济体制的社会改革与新闻传媒业互动作用的重大成果之一。邓小平的"南方谈话"不久，传媒业当即回应构建社会主义市场经济体制的要求，开始探索自身产业化转型的进路。1993年，国务院批转国家计委《关于全国第三产业发展规划基本思路》的文件中，正式明确把文化、广播影视、新闻出版等列入第三产业中的"文化、体育产业"；中共中央和国务院发布《关于加快发展第三产业的决定》则正式将报刊经营列入"第三产业"，并允许传媒业的一部分实行商业化运作。2001年，中共中央发布了《关于深化新闻出版广播影视业改革的若干意见》，明确将传媒业中的"发行集团"和"电影集团"等一起从"事业性质"中剥离出来，定为"企业性质"。新闻传媒业的这次身份改变，就是允许传媒业从整体上实行"事业性质"和"企业性质"两种身份共存。

传媒产业双重属性及其产业属性的认定，是对当时已经展开的传媒产业实践的理论追认，同时也为传媒业的市场运作提供了理论支撑。这是因为这一理论主张，不仅符合中国传媒发展的现存实际，而且符合中国的国情。它一方面认可新闻传媒业的意识形态属性，事业性质，确保了"党媒姓党"；另一方面，承认传媒业的信息产业属性，让传媒业理直气壮地把传媒当作产业来经营。然而，传媒业双重属性的内在矛盾在实施过程中带来种种冲突，也是不容忽视的，尤其是双重属性的主张遗漏了传媒业与生俱来的属性，即公共性以及传媒从业人员由此必须承担的社会责任。这必然会给传媒业带来一系列新问题，甚至造成诸多不良的后果。当然，从传媒产业化转型的整体上看，传媒业的产业属性的确认，释放出巨大的产业化能量，为传媒业的规模追求和高速发展提供了巨大的制度空间。无论是传媒业自身的高速发展、结构调整，还是集团化进程的推动，都是传媒业的产业化属性认定之后所释放的必然结果。

传媒集团化。进入 20 世纪 90 年代以后，中国传媒业为了推动产业化改革与发展的进程，进行了多方面的实践尝试，传媒集团化便是其中实施并推行的一项积极的战略性举措。传媒集团化是第二次产业革命中勃兴的现代企业"公司"这种产业组织形式在传媒业的推广，使用"产业组织"形态固化传媒产业化的成果。传媒集团的构成单元是公司，"公司的本质是非常明了的，它其实就是生产商品或者提供服务的一个有组织单位"①。

传媒集团的建立，一是有助于解决长期以来传媒单纯依赖国家财政的问题；二是有助于通过"盘活存量资产"和"优化资源配置"，解决以往单体传媒规模普遍较小、无法同国际级的传媒集团抗争的问题；三是有助于解决近年来传媒发展中出现的"小""散""滥"等问题。而这一决策又在很大程度上迎合了那些经营状况较好的传媒的需要，建设传媒集团的基本社会需要和条件实际上已经存在。

传媒集团化的探索首先从改革势头最为活跃的报业开始。1996 年，中国第一家报业集团——广州日报报业集团挂牌，报业"集团化"正式进入组建阶段。1998 年，羊城晚报、南方日报、光明日报、经济日报和文汇新民等报业集团先后成立。截止到 2002 年 12 月，全国共组建了 39 家

---

① ［美］威廉·G.谢泼德、乔安娜·M.谢泼德：《产业组织经济学》，张志奇等译，中国人民大学出版社 2007 年版，第 206 页。

试点报业集团，其中包括中央级报业集团 2 家、省级报业集团 23 家、省会城市和计划单列市报业集团 14 家。报业集团的组建主要采取如下两种方式：一是通过"强强联合"的方式来组建报业集团，如上海的文汇新民报业集团，就是由《新民晚报》和《文汇报》这两家在上海地区都颇具影响力的大报联合组建而成。二是通过报社内部发展方式来组建报业集团。报社经过一定积累后，投资创办子报、子刊以及其他实体达到集团建制。除上海的文汇新民联合报业集团外，中国其他报业集团均采取此种方式组建。紧随报业之后，广电业也实施了集团化运作。从全国第一家广电集团——无锡广播电视集团 1999 年 6 月 9 日正式挂牌成立，到 2001 年底中国广播影视集团正式成立之间，杭州、天津、南京、长沙、福建、四川、重庆等地的广电集团也先后获得批准。

（三）2002—2008 年：新经济体制完善与"一媒两制"的传媒产业定位

1. 新经济体制的完善

2001 年 11 月 28 日，中国正式加入 WTO，标志着中国的市场经济体制国家地位开始在世界范围内得到承认。与此同时，中国新经济体制的构建工作也进入了体制完善的新阶段。回望经济体制改革的历史进程，如果把现有的经济体制与 1978 年以前的经济体制作一个历史比照，那么在中国新经济体制的构建过程中有四个方面的变革起着基础性和框架性作用，即现代产权制度改革、现代市场经济体制改革、现代收入分配体制改革、现代宏观经济体制改革。正是这四个方面的变革，标志着中国的新经济制度构建初步完成。

从时间进程来说，大体上在中共十六届三中全会之后，中国初步完成了新经济体制框架性制度的构建，进入了新的经济体制磨合期。中共十六届三中全会提出完善社会主义市场经济体制，其主要任务是完善公有制为主体、多种所有制经济共同发展的基本经济制度，建立有利于逐步改变城乡二元经济结构的体制（促进中国从二元经济结构向现代社会经济结构转变），形成促进区域经济协调发展的机制，建设统一开放、竞争有序的现代市场体系，完善宏观调控体系、行政管理体制和经济法律制度，健全就业、收入分配和社会保障制度，建立促进经济社会可持续发展的机制。此后，在这一时期国家决策层提出了科学发展观，强调"以人为本"，实施全面发展、协调发展、可持续发展战略，实行"五个统筹"，主张"共同富裕论"。这标志着中国经济体制改革进入了新的历史发展阶段。

2. 传媒产业化进程向纵深推进

在这一历史时期，传媒产业化发展的标志性事件是推进传媒的新闻业务与经营业务的两分开，传媒业开始实施跨地区经营、跨媒体经营和资本市场运营。这在一定程度上也彰显了中国传媒产业化发展日趋成熟。

关于"两分开"。改革开放以来的中国传媒产业化，其主要推动力在于"事业单位，企业化管理"思路的确立和推进。但是，也正是"事业单位"这种单一体制定位，使传媒始终难以摆脱在市场竞争中"无名无分"的尴尬，所以当中国经济体制改革进入新的阶段后，传媒产业化改革也逐步向"深水区"延伸。2003年12月31日，国务院下发《国务院办公厅关于印发文化体制改革试点中支持文化产业发展和经营性文化事业单位转制为企业的两个规定的通知》（国办发〔2003〕105号），正式启动了新一轮传媒体制改革。此次文化体制改革，首次将"文化产业"和"文化事业"作为两个概念区分开来，确认两者共同构成文化建设的重要组成部分。这一文化体制改革的目标，就是探索建立党委领导、政府管理、行业自律、企事业单位依法运营的文化管理体制和富有活力的文化产品生产经营机制。"公益性文化事业"和"经营性文化产业"的划分是传媒发展进程中一次重大的创新与突破。中国传媒业的体制定位，从此由单一的事业单位转为既是事业单位又是名正言顺的文化产业。传媒业体制上的"一媒两制"，为中国传媒业发展在制度空间中释放了重要资源，政策上提供了重要机遇。它是国家在宏观管理层面对于原有的"事业单位，企业化管理"经营管理体制的一种重新分类和定位，使原先模糊的传媒在市场经济中主体地位的问题得到了解决，对于传媒产业化改革来讲是一次深刻的体制创新。

在此基础上，伴随着传媒市场竞争的加剧，以及加入WTO、数字技术勃兴等诸多制度、技术动力的拉动，传媒产业化在"跨地区"经营、"跨媒体"发展、资本运营等方面取得了很大的突破。

"跨地区"经营。长期以来，中国传媒业一直置于"条块分割"的格局之中。与计划经济体制相适应的传媒宏观监管模式，按照行政差序格局配置传媒资源。这导致传媒市场的"行政碎片化"，造成传媒资源的极大浪费，成为束缚传媒市场化进程的桎梏。在每一个行政区域内，如省、地、县三级，各级传媒都是自成小体系发展，其他行政区域的传媒想要进入，自然遭遇当地行政强烈的阻隔与干预。2001 年 8 月，由中办、国办颁布的《关于深化新闻传播广播影视业改革的若干意见》（即 17 号文件）中，对传媒的跨地区发展给予了明确首肯。在新的政策环境下，中国传媒开始在打破行政区域阻隔、跨地区经营上进行大胆的尝试。

2003 年 11 月 11 日，由南方报业集团与光明日报报业集团联合主办的《新京报》备受瞩目。它的创刊是中国当代传媒史上值得记载的一个重大事件。其发刊词写道"《新京报》是全国第一家得到国家新闻出版总署批准，具有合法地位、受法律保护的媒体集团跨地区经营管理的报纸"。《新京报》创造了这样几个"第一"：第一张得到正式批准的跨地区创办的报纸，第一张由两家党报集团联合主办的大型日报，第一张由中央级媒体和地方级媒体合作创办的报纸。其实，《新京报》的期待还不仅于此。它瞄准了中国报业市场的一个空当——传媒市场，不仅需要大量的面向大众化的都市报，更需要经过市场洗礼的定位于高端人群和社会主流人群的主流大报。此后，传媒集团跨地区联合办报成为一大热点。[①]传媒市场上，先后出现了《每日经济新闻》（解放日报报业集团、成都日报报业集团联合创办，2004 年 12 月 9 日）、《第一财经日报》（上海文广新闻传媒集团、广州日报报业集团、北京青年报社联合创办，2004 年 12 月 11 日）和《竞报》（北京日报社、上海文广新闻传媒集团、北京青年报社联合创办，

---

① 罗以澄、吕尚彬：《社会转型中的中国传媒生态与传媒发展》，武汉大学出版社 2010 年版，第 198 页。

2004 年 12 月 28 日）等一批跨地区经营的报纸传媒企业。

强势传媒跨地区发展的优势在于可以强化资源整合，优化资源配置，提升所在区域的传媒业活力，并使受众的信息需求得到更好的满足。虽然后来由于种种复杂原因，跨地区办报在短暂的火热后被管理部门"叫停"。但是，在 2006 年 1 月，中共中央、国务院发出《关于深化文化体制改革的若干意见》中再次重申："支持和鼓励大型国有文化企业和企业集团实行跨地区、跨行业兼并重组。"另外，柳斌杰在 2008 年表示："跨地区组建联合出版传媒集团的工作，已经开始启动。最近两年，出版业至少要出现三个'双百亿'——资产一百亿以上、年销售收入一百亿以上的企业。"这些政策的出台或管理层的表态，标志着传媒跨地区经营重新得到肯定。

"跨媒体"经营。所谓跨媒体，就是横跨平面媒体（报纸、杂志、图书等），电子媒体（电视、广播、电影）和新媒体（网络媒体、手机媒体、车载媒体、楼宇媒体等）的三维平台组合。如果传统的"跨媒体"经营主要是传媒公司跨越平面媒体与电子媒体构建产业链，那么 20 世纪 90 年代以来的跨媒体经营主要是推进传统媒体与互联网媒体的资源重组和媒介融合。尤其是商业互联网在 1994 年导入中国之后，经过初期发展，开始显现整合其他媒体的巨大活力。因此，国家新闻出版总署在《新闻出版业"十一五"发展规划》中明确指出，随着信息、网络等技术的高速发展，各种媒体的界限越来越模糊，相互融合的速度越来越快，以高科技为主要手段和特征的现代内容产业的迅速产生和壮大，已经成为不可逆转的社会发展趋势。

2009 年以前，中国传媒企业的跨媒体经营主要使用以下几种方式：（1）报纸＋网络。这是绝大多数的平面媒体都会依托其资源优势而选择的跨媒体经营模式。有些报纸传媒所开办的网站在全国范围内都已经具备了很大影响力，如依托《人民日报》开办的人民网。（2）广播＋电视＋电影＋网络。这是目前绝大多数广电集团所采取的跨媒体经营模式，中国规模最大、实力最强的国家级综合传媒集团——中国广播电影电视集团（CMG）采取的就是这种组建模式。（3）广电集团＋报刊。这也是一些广电集团所采取的发展战略，如由中央电视台主办的《中国电视报》、由河南广电集团和大象出版社合办的《东方今报》等。（4）通讯社＋报刊＋电视台＋网络。例如，新华社已经在跨报刊、网络媒体方面进行了卓有成效的探索，又获得了创办电视台授权，以构建中国对外新闻传播的大平台，就是采用这种方式进行跨媒体经营的探索。

在跨媒体经营中，上海"第一财经"的创办具有典型意义。隶属于上海文广新闻传媒集团（SMG）的"第一财经"，是中国传媒业第一个真正意义上的跨媒体、跨地域经营的产物，是第一次将电视、广播以及报纸捆绑在一起发展的成功尝试。2003 年，原上海电视台财经频道和上海东方电台财经频道统一对外呼号为"第一财经"，第一财经传媒有限公司随之成立。2004 年，由上海文广新闻传媒集团、北京青年报社和广州日报报业集团联合打造的一份面向全国的财经类日报《第一财经日报》正式问世，从而标志着"第一财经"跨媒体平台主架的搭建基本完成。"第一财经"的报道内容的专业性、资源整合的优势性，及其公司化、国际化运作模式，都具有自身的特点。

传媒资本运营。在当今经济社会中，一方面，大众传媒已经发展成为高技术、高投入、高产出的产业，需要引进社会化、专业化的生产方式，以实现资源的优化配置、有效利用和深度开发，最终形成规模化效应，而这一切都离不开资本市场的支持。另一方面，传媒市场的持续增长又为资本市场提供了绝佳的投资机会。传媒产业与资本市场的这种相互依存关系将推动中国传媒产业的进一步整合和市场结构的渐趋合理。

尽管当前国家对于传媒资本运营仍有着较为严格的政策限制，但是经营规模的追求始终让中国传媒业对资本运作情有独钟。早在 1994 年 2 月，中国第一家具有传媒概念的股份有限公司——上海东方明珠股份有限公司挂牌上市。1999 年 3 月 25 日，湖南电广实业股份有限公司在深交所挂牌上市，成为"中国电视传媒第一股"。1999 年 6 月，《成都商报》间接控股上市公司四川电器组建的博瑞传媒被誉为中国"报业第一股"。2001 年 5 月，在中国证监会新版的《上市公司行业分类指引》中，将传媒与文化产业定为上市公司 13 个基本产业门类之一，其下含出版、声像、广播电影电视、艺术、信息传播服务业五大类。这一政策的出台，为大规模的传媒业资本运作铺平了道路。2001 年 2 月，北京歌华有线电视网络股份有限公司在上海证券交易所上市，这是全国首家上市的有线电视网络公司。同年，中视传媒上市，这是中央电视台控股的一家传媒类 A 股上市公司。2004 年 12 月，北青集团赴香港上市成功，为内地传媒企业海外公开上市"第一股"。2006 年 10 月 18 日，上海新华传媒股份有限公司借壳上市，被称为中国出版发行企业中第一家 A 股上市公司。2006 年 10 月 18 日，上海新华传媒股份有限公司借壳上市，再度燃起上市之火。这之后，华闻控股、新华文轩、粤传媒纷纷登陆海内外的资本市场。到 2007 年 10 月，柳斌杰在接受英国《金融时报》采访时透露，作为新闻出版行业全面改革的一部分，中国已经完全放开地方报纸、出版集团的国内外上市。2007 年 12 月 21 日，辽宁出版传媒股份有限公司在上海证券交易所挂牌上市，标志着传媒资本运作从媒体边缘业务到编辑业务与经营业务整体打包上市的转变。截至 2008 年底，在传统媒介领域，中国已有 13 家传媒公司实现上市融资，其中包括东方明珠、新华传媒、歌华有线、中视传媒、华闻传媒、赛迪传媒、中信国安、电广传媒、广电网络、博瑞传媒、北青传媒、粤传媒。这些传媒类上市公司，其上市路径可以归结为两大模式：一是IPO，就是直接上市；二是借壳上市，或者说重组上市。东方明珠、电广传媒、歌华有线、中视传媒、北青传媒，是直接上市的；新华传媒、华闻传媒、博瑞传媒、广电网络、赛迪传媒、粤传媒，则是通过借壳重组实现上市的。

（四）2009—2016 年：经济"新常态"与传媒的转企改制、融合创新发展

1. 经济进入"新常态"

2009 年以来，中国经济的发展与变化有两个趋势非常引人注目。一是总量急剧攀升；二是经济增速放缓，面临巨大困难。就前者说，最近几年中国经济总量增长很快。2010 年超过日本，成为世界第二大经济体以

后，2014 年则继美国之后第二个跻身超 10 万亿美元经济体俱乐部。从数据来看，中国 GDP 总量及其增长率分别为 2009 年约合 4.92 万亿美元，8.7％；2010 年 5.88 万亿美元，10.3％；2011 年 7.47 万亿美元，9.3％；2012 年 8.35 万亿美元，7.7％；2013 年 9.31 万亿美元，7.7％；2014 年 10.4 万亿美元，7.4％；2015 年 10.42 万亿美元，6.9％。2015 年的增长率，滑落至 1990 年以来的新低，经济增长速度明显放缓。实际上，这一放缓的趋势是从 2008 年以来开始的。一般的表述是，受全球金融危机影响，2009 年以来我国经济出现困难，主要表现在外部需求下降、出口贸易不畅，经济增速放缓、失业增加等。这导致中国经济从过去三十年的高速增长进入"中高速增长期"。尽管为了应对全球金融危机，当时中央政府持续多年打出了拉动内需、提振出口、增加就业系列"组合拳"，但收效甚微，因而新一代领导人执政伊始，就提出"新常态"的概念，对中国经济整体发展态势做出判断。习近平认为"中国经济呈现出新常态"，并认为有几个主要特点：速度——"从高速增长转为中高速增长"，结构——"经济结构不断优化升级"，动力——"从要素驱动、投资驱动转向创新驱动"。[①] 而在 2014 年 12 月 9 日至 11 日的中央经济工作会议首次明确了经济新常态的九大特征，"1. 模仿型排浪式消费阶段基本结束，个性化、多样化消费渐成主流；2. 基础设施互联互通和一些新技术、新产品、新业态、新商业模式的投资机会大量涌现；3. 我国低成本比较优势发生了转化，高水平引进来、大规模走出去正在同步发生；4. 新兴产业、服务业、小微企业作用更凸显，生产小型化、智能化、专业化将成产业组织新特征；5. 人口老龄化日趋发展，农业富余人口减少，要素规模驱动力减弱，经济增长将更多依靠人力资本质量和技术进步；6. 市场竞争逐步转向质量型、差异化为主的竞争；7. 环境承载能力已达到或接近上限，必须推动形成绿色低碳循环发展新方式；8. 经济风险总体可控，

---

① 顾钱江等：《习近平首次系统阐述"新常态"》，新华网，http://news.xinhuanet.com/politics/2014－11/10/c_127195118.htm。

但化解以高杠杆和泡沫化为主要特征的各类风险将持续一段时间；9. 既要全面化解产能过剩，也要通过发挥市场机制作用探索未来产业发展方向"①。"新常态"是区别于"旧常态"而言的。所谓旧常态，是指一段时期增长速度偏高、经济偏热、经济增长不可持续的因素累积，并带来环境污染加剧、社会矛盾增加以及国际压力变大的严峻挑战，也是十八大以前长期改革滞后形成的"体制病"和宏观失衡"综合症"。"新常态"区别于"旧常态"的特点之一是"经济高速增长转向中高速增长"。不过，经济发展方式由规模速度型数量增长转向规模效益型集约增长是在十八大之后，成为"克强经济学"的常态，尤其是"紧紧围绕使市场在资源配置中起决定性作用深化经济体制改革，坚持和完善基本经济制度，加快完善现代市场体系、宏观调控体系、开放型经济体系，加快转变经济发展方式，加快建设创新型国家，推动经济更有效率、更加公平、更可持续发展"②。这一深化经济体制改革目标的提出和丝路经济带、海上丝绸之路、长江经济带、互联网＋行动计划等激活经济动力的创新发展战略的实施，让新常态经济呈现出一些"新气象"。

2. 传媒转企改制，适应媒介融合"新常态"

"两分开""跨地区""跨媒体"经营的传媒如何进一步发展？转企改制、在融合中创新、打造新型主流媒体，成为传媒产业化发展的"新常态"。

转企改制是最近几年新闻出版行业着力推进的重大改革举措。尤其是在 2009 年 3 月，国家新闻出版总署下发《关于进一步推进新闻出版体制改革的指导意见》（以下简称《指导意见》），明确了新闻出版体制改革的目标任务。这一目标任务是"全面完成经营性新闻出版单位转制任务，建立现代企业制度，在企业内形成有效率、有活力、有竞争力的微观运行机

① 《中央经济工作会议闭幕 首提经济新常态九大特征》，搜狐网，http：//news. sohu. com/20141211/n406872393. shtml.

② 中共中央：《中共中央关于全面深化改革若干重大问题的决定（全文）》，凤凰网，http：//finance. ifeng. com/a/20131115/11093995＿0. shtml.

制；推动跨媒体、跨地区、跨行业、跨所有制的战略重组，开拓融资渠道，培育一批大型骨干出版传媒企业，打造新型市场主体和战略投资者；通过增加投入、转换机制、增强活力、改善服务，建立以政府为主导、以公益性单位为主体的新闻出版公共服务体系，使人民群众的基本文化权益得到更好保障；加快新闻出版传播渠道建设，推进连锁经营、物流配送、电子商务，规范出版产品物流基地建设，形成统一开放、竞争有序、健康繁荣的现代出版物市场体系；实现政府职能的根本转变，形成调控有力、监管到位、依法行政、服务人民的宏观管理体制"。《指导意见》强调，整个新闻出版体制的改革，已走出了探索和试点阶段，而要全面铺开；改革的关键是巩固和推广已经取得的探索成果——实现"三分一转"，即政府和企业管办要分离，公益性和经营性出版单位在管理上要分类，采编业务和经营性业务要分开，改革的核心是转企改制。凡是经营性出版单位要通过改革，全面完成转制任务，建立现代企业制度，实现产权和人员身份的转换，在企业内形成有效率、有活力、有竞争力的微观运行机制。2010年1月，国家新闻出版总署党组会议讨论通过的《报纸期刊质量综合评估办法（试行）》，又为报刊实行退出机制提供了基准。当年，国家新闻出版总署在中央单位所属的 220 家报纸、2600 多种期刊中划分实行事业单位的报刊社和改制为企业的报刊社，推动非时政类、非公益性报刊出版单位完成由事业单位向企业法人的先行改制。因此，截至 2010 年 12 月底，大约有总量六分之一的非时政类报刊完成了转企改制。因此，本年度内着力推进的非时政类报刊大规模转企改制，只是按照既定的"线路图"和"时间表"，贯彻执行《指导意见》的精神，全面推进新闻出版体制改革。①

2011 年非时政类报刊转企改制全面铺开。当年 5 月，《中共中央、国务院办公厅关于深化非时政类报刊出版单位体制改革的意见》出台，部署

---

① 吕尚彬：《非时政类报纸转企改制：2011 年中国报业发展主旋律》，《中国报业》2012 年第 1 期。

了非时政类报刊转企改制的"线路图":按照不同性质和功能,非时政类报刊分期分批、陆续进行改企转制。其中,省级、副省级和省会城市党委机关报刊所属的非时政类报刊出版单位,文化、艺术、生活、科普等非时政类报刊出版单位,专业技术性较强的行业性报刊出版单位,隶属于法人企业的报刊出版单位,则先行转制;也鼓励和支持其他非时政类报刊出版单位申请先行转制。另外,按照有利于做大做强主流媒体的要求,中央各部门、各单位所属的都市类和财经类报刊,省级和副省级及省会城市党报党刊所属的晚报、都市类和财经类报刊等出版单位,经批准可以进行转制。而在《意见》的执行层面,不仅推出了时间表,还提出了《中央非时政类报刊出版单位转制规程》。到2012年底,转企改制初见成效。至少有一部分非时政类报刊完成了形式上的转企改制,向着市场主体、产业主体方向发展变化。据报道,"全国承担改革任务的580多家出版社、3000多家新华书店、850家电影制作发行放映单位、57家广电系统所属电视剧制作机构、38家党报党刊发行单位,已经全部完成转企改制;全国2103家承担改革任务的文化系统国有文艺院团(不含保留事业体制院团)已有2100家完成和基本完成转企改制、撤销或划转任务,占总数的99.86%。地方1177家首批非时政类报刊出版单位中,1147家已完成和基本完成转企改制,占总数的97.5%,其余30家正在按已批复方案积极实施;中央和地方的应转企改制的重点新闻网站中,80%以上已完成和基本完成改革任务,其他网站将按计划在2012年底完成全部改革任务"[①]。

媒介融合是传媒产业化发展"新常态"的另一方面。从2012年下半年开始,在传统媒介和新兴互联网媒介的博弈过程中,Web2.0技术的大规模扩散促进着移动互联网的爆发性增长,导致传统媒介的用户巨量流失和影响力断崖式下跌。尚未完成实质意义上转企改制的传统媒体,又面临着互联网与移动互联网爆发性发展"夹击"中的灭顶之灾,在媒介融合之

---

① 张贺:《99.86%国有文艺院团转企改制》,人民网,http://politics.people.com.cn/n/2012/1105/c1001-19493440.html。

中寻求创新发展成为其在市场突围中的又一战略选择。2014 年 8 月 18 日，中央全面深化改革领导小组第四次会议审议通过了《关于推动传统媒体和新兴媒体融合发展的指导意见》。《意见》对新形势下如何推动媒体融合发展提出了明确要求，做出了具体部署。迄今为止，媒介融合正在国家传媒管理部门、媒介自身、社会资本等各方力量的推动下紧锣密鼓地探索着。

二、从"事业"向"产业"转型的纠结

产业化就是报纸从单纯的文化、精神生产的事业单位沿着经营和理性的轨迹向企业状态过渡，成为市场主体的一种战略发展走向。[1] 仅仅从上述历时性分析就可以看出，以报业为代表的中国传媒的产业化历程并没有完成，尚处于"化"的过程之中，处于从"事业"向"产业"转型的纠结之中。实现传媒产业化的目标，让市场这只"看不见的手"来充分配置传媒资源，还需要逐步深化传媒体制改革。从"事业"向"产业"转型的纠结，至少表现为如下几个方面的问题。

（一）合格的市场主体缺位

合格的市场主体缺位有两个层次的含义：一是既有的报业集团，并没有成长为真正意义上的市场主体；一是一些实施了"转企改制"的报媒缺乏企业家精神。

尽管在探索传媒集团化改革的过程中，先后涌现出了一批报业或广电媒介集团，但如果按照现代企业制度的规范要求来衡量，除一部分上市的传媒公司之外，多数"报业集团""广电集团"还没有成长为真正意义上的市场主体。一些名称为"报业集团"的机构，并不是因其自身发展的内驱而成长为集团，多因"揠苗助长"或者"捏合"而成为"事业集团"。内部治理结构残缺、核心竞争力缺乏、产业价值链残缺、支撑产品依靠单一的都市类报纸、赢利模式过分依赖纸媒广告、产权结构单一等问题，导

---

[1]　吕尚彬：《中国报业转型发展的四大战略走向》，《中国报业》2010 年第 3 期。

致这些报业集团有企业之名而无企业之实，既无完善的内部运行机制，也无自负盈亏、自主发展、自主创新的能力，更无市场竞争能力。

即使一部分非时政类报刊实施转企改制，但因其运行惯性，市场创新的"企业家精神"普遍不足。在报业按不同性质和功能分化后，非时政类的报业转化成为企业，参与市场竞争，但是有些非时政类报刊是在迫于市场压力的情况下创办的，虽部分按市场机制运行，但距真正的建立现代企业制度相去甚远。①

（二）有竞争力的信息产品缺乏

从企业管理学角度来看，市场的三个基本要素为人口、购买力以及购买欲望，当三个要素齐备的时候才能形成市场，当后两个要素有一个缺乏时只能是潜在市场。当下，用户对报业和报业转型过程中所生产的媒介产品缺乏购买欲望，这在很大程度上阻碍了报业的市场化。

检视信息产品对消费者失去吸引力，需在新兴媒体崛起、对传统报业产生极大冲击、报业亟须进行数字化转型的背景之下进行，重要原因是核心竞争力失去后缺乏有竞争力的产品。首先，传媒是知识密集型产业，人才对内容生产至关重要，新兴媒体兴起，报业被看衰，报业的人才流失异常严重，报业在面对新兴媒体时为数不多的内容生产的优势也在逐渐丧失。其次，转型过程中互联网思维的缺乏导致信息产品不具备吸引力。新兴媒体崛起，传统媒体对信息的生产与传播的垄断被打破，信息生产严重过剩，报业不只要和同类以及广播、电视竞争，将不得不面对传播速度快、呈现方式多、交互性强的新兴媒体竞争，新闻也不得不和娱乐等其他类型的媒介产品竞争。报业转型奋起直追，数字化是基本方向，但是之前的数字化转型的失误在于仅仅把新兴媒体作为报纸的传播渠道的延伸，新媒体信息产品仍然体现报业思维，已经受新媒体信息产品训练和洗礼的用户在阅读习惯和思维方式上很难再对传统媒体思维导向下的信息产品产生兴趣，因此，市场效果可想而知。最后，在报业市场化的进程中，需要报

---

① 吕尚彬：《转企后报刊：用企业家精神克服"事业惰性"》，《中国报业》2012年第7期。

业赢利来保证生存和扩大再生产，但是传统报业的"二次销售"模式已经不能在数字化媒体上沿用，赢利模式的不成熟使信息产品的生产失去了重要的经济支撑。

（三）开放、统一的传媒市场缺失

多头多层的传媒宏观管理体制导致我国的传媒市场处于严重的分割、碎片化的状态。尽管一部分发展势头极为强劲的报媒公司，如成都商报、华声报、浙江日报、南方都市报等曾进行过力度较大的市场扩张，但跨地区、跨媒介和跨行业的媒介经营依旧壁垒重重。从行业层面，报纸归属国家新闻出版总署管辖；从地域层面，报纸归属地方政府管辖。报纸不能办广电，成都商报已经负责运营多年的成都电视台 33 频道长期难获广电监管的审批。跨地域办报也有诸多障碍，报业任何跨地经营都被视为对所在地方政府管辖权的一种"侵犯"，而跨媒体经营又可能侵害了其他类别媒体主管部门的利益。[①]

第二节 互联网的发展与报业
"数字化转型"的无奈

互联网是人类迄今为止影响力最大的发明之一，也是第三次产业革命的代表性成就。作为一种社会基础设施，互联网正在颠覆并重构人类社会生活，当然也正颠覆并重构着人类的传媒系统。

一、互联网及其在中国的发展

（一）互联网的兴起

在世界范围内，美国的互联网起步最早，引领世界互联网发展潮流。其发展大致分为三个阶段。第一阶段为 20 世纪 60 年代到 90 年代初期，这一阶段发展主要由美国政府主导实施，计划用于军事目的，但是当时和

---

① 苏林森：《中国报业市场结构的政治经济分析》，《当代传播》2014 年第 6 期。

平的国际环境极大地方便了各部门的研究人员在该网络上进行信息及技术数据交流。这一起步阶段的重要意义在于确定了当今互联网的大部分基础技术和标准协议。第二阶段是美国互联网的第一次浪潮，其发展的原动力在于互联网的商业价值被发现——互联网在通信、资料检索、客户服务等方面的潜力凸显。这一阶段的互联网发展的主导力量从政府转向了市场。从 1994 年网景掀起的互联网资本热潮，经历了雅虎、亚马逊、eBay 等第一代互联网公司的崛起，然后到 2000 年互联网泡沫破灭。第三阶段起始于互联网泡沫之后，从 Google 的崛起至 Facebook 的神话，再到实力强大、在世界范围内都具有巨大影响力的 Groupon、Twitter、You Tube 等，美国互联网的发展使信息革命完成，对社会生活的各方面都产生了强烈影响。

（二）互联网在中国的发展

中国对于互联网的早期应用始于 20 世纪 80 年代。1980 年中国政府在香港建立国际在线信息检索终端，向内地科研机构提供资料检索服务。1981 年底，北京建立了国内第一个国际在线检索终端，并实现与阿帕网相连。1987 年，国内第一个电子邮件节点建立，并成功在德国发送"越过长城，走向世界"的电子邮件；同年，美国自然科学基金会（NFC）欢迎中国加入互联网，中国部分（电子邮件）接入。1990 年，中国顶级域名 .CN 在德国完成注册。1994 年 4 月 20 日，中国连接 Internet 的 64K 国际专线开通，完成了与国际互联网的完全连接。

20 多年来，互联网传媒在我国获得了爆发式发展。根据中国互联网络信息中心的调查统计，截至 2005 年 12 月 31 日，我国的网民总人数刚刚超过 1 亿，为 11100 万人，同 1997 年 10 月第一次调查结果 62 万网民人数相比，网民人数是首次调查的 179.0 倍。[①] 截至 2016 年 6 月，中国网民规模达到 7.10 亿，手机网民规模达 6.56 亿；互联网普及率达到

---

① 中国互联网络信息中心（CNNIC）：第 17 次《中国互联网络发展状况统计报告》，http：//www. cnnic. net. cn/hlwfzyj/hlwxzbg/200906/P020120709345358064145. pdf。

51.7％，超过全球平均水平 3.1 个百分点。同时，移动互联网塑造的社会生活形态进一步加强，"互联网＋"行动计划推动政企服务多元化、移动化发展。① 截至 2018 年 6 月，中国网民规模达到 8.02 亿，互联网普及率达 57.7％；手机网民规模达 7.88 亿，网民中使用手机上网人群占比高达 98.3％；网络支付用户规模达到 5.69 亿，使用比例达 71.0％。互联网应用场景不断扩大，交通、环保、金融、医疗、家电等行业与互联网融合程度加深，社会生产率得到大幅度提高。互联网、大数据、人工智能与实体经济深度融合，促使制造业、农业和服务业向新型、现代、智能的方向转变。② 这不仅仅是一个网民规模的巨幅增加，更重要的是飞速发展的互联网改变了中国社会、改变了传媒、改变了中国人的生活方式。中国已经发展成为一个互联网上的国家。

有学者将互联网在中国的发展概括为"三次浪潮与三次创新"③。这个概括大体上符合互联网在中国的发展实际。三次创新即是从商业、制度、文化三个层面的创新。商业创新包括技术、创业、商业、应用、投资等层面的创新，这是互联网最热闹、最夺目的层面；制度创新包括政府管理、制度、政策、安全和法律等层面的创新；文化创新包括思想、社会、文化、传播等层面的创新。三次浪潮是指互联网 1.0、互联网 2.0、互联网 3.0 三个阶段。1994—2001 年的互联网 1.0 阶段的商业创新，集中于经历了创业浪潮、热潮和低潮（互联网的冬天）；制度创新表现为以"先发展，后管理"的理念促进产业和社会机构对于互联网的开拓性探索；文化创新表现在国人对于互联网的积极拥抱。国内互联网传播领域发生了多起重大的里程碑事件，网络作为中国第四大传媒形态的地位初步奠定。新浪、搜狐、网易等门户网站以及开通的大量新网站开始涉足新闻传播。2001—

① 中国互联网络信息中心（CNNIC）：第 38 次《中国互联网络发展状况统计报告》，http：//www.cnnic.net.cn/hlwfzyj/hlwxzbg/hlwtjbg/201608/t20160803_54392.htm。
② 中国互联网络信息中心（CNNIC）：第 42 次《中国互联网络发展状况统计报告》，http：//www.cnnic.net.cn/gywm/xwzx/rdxw/20172017_7047/201808/P020180820603445431468.pdf。
③ 方兴东、潘可武等：《中国互联网 20 年：三次浪潮和三大创新》，《新闻记者》2014 年第 4 期。

2008 年的互联网 2.0 阶段中的商业创新在于中国互联网形成了 SP、网络游戏和网络广告三大扎实的赢利模式，每一项都达到数十亿的年收入规模；制度创新在于互联网管理开始从产业部门转向政府和意识形态部门，有关网络的法规、自律规章不断出台，着力点在于网络文化市场的整治以及网络经营场所的规范管理；文化创新在于 Web2.0 时代的到来，博客、BBS 等多种网络媒体形式的发展下，网络媒体的影响力迅速提升，网民主导网络文化发展的格局开始形成。2009—2014 年的互联网 3.0 阶段的商业创新在于进入即时网络时代，SNS 网站逐渐兴起，微博、微信类服务崛起，将中国互联网带入即时传播时代。中国的互联网发展开始呈现自己的特性，并在网民数量、宽带网民数、CN 注册域名、个人电脑等多个指标超越美国成为世界之最，腾讯、阿里巴巴等巨头公司的市值也跻身世界前列。制度创新在于国家网络安全逐渐上升，先发展后管理的模式开始调整，博客自律公约、妈妈评审团、微博辟谣平台等民间组织的重要性开始凸显。文化创新在于全民上网时代逐渐到来。"尤其是移动互联网和传统互联网出现迅速融合的趋势，产生了微博、微信等和移动互联网结合的一大批创新应用，带动了大批新兴企业的创业浪潮，因此可称之为大互联网时代。这一阶段核心特征的关键词是即时化，也可以称之为即时网络阶段。以即时化为核心的互联网第三次浪潮将最大限度激发互联网的革命性潜力，根本性重组传统 IT 业、通讯业、PC 业、传媒行业以及娱乐业等，即时化改变传播模式，即改变了互联网应用模式，也改变了营销模式，也将彻底改变传统行业商业模式。简单的上网已经不能满足传统领域转型的要求。基于第三次浪潮的趋势规律，社会化、即时化的大规模协作将全面变革各行业，极大改变生活方式，变革整个人类社会。"[①]

从传媒的层面看，互联网的"连接"与"开放"逻辑重新定义了传媒。它首先重新定义了社会信息的流动，个人节点化成为基本趋势；重新

---

① 方兴东、潘可武等：《中国互联网 20 年：三次浪潮和三大创新》，《新闻记者》2014 年第 4 期。

定义了传媒边界，导致传媒边界日益模糊化，一些互联网化的社会组织日益传媒化；重新定义了媒介产品，无论是新闻资讯、生活服务信息，还是社交化内容、场景讯息，都可能成为社交媒介的产品元素；重新定义了媒体角色，媒体已经演化成为社会信息传播系统；重新定义了传媒用户，用户不再是传统的读者、观众或者阅听人，而是适时在线的消费生产者；重新定义了信息分享方式，互联网的接触终端必将离我们越来越近，最终与我们融为一体；重新定义了传媒商业模式，"将从技术融合、线上线下的产品融合、全方位的业务融合以及产业链衍生这四个层次，来促进信息技术的应用与商业模式的创新，优化传媒产业结构"①。事实上，互联网络重组人类传播资源的过程中，已经彻底颠覆了传统大众传播媒介的信息生产与消费的产业链条，正在重构基于社会信息传播系统的新的传播与消费产业网络。

（三）互联网作为构造社会传播的新范式

这是喻国明教授近年提出的对互联网的价值与功能作本体分析的一个论断，这在一定意义上代表了国内传播学者对于互联网重构社会传播的新认识。

互联网在中国社会商用 20 余年来，给我国的政治、经济、文化都带来不可估量的巨大的变化。这些不断地促使大家反思互联网本身。事实上，看起来仅仅是一种新的技术设施的互联网，实际上是一种新的社会组织与结构方式，更是整个社会的操作系统。今天整个社会系统的运作规则、运作基础、运作框架似乎都由它来规定。作为一种构造社会传播的新范式，"互联网对于社会性的传播系统构建的最大改变是将传统的以机构为基本单位的社会性传播改变为今天的以个人为基本单位的社会性传播。于是，互联网作为一种革命性力量，已经并将继续改变着整个社会的资源配置方式和权力结构。迄今为止，互联网初步实现了'人人皆可进行信息表达的社会化分享与传播'的技术民主，社会议程的设置权与社会话语的

---

① 谢湖伟：《中国互联网 20 年："连接"改变媒体》，《传媒》2014 年第 7 期。

表达权也进入了人人皆可为之的泛众化时代。历史上从未有哪一个时代，如今天这样，能让普通个体拥有如此之大的话语权。互联网特别是社交媒体激活了以个人为其基本单位的社会的传播构造，重新分配了社会话语权，并因此改造了社会关系和社会结构"[①]。不仅如此，互联网对个人传播能量的"激活"至少表现在个人操控社会传播资源的能力、个人湮没的信息需求与偏好、个人闲置的各类微资源等三个方面被"激活"，因此，互联网构造了一个全新的社会场域，并持续推进着一场深刻的革命。这场包括传媒领域在内的整个社会的深刻革命的实质，就是如何在这种以个人为基本单位的社会传播格局下激活、匹配和实现生态型的资源配置和功能整合。

尤其是在社交媒介崛起、建构人际大网背景下，个人节点化的趋势让网民开始第一次有了进行社会传播和信息采集的自主权。"众媒时代"的到来，让任何能够上传至网络上的内容和信息的人都能够得到比较多的人的情感共振和价值认同，便可能在层层转发中实现一种社会传播的"核裂变效应"，达到那种过去只有人民日报、中央电视台、新华社等这些超大媒体才能达到的传播规模和传播效应。同时，互联网对传播领域的又一重大改变是当个人能够自主性地通过互联网所提供的数以亿计、极为丰富的信源来建构自己的信息渠道，而不是依赖现有的传统媒介构建的社会信息通路的时候，整个社会信息的传播格局和法则也将发生重要改变。

在互联网时代，作为社会信息传播系统的传媒也正在发生改变。"伴随社会传播的技术门槛的下降，以个人为基本单位的传播力量被激活，跨越时空的社会协作成为可能，互联网引导下的媒介生态正在发生根本性变化。传统不对等的、单向性的、局域式的媒介生态被打破，依托大流量开放平台为基础系统，由个人、商业或非商业利益组织以及专业新闻机构共同组成的信息节点在平台间自由流通、平等互动、相互聚合，完成信息的

---

① 喻国明：《互联网是高维媒介：一种社会传播构造的全新范式》，《编辑学刊》2015 年第 4 期。

生产、分享与价值创造，并在共同体作用下达到动态平衡。"①

二、报业的"＋互联网"与数字化转型的无奈

(一) 报业的"＋互联网"

自从互联网进入中国，敏感的报业就已经开始探索媒介融合的可能。最初，仅仅是一些报纸利用互联网的海量信息和图像、文字传播速度快等优势，使用网络信息弥补报刊的不足。20世纪90年代后半期，大量的报纸开始自发与互联网融合，兴办了相当数量的报纸网站，开始报网互动。到了2005年，报业强烈感受到新兴的网络传媒在读者注意力和广告资源等方面的分流威胁，国家新闻出版总署适时提出报纸出版业加快走向"数字报业"转型的战略构想。2006年8月，国家新闻出版总署发布《中国报纸出版业"十一五"发展规划纲要》，正式启动"数字报业发展战略"和"中国数字报业实验室"计划。从此，传统纸质出版向数字网络出版的转型，成为中国报业寻求新的生存制高点的自觉行动。

此后，伴随着互联网进化的脚步，报纸与互联网的融合一步步持续推进。在1994—2000年互联网1.0阶段报业主要是积极"拥抱"互联网；在2001—2008年的互联网2.0阶段报业探索了报网互动的可能，报纸网站的博客、BBS等多种网络媒体形式不断拓展，报业内容生产集成平台与全媒体多通道数字出版系统、报业内容多媒体接触终端先后被开发出来；在2009—2015年的互联网3.0阶段，伴随着移动互联网的扩张性发展和社交媒介的崛起，报业的"两微一端"（微博、微信和新闻客户端）等一时成为报社数字化转型的标配。

不过，这些"数字化转型"的探索是典型的"报纸＋互联网"的思路，它以报纸为中心，试图将报纸的优势延伸到互联网。一言以蔽之，就是"报纸＋新媒体"，报纸办新媒体。即使是在报业集团内部设置了新媒

① 喻国明：《互联网是高维媒介：一种社会传播构造的全新范式》，《编辑学刊》2015年第4期。

体公司，甚至探索与阿里、腾讯、百度等互联网生态圈的融入与合作，不断开发一些基于报纸内容的新数字产品，但整体思维还是报纸思维，是传统的大众传播思维。报人或报社只是把互联网、移动互联网等作为报纸产品的延伸工具，视互联网为一种普通媒体、一种传播渠道或传播工具，把互联网作为延伸自己价值和影响力的一个宣传营销平台、一个锦上添花的补充工具。无论是过去大量涌现的报纸网站、报纸微博、报纸微信，还是手机报、新闻客户端、报纸 APP 等，都是这样。国外的一些老牌报纸，如《纽约时报》《卫报》《读卖新闻》等过去的数字化转型思路与做法，与我们如出一辙。这样的"转型"表面上热热闹闹，但并没有真正实现产品与 80 后、90 后、00 后"网生代"用户的有效连接，渠道失灵的态势日渐严重，互联网原住民用户日益丢失，结果必然是实际效果平平淡淡、经济效益江河日下（见表 2—1）。①

表 2—1　2012—2014 年报业的三大经营指标变化

报纸指标	2012 年（％）	2013 年（％）	2014 年（％）
发行量	－3.09	－10.83	－30.5
广告经营额	－7.5	－8.2	－18.3
总印量	－3	－7.67	－9.63

（二）报业数字化转型的无奈

在互联网作为重构社会传播新范式，不断颠覆社会生活和传媒生态的今天，如果不能以互联网的逻辑、互联网的思维、互联网的平台重构传媒生产与消费机制，重建产品与互联网用户的有效连接，传统媒体的所谓数字化转型就可能面临诸多无奈。事实上，传统报业的数字化转型正面临着许多无奈。

1. 思维转换的无奈

数字化的浪潮下，中国的传统报纸顺应媒介技术的发展，推出了网络

① 吕尚彬：《"互联网＋"背景下报业经营"新常态"与数字报业 2.0》，载范军主编：《华中传媒研究》（第一辑），华中师范大学出版社 2015 年版，第 18 页。

版、手机报、移动客户端、二维码等新型报纸接触终端实现对接，加速推进呈现内容终端的数字化，但是从受众接受情况来看，较低的点击率和下载量表明传统报纸的数字化转型难言成功，没有能够实现读者从传统报纸到数字化报纸的"平移"。究其原因，当下中国数字化的报纸在崭新的互联网平台上抱残守缺，缺乏互联网思维。

互联网思维指利用互联网的精神、价值、技术、方法、规则、机会来指导、处理、创新生活和工作的思维方式；互联网思维具有用户思维、简约思维、极致思维、社会化思维、平台思维、大数据思维、跨界思维、免费思维的特征。① 这些特征体现了互联网思维的核心在于用户导向，具体可分为三个方面：首先，要把用户当作自己的伙伴，以平等的方式与其进行互动；其次，要调动消费者的参与感，邀请消费者参与产品设计、流通等每一个环节，让用户把你的产品当作自己的产品来看待；第三，让消费者有超乎预期的产品体验，以形成口碑传播。②

中国报业的转型仅仅处于数字报纸1.0时代，即大多只是将纸质版上的内容复制或是经过简单挑选，然后发布到互联网和移动互联网客户端上，这样的产品并不具备互联网特质。首先，中国报纸是带着光环出生的，在近代报纸兼有"救亡"和"启蒙"的重任，作用重大；中华人民共和国成立后，报纸承担起传达党和国家方针、政策的重任，地位显赫；后受西方新闻事业及其观念的影响，"无冕之王"的身份意识觉醒、渐强，新闻专业主义精神开始产生一定影响。这都导致了在新闻传播活动中"报纸本位、内容为王"的问题③，报纸俯视读者，在地位上与用户并不平等。其次，现在互联网报纸依然和传统报纸一样，在大多数情况下实现的是从媒体到读者的单向传播，存在读者反馈机制严重不足的问题。再次，由于数字化的报纸大多都是沿用纸质版的内容，因此其新闻产品的生产理

---

① 汤潮：《数字出版的"互联网思维"》，《出版参考》2014年5月下。
② 贺芳静、初广志：《互联网思维核心：用户导向》，《广告大观（综合版）》2014年第4期。
③ 高海浩：《用互联网基因构建传媒转型新平台》，《中国记者》2013年第3期。

念和方式依然遵循传统，对新闻的选择标准依然遵记者内心的新闻价值理念而非用户的需要，新闻的制作过程也是独立而封闭的，作品在很大程度上是记者和编辑的个人劳动的成果和体现，用户基本没有参与其中；传统的新闻产品既没有从用户的角度出发去生产用户希望看到的以及需要的新闻产品，用户也没有参与其中，相关度不高，加之新闻价值不高的会议新闻充斥版面，不接地气的假话、空话、套话随处可见。另外，互联网媒体在信息呈现方式上与报纸有很大不同，可以通过文字、图片、视频、音频、动画等多种方式来呈现。这些丰富的信息呈现方式也在分散着读者的注意力，"深阅读"很难在互联网上延续，而"浅阅读"时代传统报纸篇幅冗长、风格严肃、言语深刻的新闻文本与互联网平台显得并不匹配，导致新闻产品的质量不高。不具备互联网特质的产品是不可能被互联网时代的用户所接受。

数字化报纸不具备互联网思维，是中国报业数字化转型的最大问题。而要解决这个问题，对于传统报业思维已经根深蒂固的传统报业及其从业者而言，无疑需要自我革命。

2. 赢利模式的无奈

1993 年 12 月，《杭州日报》电子版上线，被认为是中国最早的数字化的报纸。在迄今为止的 20 多年中，报纸纷纷推出自己的网络版或者微博、微信公众号、APP。这一表面繁荣下是报业最大的无奈：这些数字化的媒介产品没有有效的赢利模式，依附于传统的纸媒生存。

传统报业的赢利主要基于"二次销售"理论，严重依赖广告，发行量越高以为报纸聚集的读者越多，广告收入越有保障。依靠广告的赢利模式被门户网站沿袭了下来，并且网易、搜狐、新浪等新闻门户经营状况良好。几大门户网站能够依靠传统的赢利模式生存，一是由于它们的先发优势；二是这几大门户网站靠免费或是极其廉价的成本获取非常丰富的新闻资源，本身变成了整合新闻信息的免费平台。但是，传统的赢利模式运用在其他的数字化报纸上时却行不通了。首先，这一块的市场蛋糕相对有限，已经被它们瓜分殆尽，其他的数字化报业还想靠此生存难度很大；其次，相较照搬纸质版内容的数字化报纸，门户网站能提供更丰富的信息服务。其实，最根本的是数字化的报业与传统报纸相比发生了变化，信息呈现方式、用户阅读习惯以及媒介生态等各方面都已完全改变，以及数字化后的新闻产品打破了传统报业时代条块分割的传媒市场，信息产品数量剧增，严重过剩且同质化严重，产品无吸引力自然难以赢利。

面对数字化报纸这样的无奈，学界和业界提出了通过建立"付费墙"作为数字化报纸新的赢利模式。虽然《纽约时报》《华尔街日报》《金融时报》的情况让我们看到了曙光，但是美国的大多数付费墙尝试都以失败告终。《重庆日报》《安徽日报》《环球时报》等也做过付费墙的探索，但是均未达到赢利的最低规模。没有绝对的内容优势，门户网站、社交媒体的替代性产品又能起到直接替代"报网互动"或报纸的"两微一端"的产品，且在用户还未养成付费看新闻习惯的情况下，"付费墙"在中国的前景难言明朗。

建立成熟的赢利模式，意即培育不可或缺的核心生存能力和不可替代的市场竞争力，这是报业数字化转型面临的艰巨任务。

3. 组织结构转型的无奈

媒介的融合形态现在被很多专业人士看作未来中国媒介数字化后的主要存在形态。媒介融合是指印刷的、音频的、视频的、互动性数字媒体组织之间的战略的、操作的、文化的联盟。[1] 现在很多传媒已经开始整合资源，向融合媒介的形式转型。媒介融合时代的记者，需要掌握多种媒介技能，能够同时完成文字、图片、视频、音频等报道任务，并且还需要就同一主题为不同的媒体制作个性的报道；而此时的编辑部变身为"知识管理"，还需要考虑如何在报纸、电视、广播、互联网、移动互联网这个包含所有媒介种类的媒介平台上实现新闻的组合、协同传播。[2] 这一切实现

---

① 刘颖悟、汪丽：《媒介融合的概念界定与内涵解析》，人民网，http://media.people.com.cn/GB/22114/45733/238966/17101311.html。

② 陈映：《媒介融合概念的解析与层次》，《北京邮电大学学报（社会科学版）》2014年第2期。

的基础，必然是单一的报社组织变身为一个基于在线"智能生产与推荐"系统的内容生产平台。这是互联网媒体的发展趋势，国内的《烟台日报》《广州日报》等已经开始实践。

上述组织形态和工作方式需要不同媒介在所有权上首先融合，即不同类型的媒体由报社组织所有，并且在各种不同传媒之间还需要"策略性融合"，即媒介间形成了内容共享、交叉推销以及共谋增加产值等合作关系，如报纸媒体预告明日杂志内容，或者杂志刊载来自报纸媒体的内容和观点等。① 当下，中国的传媒组织实现了所有权的融合，但是在很大程度上也仅限于所有权融合，因为不同类型传媒在很大程度上依然各自为战，虽有不同程度的协作，但是谈"策略性融合"还为时尚早。而决定这种融而不合的局面的相对滞后的传媒集团现行组织结构则是报纸数字化转型的一大症结。

互联网企业的组织结构呈现出扁平化的特点，这样能够充分激发每个员工的创造力，也能实现产品生产的高效，但是现在互联网报纸的新闻生产虽然依托所谓的全媒体中心，但是其组织机构依然沿袭传统媒体的构架，呈现出行政色彩浓、层级多的特点，这样将极大影响新闻生产的效率。

4．新技术应用的无奈

在过去的"报纸＋互联网"阶段，为了在互联网或移动互联网上延伸传统纸报的"优势"，相关报业公司紧紧"咬着"数字传播新技术的发展锋线，不断地"跟进""导入"来自互联网和移动互联网发展的"最新"技术和媒介形式。迄今为止，中国报业20余年的数字化探索，先后涌现出报纸电子版、报纸门户网站、手机报、报纸官方微博、报纸微信公众号、报纸新闻客户端等数字化产品。面对层出不穷的传媒新技术，报纸一直在学习，一直在跟进。但是，报纸产品与"网生代"失联的问题，非但

---

① 陈映：《媒介融合概念的解析与层次》，《北京邮电大学学报（社会科学版）》2014年第2期。

没有得到解决，而且日益强化。即使是最近几年涌现出的"澎湃""封面""九派""并读"等由传统的具有较大影响力的报纸主办的新闻客户端（APP）产品，也并不差强人意。究其原因就会发现，从报网融合、手机报到官方微博、微信公众号，再到新闻客户端，虽然导入的新技术手段和形式日益多样，但其问题却是相同的，如以报纸的"优势"来做"内容产品"，强调内容导向忽视用户驱动；在意报道、传播而轻视用户互动；看似重视用户，实则从传者出发，重在新闻报道而失于用户产消需要；在意信息、新闻的流动而忽视了关系和场景的营造等。

传媒新技术应用的无奈，不只是体现在过去的效果不佳的"跟进"与"导入"，更体现在目前的智能技术体应用存在重重障碍。在智能技术重新域定传媒的今天，包括大数据技术、智慧城市技术、推荐技术、定位技术等在内的智能新技术也开始进入报人的视野，甚至一些报业公司也开始探索依据用户大数据来分析用户行为，以便尝试向用户推送个性化的服务信息，实现精准传播，拓展"新闻＋服务"产业布局，但是局限于过去的"报纸＋互联网"的"全媒体"思路，仅仅是大数据技术应用，在现有的报业公司就存在多重技术、人才的障碍。大数据是海量的，动辄以 EB、ZB[①] 来计，它来源丰富，既包括用户平台数据、媒介数据（特别是互联网和社交媒体产生的数据），又包括各类协同企业的数据、政府部门的数据，还包括物联网、各种传感器产生的数据；大数据需要使用各种算法进行处理。[②] 要想对如此海量的数据完成分类、聚类、预测、展示、推荐等复杂的工作，现有的报业公司不可能使用传统数据库工具对其内容进行抓取、管理和处理。现有报业公司在技术方面往往手段落后且成本较高，与原生的互联网企业的差距明显。面对大数据这片"海"，包括报纸机构在内的传统媒体几乎是束手无策。[③] 至于数据科学家的缺乏，更是目前报业公司

---

① 1024KB＝1MB，1024MB＝1GB，1024GB＝1TB，1024TB＝1PB，1024PB＝1EB，1024EB＝1ZB。

② 官建文、刘扬、刘振兴：《大数据时代对于传媒业意味着什么？》，《传媒》2013 年第 2 期。

③ 吴文平、陈沁蓉：《以大数据为支点推动转型》，《新闻战线》2014 年第 1 期。

的明显短板。从目前各国的人才培养来看，数据科学家应掌握数学、统计学、数据分析、商业分析和自然语言处理等学科技能，需要较宽的知识面，具有独立获取知识的能力，而不仅仅只是一个数据工程师或者数据分析师，因此，偏重于专业能力的中外教育体系很难培养这种复合型人才，大数据人才无疑是紧缺人才，而且国内的为数不多的数据科学家，几乎被BAT机构及其关联的互联网企业瓜分殆尽。智能传媒技术人才的极度缺乏也成为报业转型发展的技术障碍之一。

因此，传统报纸产品与用户的失联这一核心问题及其来源，从历时性分析的角度看，既涉及报业引领中国传媒产业化进程的夭折，又涉及互联网崛起及其对报业的"市场劫杀"，还涉及报业应对来自产业外部市场力量的失误。

第三章 中国报业致困原因与影响因素

本章讨论导致核心产品与用户的整体失联——报业经营模式的坍塌及其所引发的中国报业遭遇断崖式下跌，并且深不见底的主要原因和影响因素。如果"原因"是直接环境因素，那么"影响因素"则是间接环境因素。

第一节 中国报业致困原因

一、传媒环境的颠覆性变革

传媒环境是传媒生存和发展的条件要素的总和。就其结构，传媒环境包括传媒的内部环境和外部环境等不同层面。传媒的外部环境通常指的是传媒的宏观环境，是指影响传媒业的各种宏观力量，也就是一定社会中的与传媒生存和发展相关的政治、经济、技术、文化等因素构成的外部环境。传媒的内部环境指的是传媒生存和发展的内部条件，包括传媒资源、传媒产品、传媒市场等因素。[①]

方兴未艾的新产业革命导致今天的传媒环境正在发生颠覆性变化。无论是传媒技术对传媒业的多次"重新域定"、报业资源环境与市场竞争状况的突变，还是传媒社会文化环境的转型，都是传媒环境的颠覆性变革的

---

① 罗以澄、吕尚彬著：《中国社会转型下的传媒环境与传媒发展》，武汉大学出版社 2010 年版，第 4 页。

重要表征。

(一) 传媒技术的多次 "重新域定"

最近 30 年，传媒新技术在数字化、智能化轨道上日新月异、突飞猛进，彻底颠覆了传统的人类社会信息传播系统。

如果梳理中国传媒新技术的发展线索，以 1987 年中国人发出第一封电子邮件为起点，尤其是 1994 年开始全面接入互联网之后，支撑互联网发展的数字域进入中国。"域"是一种技术集群。"域实际上并不是单体技术的加和，它们是连贯的整体，是关于设备、方法、实践的族群，它们的形成与发展具有与个体技术不同的特征。"[①] 数字域作为第三次产业革命的核心技术集群，出现于 20 世纪 40 年代，但是直到现在它依然在扩展延伸。数字域导入中国传媒系统，实际上是中国传媒产业的重新域定。"重新域定是指以一套不同的内容来表达既定的目的。重新域定不仅提供了一套新的、更有效的实现目的的方法，还提供了新的可能性。"[②] 正是数字域对中国传媒产业的"重新域定"带来了传媒产业的颠覆性变革，导致以报纸、电视、广播为代表的传统媒体的衰落和以社交媒体为代表的"所有人对所有人传播"的智能媒体的崛起。

从传媒技术进化的视角看，数字域也有一个形成和生命周期。"域的形成有两种模式：一是围绕核心技术联合而形成的，一是从一个现象家族中建构起来的。"[③] 最初的核心技术可能来自一个业已存在的"母域"，但在解决母域中的特定问题，新的核心技术集群形成自己的词汇和思维方式之后，新域旋即诞生。技术域的生命周期也可以划分为诞生、青春期、成熟期和晚年。[④] 为解决母域特定问题而形成的新域要在理解和实践中固

---

① ［美］布莱恩·阿瑟：《技术的本质》，曹东溟、王健译，浙江人民出版社 2014 年版，第 163 页。

② ［美］布莱恩·阿瑟：《技术的本质》，曹东溟、王健译，浙江人民出版社 2014 年版，第 79 页。

③ ［美］布莱恩·阿瑟：《技术的本质》，曹东溟、王健译，浙江人民出版社 2014 年版，第 164 页。

④ ［美］布莱恩·阿瑟：《技术的本质》，曹东溟、王健译，浙江人民出版社 2014 年版，第 166 页。

化、发展。但是，一旦形成推进实际应用的"能使技术"，新域则逐步进入青春期，甚至跨入成熟期。青春期主要是解决发展中的障碍，产生可行的技术，并应用于市场。成熟期则是跨过市场的狂热和泡沫，走向冷静和理智，新的技术域以自己的方式深入地影响市场，进入稳定成长阶段。如果技术域经过一定时期的演化，鲜有重要理念产生，虽然大多数子域还存在并服务于人类，但有些子域被替代，就说明已到了晚年。不过，当一个域的关键技术发生了根本改变时，它就会发生变异，重构自身，打破周期。如果说 PC 网和移动网表征着数字域已经走过了它的青春期，进入成熟期。特别是最近几年的"互联网＋"产业行动计划的推进，标志着"数字域"正在深刻地改变着社会生活。但是，这并不意味着它即将进入"晚年"。人工智能技术的发展，机器学习、算法技术的应用，已经重构"数字域"。大数据、云计算、传感器技术与物联网技术的发展，不断将"数字域"变异成为"智能域"。仅仅从传媒技术演进的视角来看，传媒的智能化发展已经开始将传媒基于"智能域"而重新域定。

（二）报业资源环境与市场竞争状况的突变

政策环境对媒介生态环境有举足轻重的影响，直接决定传媒机构的发展路径、发展方向与兴衰盈亏，同时也作用于其他环境因素，深刻地影响其他因素从而对传媒产业变革发挥作用。除政策环境外，资源环境、竞争环境、文化环境也从不同侧面影响传媒业改革与发展。在中国社会由计划经济向市场经济转变、从工业社会向信息社会转变的过程中，传统报纸受众的意识形态和阅读方式都有了极大的变化。受众对信息质量的要求逐步提高，受众的参与程度逐渐增加，受众的权益也日益受到保护和重视。《国家"十二五"时期文化改革发展规划纲要》指出，"要敏锐反映社会实践的新领域、表现主体的新变化和受众的新要求，积极运用高新技术手段推动形式创新，催生新的文艺品种，增强文化产品的表现力、感染力和传播力"。受众喜欢的新平台模式也越来越受到报业的重视，越来越多的报业集团打破传统模式，将目光转向新平台模式，尤其是当移动互联进入到宽带模式，传统报业的纯文字的时代已经成为过去时，如何更好地将富媒体信息传递给报业受众成为报业集团转型的重点。

从传媒生存与发展的角度而言，包括竞争机制的科学度、竞争条件的平等度、竞争对手的强弱度等要素在内的竞争环境严重影响着传媒成长空间的大小。随着传媒业产业化、市场化、国际化步伐的加快，传媒组织所面临的竞争环境也日渐激烈。在迈克尔·波特看来，企业是否拥有持久的竞争优势，在很大程度上取决于行业进入壁垒的高低，因此，企业需要基于自身的优势和劣势选择产品战略。[①] 从报纸本身的优势来看，报业在长期的运营过程中积累了丰厚的无形资产，并由此形成了其核心竞争力，即专业化的内容原创能力和公信力。同时，由于传播渠道的不断更新、长期形成的成熟而稳定的赢利模式、受众接受习惯等不可替代等原因，传统报业依然占据印刷媒体的主导地位，这些都是在一定时期内具有的竞争优势。但新媒介利用其成本低廉、方便快捷、互动开放等吸引力对传统媒体形成冲击。在这种冲击下，先前聚集在报纸身上的用户的注意力资源及其依附于此的广告资源都"断崖式"流失，报纸的内容产品经过新媒体的较低代价甚至免费的转发、整合与再开发，使得报纸在新的传媒生态圈中成为内容提供商。

自新媒体进入传媒领域，中国传媒产业裂变为区隔较为明显的三个板块，即以报纸、电视、广播等为代表的传统传媒产业板块，由门户网站、搜索引擎等构成的互联网板块，以及以"今日头条""一点资讯"等为代表的移动平台板块。报业主动寻求转型的实践在媒介融合上升为国家战略、巨型互联网企业主导的传媒资源重组的背景下推进，又会在一定程度上消融传媒间的竞争，使其间呈合作态势。学者黄升民指出，在这次竞争中，"谁先占领平台，谁就将掌控未来的整个市场。而这场平台争夺战中的失败者，将转变为服务于这个基础平台的应用平台，甚至专项服务的提供商"[②]。因此，在风云突变的竞争格局中，传统的报业是在内容供应商

---

① 孟建、赵元珂：《媒介融合：黏聚并造就新型的媒介化社会》，《国际新闻界》2007 年第 6 期。

② 黄升民、谷虹：《数字媒体时代的平台建构与竞争》，《现代传播》2009 年第 5 期。

的道路上走出机会，借助运营商所提供的平台与新技术企业合作的模式发展，还是迎合市场所需转变运营模式，重新制定品牌发展战略，都将是报业转型道路上面临的问题和需要做出的选择。

（三）社会文化环境的转型

社会文化环境是一个比较宽泛的概念，既包括媒体所在地的人文环境、金融环境，又包括产权安全环境。传媒产业需要相应的消费群体和消费环境，活跃的消费市场需求是产业发展的动力之源。近年来，伴随着经济的繁荣和国民收入的提高，人们的文化消费需求普遍高涨，这既为传媒产业的进一步发展提供新的机会和空间，也积累了发展所需的丰厚资本。随着国家政策导向的逐步推进，文化产业成为国民经济发展新的重要增长点，传媒产业得到了强力的政策和资金支持。尤其是在全球报业普遍遇冷的情况下，我国报业受到的冲击大大减弱，而各传媒行业都以较快的速度持续发展，除音像业处于衰退态势外，其他媒介都处于总体上升趋势。而传统媒介则纷纷开发与网络、移动互联等新媒介融合的应用服务，在近几年的传媒产业的发展中，各大传媒企业配合国家转企改制的政策，通过跨行业融合的方式进行市场探索，面对新媒体的挑战开展报网结合、跨媒体建设等尝试在产业链的上下游进行扩张，都取得了良好的效果。例如，三网融合的持续推进，打破了电信在宽带运营领域的垄断性经营，准许广电企业开展部分业务。具体而言，广电企业可经营增值电信业务、比照增值电信业务管理的基础电信业务以及基于有线电视网络提供的互联网接入业务。4G 网络普及和技术环境进一步优化，媒体转企改制步伐加快，体制改革向纵深领域迈进，传媒行业产业总值大幅增加，报业和其他传媒之间的竞争既愈加激烈，同时各种媒介相互交织融合。

综上所述，随着传媒技术的多次"重新域定"，报业广告与受众资源的变化以及传媒市场多元竞争格局的形成，传媒技术的创新与社会文化环境的转型，我国的传媒生态环境正发生前所未有的颠覆性改变。在这些环境因素中，有的是基础性因素，有的是现实性因素，有的是有形因素，有的是无形因素。场域理论认为，媒介场域呈现出中介场域的属性，连接政治场域、经济场域、文化场域、公众生活场域等。这意味着传媒在按照自身的逻辑和规律运行，并发展出自己系统的传播理念，其实践活动也受到政治、经济、文化和公众生活等其他因素的影响，它们共同作用的结果使得传统报业陷入困境，也成为新型报业转型的重要动力。

二、"网生代"传媒接触方式的变化

随着新媒体的快速发展和传统媒体的数字化转型，传统媒体的受众逐渐被新的用户群体所取代，传统的媒介使用习惯也逐步转变、更新、进化为适应融合媒介和数字媒介的媒介接触方式，网生代逐步成为报业受众的新兴主要群体。网生代，顾名思义就是伴随着网络的发展而成长并依靠网络生存的一代群体。他们是一群醉心于网络生活的资深"网虫"，出生于20世纪80、90年代和21世纪初，能熟练地生存于网络世界，能快速适应新媒体的应用技术，是新媒体的主要受众群体，并成为传媒经济的消费主体。

（一）网生代群体的扩大与资源争夺

据央视CTR的调查数据，2001年报纸的到达率为71.2%，2010年下降为66.9%，2011年则大约为65%，传统报纸的读者流失成为制约纸报中兴难再的天花板，数字媒体的强势发展导致报纸受众结构的变化。与此形成鲜明对比的是互联网的网民规模迅速膨胀。根据第34次互联网发展报告显示，截至2014年6月，我国网民规模达6.32亿，较2010年增加了2.12亿，互联网的普及率为46.9%，较2010年底提升了15个百分点。网民的人均周上网时长达到25.9小时，也就是说平均每天在线3.5小时。其中，20—29岁年龄段的网民在全体网民中占比最大，达到30.7%，30—39岁年龄段的网民达到23.4%。相比2013年底，20岁以下网民规模占比增长0.6个百分点，互联网持续向低龄群体渗透。[①]（见

① 中国互联网络信息中心（CNNIC）：《第34次中国互联网络发展状况调查统计报告》，ht-tp://www.cnnic.net.cn。

图3—1）这些数据说明，新媒体分流了报纸读者中的年轻、高学历、高收入人群，呈现出报纸读者分流、报纸读者阅读时间缩短以及报纸读者老龄化的趋势。

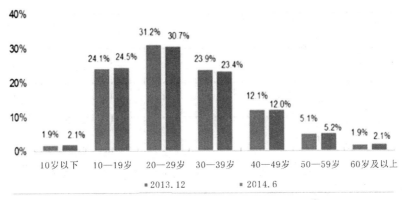

图 3—1　中国网民年龄结构（2014 年 6 月）①

另一方面，网生代的生活方式和媒介使用方式的转变不仅分流了传统报纸的读者，更有可能造成传统纸报广告支柱的坍塌。有学者认为："几年前，当业界讨论新媒体时代报纸的趋势时，报纸广告并没有受到明显的冲击，因为那时 80 后还没有进入消费主体，而现在以至未来 5—10 年则不同了，80 后已经成为消费主体，90 后也将步入消费主体。80 后、90 后的媒体接触习惯已经发生了巨大的变化，他们是在网络时代成长起来的，远离传统报纸成为趋势。到了他们成为消费主体、成了社会主流时，报纸的命运大概就不说自明了。"②

美国皮尤研究中心（Pew Research Center）的调查报告显示，截止到 2014 年，广告依然占新闻营收的绝大部分，但这一商业模式正受到挑战。印刷广告仍在大幅滑坡，电视观众正在向网络转移，数字广告的利润增长无法弥补传统广告滑坡所造成的损失，这将不可避免地影响其商业模式。

① 中国互联网络信息中心（CNNIC）：《第 34 次中国互联网发展状况调查统计报告》，http://www.cnnic.net.cn。

② 姚林：《2009 年中国报业：挺过危机，阴霾未散》，《传媒》2009 年第 12 期。

加拿大报业的高层从业者鲍勃·赫普伯恩言明了本国以及整个北美报业面临的两个严峻危机。首先，报纸用户的严重老化。以其曾就职的《多伦多星报》为例，该报的用户已经超过 50 岁，同一报业集团下的《都市报》的用户平均年龄也近 50 岁，老龄化的用户在预言报业的黯淡前景的同时，也使广告价值急剧下降，对广告商"不再具有吸引力"；其次，年轻人已经粘连在新媒体上，报纸失去了吸引新用户的能力。"我们现在的首要任务，一是尽量延长报纸发行和广告的赢利期，二是做好投身新媒体的一切准备，全力投入，不管输赢。"① 鲍勃·赫普伯恩的话描述了全世界的报业集团将要面临的一个共同但却非常残酷的现实，留下老受众，投入巨大的资金和精力重新建立报业集团的新部分来吸引新受众，否则报业生存难继。

（二）新闻受众获取新闻源的迁移

当信息高速公路彻底改变世界民众的生活方式时，受众的新闻获取源得到了极大的扩充，从传统报业迁移到了互联网，而当今天智能手机成为人们的新宠时，受众获得新闻来源的源点再次发生了迁移。皮尤研究中心发表于 2012 年的研究报告显示，55％的受访者从电视上获得新闻，从手机和互联网上获得新闻的受访者从 10 年前的 24％上升至 39％，与之相对的是从传统的报纸和广播媒体获取新闻分别下滑至 33％和 29％，其中在 30 岁以下的年轻人中收看电视新闻或电视节目的仅为 34％（见图 3—2）。皮尤研究中心在研究新闻产业环境变化对传统新闻业影响时发现，不仅是以报纸为代表的平面媒体遭遇重创，电视媒体也不约而同地受到互联网和社交网络的强烈冲击，这种横向的影响扩展已经给传统媒体发出一个紧急信号，传统的报业、电视新闻和电视节目都已经开始随着受众的注意力和选择性而变化，不再是年轻一代受众关注的焦点。而另一方面，越来越多的人选择通过手机、平板电脑等移动设备来获取新闻消息，互联网和手机

---

① 王卫新、王倜、张弘：《报网走向一体 发展网媒自救——美国、加拿大报业考察报告》，《新闻记者》2012 年第 12 期。

已经成为仅次于电视的美国第二大新闻来源。发表于 2014 年的皮尤报告也显示，这种趋势正在逐渐明显，半数以上的年轻人通过在线视频获取新闻信息，他们同时也是数字新闻视频最主要的消费者。在 18—29 岁的人群中，有 90％观看在线视频，而接近一半的人观看在线新闻视频。在 30—49 岁的人群中，观看在线新闻视频的比例为 49％。作为对比，在 50—64 岁的人群以及 65 岁以上的老年用户中，这一比例为 27％和 11％。（见图 3—2）

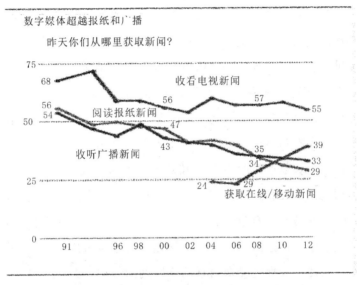

图 3—2　美国皮尤研究中心提供的美国受众获取新闻源调查统计数据①

在新媒体的冲击下，我国用户的信息需求与新闻获取来源日渐多元与分化，向互联网，尤其是移动互联网端迁移是主要的方向。据中国互联网络信息中心 2017 年 1 月发布的数据，截止到 2016 年 6 月，互联网新闻市场的用户规模已经达到 5.79 亿，手机端的网络新闻业务用户规模为 5.18 亿，占移动网民的 78.9％，联网新闻成为用户最重要的基础类互联网应

---

① 皮尤研究中心：《手机和互联网超报纸成美第二大新闻源》，http://www.sootoo.com/content/346931.shtml。

用。其中，社交媒体成为网络新闻获取、评论、转发、跳转的重要渠道，2016年上半年，曾经通过社交媒体获取过新闻资讯的用户比例高达90.7%，在微信、微博等社交媒体参与新闻评论的比例分别为62.8%和50.2%，通过朋友圈、微信公众号转发新闻的比例分别为43.2%、29.2%。①

（三）受众网络应用与信息需求的变化

随着媒介融合的深度推进，媒体和受众的外延正在拓展。平板电脑、智能手机等移动终端的出现，逐渐消解着传统媒体的分界，体现在网络的应用上呈现出更为多元、更为深入的发展态势。媒体也开始转变角色，由单纯的提供信息产品延伸为一种服务，为受众提供文字、图片、音频、视频、社交平台以满足其需求，而受众不再被动地接收单一介质媒体的信息，而转化为媒介信息产品的用户，开始注重信息产品的品质、阅读体验和私人订制，在对信息的需求和阅读体验上呈现出新的特点。

首先，受众获取信息的主动性和获取精度极大提升。新的数字技术，4G网络的普及，智能终端的大量使用，使得现有的报业受众在社会群体关系中的自我聚类和聚合越来越容易，并且信息传播的交互性、自主进行信息选择的意愿、信息获取的效率等问题也越来越被用户看重。无线网络的方便和高效性极大促进受众对移动互联网的使用，尤其是对各类大数据应用的使用。受众在经历了之前一扫而过浅度思维的轻阅读阶段后，将注意力集中到按需点阅上。从职业、年龄等许多角度来看，高效、便捷获取信息成为互联网和移动互联网信息用户的普遍需求。在这种信息需求的转变下，新型的报纸编辑不仅要能适应受众的浅度思维的碎片扫描，而且要回归到传统报业提供精细阅读的价值理念。一方面，新型的报业需要完成适应受众零碎阅读的融合新闻，如新华通讯社主办的新华网的图片频道，使受众能快速浏览了解所有的新闻资讯。另一方面，针对部分受众的专业

---

① 中国互联网络信息中心（CNNIC）：《2016年中国互联网新闻市场研究报告》，http://www.cnnic.net.cn/hlwfzyj/hlwxzbg/mtbg/201701/t20170111_66401.htm。

需求，能够提供优质的深耕内容进一步解读、对新闻议题展开讨论创设公共论坛。同时，报业的组织架构要能适应受众这种新的阅读特点，在深度解析受众需求后量身订制受众使用频率最高的媒介形式，才能吸引用户。

其次，根据用户信任的信息源提供阅读应用和服务。数字化时代的读者沉浸在信息大潮里，尤其是网络信息真假难辨，受众更需要可信任的信息源。正如学者孙志刚在微博上所述：无论是报纸还是数字平台，读者本位培养的是一种"这是我的报纸"和"我的消息来源"情感和感觉，以至于"如果我没有看它，或者没有查询这个来源，我仿佛忘记做了一件重要的事情"。报业集团在转型过程中应该更注重受众对新闻阅读应用和体验的品牌需求。2011 年皮尤调查中心的一项对美国受众的调查显示，84％的移动设备用户认为新闻应用品牌是决定是否下载该应用的重要因素，2012 年 10 月的调查则显示 60％的平板电脑和 61％的智能手机用户主要使用浏览器而非应用阅读新闻。[①] 这项对于美国受众的数据调查表明，并不是所有的新技术都是受众改变传统阅读习惯的起因，而新闻应用的品牌才是他们选择的主要原因。因此，将注意力过多地放在新闻信息向新平台的移植上未必明智，层出不穷的应用程序也有可能成为受众体验的阻碍。我国报业集团在发展新的数字应用时，不仅要关注数字技术的革新，更应该注重新闻阅读应用和体验的综合考量，以及报业品牌在受众心目中的价值提升，只有两者兼顾，才能让受众愿意为自己所信赖的信息品牌付费。

三、新兴媒体生产模式的爆发性增长

在这个信息爆炸的时代，媒介融合俨然成了传统的传媒企业逆境求生的最佳选择，通过传统媒体与网络媒体的融合，形成规模化、多触点的信息平台；通过数字技术与新闻内容的融合，提供精细化、高质量的信息服务。谷虹在《信息平台论》里这样描述传媒企业的平台化，"传媒企业的

---

① 皮尤研究中心：《调查显示 60％的平板电脑和 61％智能手机用户主要使用浏览器而非应用阅读新闻》，中文互联网数据资讯中心，http://www.199it.com/archives/71237.html。

平台化就是要通过理念、功能、组织架构、流程以及人员等方面的彻底改造，改变传统媒体垂直的业务体系和单向线性运作流程，使之成为能够与社会外界资源实现双向信息流动和价值循环的有机体"①。在这个过程中，建构起符合新兴媒体生产模式的信息平台和经营平台是融合媒体转型的关键，使之成为以内容为核心却能够吸聚多方资源的动态的开放平台。

（一）融合新闻的发展催生新的信息平台

报业数字化战略的背景下，融合新闻将成为报纸重要的产品形态。融合新闻是对传统新闻传播方式的整合与创新，在新闻信息传播中实现交互化和内容共创。② 通过信息技术和网络通讯技术的结合，各媒体的信息资源实现有效整合和深度加工，以适应不同媒体的传播形式和运行特点，作为重构新闻的原创、生产应用产业价值链的支撑优势，实现对产业价值链的"内容拥有"和"终端占有"两大端口的拓展。③ 融合新闻的生产，从前期信息采集环节来看，记者可以通过互联网和移动互联网终端在生产与收集海量原始素材同时，将存在于传统介质上的内容转化成数字格式，通过编辑的自动化建立多媒体数据资料库以便调用；在后期的编辑和整合中，网络化使编辑作业环境彻底改变，成为数字平台上连线作业，各编辑部门之间完全贯通，以利于进行信息的二次加工和二次编辑，通过多种媒介逐级发布，实现信息的快速、直接和多样化传播，满足不同受众的多元信息诉求。在构建融合媒体信息平台的实践中，解放日报报业集团设计开发的"报业全媒体多通道数字出版系统"包括语义搜索、版面分解、内容管理、快速拼版和复合出版五大功能模块，能够在传统报业内容生产与新媒体项目内容需求之间搭建起高效、快捷的数据交换和发布通道，从而实现新媒体采编发布流程中的自动资讯收集、快速模块化拼版和多通道、多载体内容发布。传统报纸版面内容经过一次反解，就能转化成多种标准格式的文件，衍生的新媒体多形态产品就能同步制作和发布。这一系统延伸

---

① 谷虹：《信息平台论》，清华大学出版社 2012 年版，第 156 页。
② 蒋晓丽、石磊：《从媒介融合看报业的数字化转型》，《新闻大学》2010 年第 3 期。
③ 吕尚彬：《中国报业转型发展的四大战略走向》，《中国报业》2010 年第 3 期。

了报纸的内容"供应链",传统纸报内容与 i-News(手机报)、i-Paper(电子报)、i-Mook(网络数码杂志)、i-Street(公共新闻视频)等新型报纸接触终端的内容实现对接,加速推进内容生产和传播方式的数字化转型,扩展了报业的形态和功能边界。再如宁波日报报业集团率先建设集新闻采编、经营管理于一体的"全媒体数字技术平台",从体制和机制上为数字化生产、传播、营销、投资和管理搭建统一平台和战略架构,实现媒介产品的多介质、多层次、多频次的生产和销售。他们已初步构建了由三个层次媒介组成的全媒介系统。第一个层次包括《宁波日报》《宁波晚报》《宁波商报》《新侨报》及四家县市区报纸;第二个层次是以中国宁波网为核心的网络媒体;第三个层次是以手机报、互动多媒体报、电子纸报、户外大屏幕等为载体的新型媒体。通过报业融合新闻生产流程再造的初步探索,纸媒与新媒体的隔阂被逐渐打破,媒体融合逐步加深,报纸报道"正在发生的新闻"的能力逐步提升。尽管如此,这些信息平台的探索还只是融合新闻生产流程的初步探索,融合形态新闻生产尚需突破。

近年来,随着 4G 技术的大规模运用和智能手机价格的不断走低,移动互联在我国三、四线城市的渗透率大幅度提高,智能手机的保有量快速增长。据艾媒资讯发布的数据,2016 年第一季度,中国智能手机用户规模已经达到 6.24 亿。在这种趋势下,移动互联开始取代传统媒体阵地,成为受众获取新闻信息的主要途径,传统媒体开始大举进军新闻客户端。仅在 2014 年,新华社、人民日报、浙报集团、上报集团等相继推出新闻客户端,现在新闻客户端已经成为传统媒体的标配。

新闻客户端的目标实际是打造平台型媒体。平台型媒体的成功运行有其基本条件,即聚集海量用户作为形成稳定赢利模式的基础,聚集海量用户的前提是提供稳定用户的优质服务。在提供优质新闻资讯服务方面,浙报集团打造具有"党报特质、浙江特点、原创特色、开放特征"的"三圈环流"新媒体矩阵。核心圈是以"浙江新闻"移动客户端、浙江手机报、浙江在线新闻网站及视频新闻等四大媒体为核心;紧密圈是由边锋网新闻专区和新闻弹窗、云端悦读 PAD 客户端、边锋互联网电视盒子、钱报网、腾讯大浙网新闻专区以及各县（市、区）域门户构成；协同圈则以微博、微信等第三方网络应用和专业 APP 为主。①

（二）信息平台扩大发展一体化经营模式

当信息平台持续被扩大时，信息的组成和生产机制逐渐改变，受众的选择权利和范围也日趋扩大和丰富。以三网融合为例，三网融合的推进将传媒业、互联网 IT 产业、通信产业都囊括在内，要求这三大产业从传统的结构化阶段走向分散化，再以平台的方式重新聚合。学者黄升民曾经提出信息平台机制，三网融合在带来传媒产业、信息技术产业和电子通信产业的边界消融同时，也使得信息在生产、传输以及消费三个环节出现了无限化和碎片化的发展趋势。② 当这些市场资源从原来的"相对匮乏"状态变得"相对丰裕"之后，产业的竞争方式必将发生根本性改变，产业竞争的焦点也将发生转移。传统产业中以"封闭、独占、控制、产业链"为特征的竞争法则，面对资源相对匮乏的时候是有效的，但当互联网产业以"开放、共享、协作和企业网络"为特征的"平台机制"与传统产业展开竞争时，传统传媒业、电信产业一直依靠的"内容为王""渠道为王""终端为王"等战略建构起来的竞争优势将不复存在。未来融合产业的"丰裕竞争"遵循的是平台运行机制，打破媒体界限，打破媒介与技术的界限，将其放在相同的信息资源和信息服务平台上，同时继续以受众为核心，将受众的感受当作文化信息与经济利益的根本落脚点。

学者喻国明也曾提出信息平台运行机制建设。传统媒体的界面和互联网所拥有的以受众需求为导向的界面相比，明显存在先天不足。无论是报纸、杂志还是广播、电视，它们在界面上缺乏用户接入媒介接口的缺陷无法通过内生条件得到弥补，只能通过其他媒体的嫁接来加以完善。一体化媒介经营平台的建立，就是通过与互联网平台的对接，增加传统媒体的相关功能，弥补其与受众和利益相关方在交互方面存在的弱点，强化其与受

---

① 郭全中：《新闻客户端成功的关键在于大数据》，《传媒评论》2014 年第 7 期。
② 谷虹、黄升民：《融合产业没有王者只有盟主——互联网平台运行机制的四个基本向度》，《现代传播》2012 年第 4 期。

众和利益相关方之间的关系，以"外引内联""推送＋牵引"的思路全面提升传统媒体的界面能力。一旦媒体搭建的基础平台得以建立，不同的利益主体之间能够建立关联的话，交互就会变得无所不在。[①] 以受众为例，受众会主动查找、搜索并消费媒体的内容；为更多了解与媒体内容相关的信息，受众会直接与员工交流、互动；当受众看到媒体上刊载的广告信息产生兴趣后，如果渠道便利的话，也会产生交互行为；受众对媒体行为或广告主传播的信息需要求证或申诉时，利益相关方也会成为受众交互的对象。其他不同利益主体之间会因不同的动机和需求而发生类似的交互行为。总之，对于媒体而言，便于信息传播和反馈的一体化平台的建立，能够促进媒介产业整体效益的提升。浙报集团与浙江广电集团在新闻报道、媒体推广、广告置换等方面，与新闻出版报社在采编业务和经营管理方面、与阿里巴巴集团在网上、网下资源方面展开充分合作。温州日报报业集团有限公司成立图书出版策划中心，承接外部书刊设计、编辑、营销、咨询等一系列业务。南方报业传媒集团与广东联通合作，探索全面通信解决方案，提高信息化支撑能力，创新"报业＋运营商"模式。

（三）受众多样化的信息需求催生数据新闻的聚合模式

随着受众对新闻的关注度不断提高和信息来源渠道的不断丰富，简单的新闻播报已不再满足新媒体环境下受众的信息需求。网生代的受众需要更多层次的信息和专家的解读、对新闻议题展开讨论、维系或创造公共论坛。数据新闻的出现就是为受众提供尽可能广泛的信息来源、尽可能多样的信息层面和尽可能深度的信息内涵，从而成为打造强大新闻品牌的数据基础。数据新闻（Data Journalism），又称数据驱动新闻（Data Driven Journalism），指的是对数据进行分析与过滤，从而创作出的新闻报道。[②] 数据新闻是以大数据技术为基础的新闻报道方式，遵循"数据在先、文字在后"原则。数据新闻的生产过程是以大数据为基础和前提，通过整理和

---

① 喻国明：《试论媒介一体化经营平台的构建》，《新闻传播》2011 年第 5 期。

② 章戈浩：《作为开放新闻的数据新闻：英国〈卫报〉的数据新闻实践》，《新闻记者》2013 年第 6 期。

挖掘后形成的，以数据地图、时间线、交互性图表等不同的可视化数据为表现形式的新闻，最后对数字背后的故事进行阐释和分析。（见图 3—3）

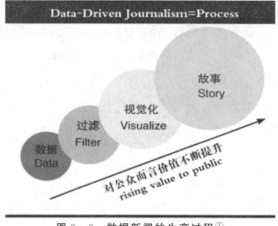

图 3—3　数据新闻的生产过程①

　　数据库搭建需要以海量的存量数据和强大的逻辑运算为基本条件。数据库建立后，可以极大地提升传媒机构存储、查询、整合、挖掘信息的效率。

　　英国《卫报》是传媒领域数据新闻生产的先行者。因为数据新闻对财经报道的适应性，中国的一些主流财经媒体较早开始发力数据新闻。财新传媒在 2013 年成立数据可视化实验室，着力通过对数据的整理、挖掘和呈现进行新闻报道，其报道选题聚焦财经领域，具体报道涵盖股市、房产、金融、旅游等许多方面，表现出内容呈现直观、互动性强、深度等特征。传统门户网站顺应数据新闻浪潮，试水数据新闻报道，网易开通"数读"频道，通过大数据洞悉经济、政治、民生、环境等领域的问题与现象。由于数据新闻以大数据的存有和运算处理为基础，相较于传统媒体和门户网站，互联网公司具有天然的优势，如腾讯新闻开通"数据控"栏目，开始将海量的数据和强大的数据处理能力应用于新闻报道。

---

　　① DJA 2014 Categories & Prizes，http：//www. globaleditorsnetwork. org/programmes/data-journalism-awards/2014-categories-prizes/。

（四）互联网企业的生产模式释放强大的赢利能力

移动互联网的第一浪潮结束之后，腾讯、阿里巴巴、百度三家移动互联网企业新格局已经形成。一方面，腾讯、百度等单体互联网企业早在2013年的在线广告营收就已经遥遥领先。据2016年的财报显示，腾讯总收入1519.38亿元，同比增长48%；净利润414.47亿元，同比增长42%，一直处于高速增长。阿里巴巴的营收也突破千亿，赢利427亿。虽然百度在移动互联网时代的战略出现失误，但营收依然为人民币705.49亿元，利润116.32亿元。另一方面，互联网企业在传统媒体领域的整合持续加力。例如，截至2013年底，腾讯已在重庆、广州、上海、武汉、杭州、成都、郑州、长沙、沈阳、西安、福州、南京、昆明等城市，与部分省市报业集团联合打造"腾讯大×网"十余家。腾讯系"城市生活门户网站"，均为当地流量最大、影响力最大、效益最好的区域商网。这些网络媒体都是由腾讯控股，对当地的传统媒体资源进行延伸和整合。

在移动3G技术的催化下，脱胎于第一代商业门户网站的新闻客户端，从内容到经营上都成为传统报媒奋力追赶的市场领导者。腾讯新闻客户端拥有庞大的用户群体，在内容方面有着强大的采编团队；网易新闻客户端遗传了网游的产品基因，产品的互动性强，游戏化的模块和活动备受欢迎；搜狐新闻客户端则凸显其视频资源丰富、娱乐原创内容的即时快速；新浪新闻客户端巧妙利用新浪微博用户在新闻现场的UGC内容，提供一手的现场图文资料。另外，互联网企业通过借力电信运营商和移动终端的制造商等基础设施提供方，给新闻客户端的普及化应用提供了强大推力。首先，在电信运营商层面，新闻客户端是以移动互联网为传播场景，新闻客户端与电信运营商的捆绑意味着在移动互联网传播场景中，电信运营商成为新闻客户端的邮差，电信运营商的海量用户被迁移至新闻客户端；在智能终端，尤其是智能手机层面，在智能手机的系统中植入新闻客户端，意味着在移动互联网传播的最后一公里设置了站点，为新闻客户端提供了规模庞大的潜在用户。搜狐新闻客户端通过与中国移动和三星、诺基亚等智能手机制造商的深度合作，至2015年底，其客户端的渗透率为

22.5%，仅次于腾讯新闻和今日头条，排名第三。

四、传统报业产品竞争力的逐步丧失

（一）数字媒体的发展打破了报业的渠道霸权

数字媒体以其内容生成的即时性、内容获取的即地性、内容传播的互动性和广告投放的定向性吸引了大量受众，导致报纸的读者分流、报业的增速放缓、广告收益下降。由此，报业"消亡论"开始出现。菲利普·迈尔预测美国报纸的末日是 2043 年，除了预测终点，他更悲观的观点是早在 2043 年之前，报纸会因为失去存活所必需的基本规模读者而崩溃。相较于菲利普·迈尔，日本《每日新闻》原总编歌川令三认为报纸将更早退出市场，时间节点为 2030 年。[①] 刘建明预言中国报纸在 2015 年会出现"相互兼并和大量倒闭""2020 年前后全部中等以下城市仅有一家报纸"，2030—2035 年将进入消亡期，仅存少数深度报纸，其他死亡。[②] 虽被预言在不久的将来会消亡，报纸是否会被新的数字化传播方式取代，数字化媒体能否满足用户的信息传播需求才是关键考量。

数字媒体基于"以用户为中心"的理念，通过内容的用户需求导向和整个信息传播活动中多方便捷沟通的渠道搭建为主要方式重构传播业态。在新业态中，打破传统报业在渠道上的垄断地位，除了提供新的数字化传播路径，还鼓励用户成为内容生产者，通过论坛、博客、微博、微信等自媒体，第一时间发送一手报道，打造新型新闻生产传播方式（见图 3—4），获得更好的传播效果。

---

① 何斌、杨华：《西方报纸消亡论思潮及辨析》，人民网，http://media.people.com.cn/GB/22114/206896/223800/14860687.html.

② 刘建明：《报纸消亡与市场激变》，载崔保国主编：《2006 年：中国传媒产业发展报告》，社会科学文献出版社 2006 年版，第 116 页。

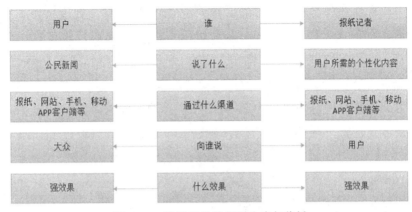

图 3—4 数字报业的新型生产与传播

（二）报业经营业绩普遍下滑

传统报纸产业遵循印刷、出版、发行、广告的商业模式，这一模式运用广泛、影响持久、赢利稳定。随着数字媒体强势崛起，报纸产业面临着巨大的威胁，最直接受到冲击的就是传统报纸的广告市场。以美国为代表的报纸产业的发展近年来一直处于低迷状态，2011 年在包括在线新闻网站、有线电视、电视台网等在内的美国媒体的受众数量都处于增长状态的情况下，唯独报纸印刷版的受众却下降了 4% 左右。在广告营收上，2011 年美国报纸广告收入 207 亿美元，创 60 年新低。传统报业的数字业务带来了新的增长点，但是绝对值只占失去的传统广告的 1/10，报业经营处于亏损状态。与此相对，5 家技术公司占据近 7 成的网络广告收入，其中，仅 Facebook 可能会获取 20% 的网络广告份额。①

中国报业的情况则更不容乐观。虽然在 2011 年之前，还略有增长，但之后则整体进入"断崖式下跌"的状态。以 2010 年为例，我国传媒产业产值规模高达 5901.8 亿元，较前一年增长 17.5%。其中，报纸产业规模 706.9 亿元，较前一年增长 14.5%，虽然低于我国传媒产业的增长幅

---

① 任琦：《美国报业的数字营收之痛——〈美国新闻媒体报告 2012〉解读》，《中国记者》2012 年第 7 期。

度，但报业还在缓慢增长。此外，在 2010 年中国传媒产业中，移动增值业务的比重最大，高达 31.91%，而报纸产业产值仅占传媒产业产值的 12.17%，低于 2009 年 12.58% 的比值。到了 2012 年，情况急转直下。除了党报以外，整个报业的发行量呈现"断崖式"下滑的态势。例如，以第三方调查机构世纪华文对 70 个城市零售终端的监测，2015 年全国各类报纸的零售比重下降 46.5%，近乎腰斩，市场化程度最高的都市报更高达 50.8%。另外，在订阅市场，订阅量同样严重下滑，全国 20 个主要城市的订户流失 4 成。2016 年，新闻纸用量同比下降 23.4%，报纸产品和报业市场的大幅度萎缩仍在继续。

在报纸广告经营方面，2001—2011 年间，报纸广告经营额的增长率在 2003 年达到顶值，2004 年出现负增长，2005 年和 2006 年虽再次出现较高增长，但是随后几年的金融危机又使报纸广告经营额陷入缓慢增长之中。虽然 2010 年我国逐步走出金融危机的阴霾，报纸广告经营额的增长率有所回升，2010 年和 2011 年的增长率分别达到 18.49% 和 11%，但是占我国整个广告经营额的比重仍然较小。以 2010 年为例，据崔保国主编的《2010 年中国传媒产业发展报告》，2010 年中国广告经营额达 2340.51 亿元，而 2010 年报业广告经营额为 439.0 亿元，仅占中国广告经营额的 18.8%。2013 年，报纸广告继续缩减。中国广告协会报刊分会等机构发布的《2013 年度中国报纸广告市场分析报告》显示，2013 年报纸广告刊登额下降 8.1%，降幅超过了 2012 年的 7.5%，2014 年的下滑更加剧烈，幅度至两位数 18.3%，2015 年与发行量一样，遭遇"断崖式"下滑，达到 35.4%，2016 年虽然下滑幅度相较上一年收窄，但是趋势不可逆转。[①]形成鲜明对比的是互联网广告势头良好，以天猫、淘宝领衔投放的互联网广告持续增长。

（三）报业核心人才持续流失

自 2010 年以来，报业核心人才开始呈现向新媒体转向的局面，他们

---

① 陈国权：《中国报业 2016 年发展报告》，搜狐网，http://mt.sohu.com/20161228/n477157701.shtml.

大多转投互联网或移动互联网公司，或流向了自媒体的创业群。究其原因，一方面传统媒体经营困难，薪酬较低，裁员后员工的工作任务变重；另一方面，互联网产业对于媒体人才和资深记者有着较大刚需，互联网企业乐观的前景和较为灵活的体制也给了媒体人施展拳脚的空间。与传统媒体核心人才持续流失的局面形成鲜明对比的是，新媒体的人才储备在迅速壮大。在传统媒体大量资深记者，尤其调查记者纷纷离职的背景下，以腾讯等为代表的网络媒体，正凭借资本实力大肆强化人才引进和原创内容的生产，如腾讯财经正在招聘深度调查记者。相较于传统媒体在经营困难和战略收缩的双重背景下不断进行裁员的景象，处于上升通道的数字新媒体因为具有良好的职业发展前景和薪酬待遇"诱使"传统媒体的从业者转场。美国的原生互联网媒体即引发了"数字移民"，《纽约时报》《卫报》等传统媒体的资深新闻从业者加盟赫芬顿邮报、Pro Publica 和 The Marshall Project 等。

另一方面，一些较高水平大学的新闻传播类专业毕业生，其就业意向从传统媒体转向新兴数字媒体。一些高等院校和研究机构，开始成立新媒体研究院，产学研合作培养新媒体人才，如 2014 年 4 月重庆工商大学和华龙网集团共同组建华龙新媒体学院，重点发展新媒体技术创新，培养新媒体实用型创新人才；2014 年 6 月北京大学成立新媒体研究院，进行数字媒体研究以及相关专业人才的培养。这表明培养传媒业后备人才的教育机构已经放弃传统媒体作为毕业生主要就业去向的观念，其教育资源甚至正在向新媒体倾斜。对于传媒专业的毕业生而言，广阔的职业发展空间和更人性化的工作方式，不断迭代的传媒产品带来的自我提升的可能，开放、平等、互动、共享的新媒体文化，以及更可观的薪酬待遇都更具有吸引力，从而使新媒体更具有吸引力。

第二节 中国报业困境的影响因素

一、产业化进程的滞缓

中国传媒产业的行业定位有着深远的历史渊源。1978 年，我国传媒开始进行事业单位企业化运作，市场化进程起步，享受改革红利的传媒进入收入高幅增长期；2001 年以后，在政策的推动下基本完成集团化发展的制度安排，先后组建了 38 家省级以上报业集团和 19 家广电集团；2003 年，文化体制改革试点开始运行，21 家新闻出版企、事业单位参与其中。2012 年提出文化产业逐步成长为国民经济支柱性产业的目标，鼓励支持国有资本进入新兴媒体。从中国报纸市场化进程可以看出，我国报业逐步由非市场主导向市场主导转变。这种转变是在市场、利益的驱动下完成的，其主题是通过经营实现利润最大化。从发展现状来看，中国报业还没有完全完成市场化转型，非市场因素在整个产业发展中还起着作用，以致在报业市场化进程中还存在着诸多问题。

（一）产业组织弱小，产权结构单一

产业组织指产业内企业间的市场关系和组织形态。衡量市场垄断或者竞争程度的重要指标是市场绝对集中率和赫芬达尔指数。市场绝对集中率又称 CRn 指数，是指规模最大的前 n 位（通常取领先的前 4 名或前 8 名）报业集团的有关数值（如资产额、员工数、生产额、销售额、增加值等）占整个市场的份额，是判断市场垄断或者竞争程度的一个重要指标。按照惯例，CR4＜30％或 CR8＜40％，即属于行业集中度低的竞争性行业。王秋苹在《报业竞争力研究》一书中，通过对 2010 年全国报业集团收入的分析，总结出当年全国报纸产业产值规模为 706.9 亿元，排名前 4 的报业集团总收入为 121.4 亿元，前 8 的报业集团总收入为 195.6 亿元，市场绝对集中率 CR4 指数为 17.17％、CR8 指数为 27.67％。因此，我国报纸产业属于行业集中度低的竞争性行业，产业组织不够强大，很难与国外大型

报业集团在竞争中取胜。[①] 长期以来，我国报业市场的发展区域是按照国家行政区域进行划分的，由行政差序格局切割为多个碎片，这就造成报业跨地区发展困难，产业发展区域不均衡，东西区域市场发展差距很大。在市场化的进程中，我国报业也尝试探索通过集团化、跨地区的发展来打破区域壁垒，但是在 2005 年前后被强制叫停，导致时至今日我国报业仍然只能在自己所属的行政区域内"施展拳脚"，东部和中西部报业市场差距悬殊，很难形成"规模经济"和"范围经济"；全国逾 50 家报业集团在地区分布上也极不均衡，市场呈现分割的态势。其中，东部拥有的报业集团数量超过总量的一半，呈现独占鳌头之势。可见，我国传媒产业发展区域不均衡，特别是东西发展差距较大，尚未形成全国大市场。

除产业组织弱小、产业发展不均衡以外，我国报纸产业还存在产权结构单一的问题。我国法律明确规定，中国报纸、广播、电视等传媒产权都由国家代表全体人民所有，但为了保证意识形态的安全，在实际操作中各报业组织的主要创办者、投资者却是党政部门、群众团体、国有企业等。这样的运行机制就导致拥有报业资产的全体人民不主管主办报纸，而主管主办报纸的党政部门、群众团体、国有企业等无法拥有报业组织的所有权、支配权。在文化体制改革的背景下，非时政类报刊逐步完成转企改制，实现了产权明晰下的所有权与经营权分离，但是长期以来中国传媒业一直属于单一的国有性质没有太大改变。

这些问题，一方面制约了报纸的正常发展和市场化的进程，使报纸的"自主性"和作为市场主体的市场应变能力的发展受到了极大的限制；另一方面也加剧了报纸生态矛盾。这种独特的产权结构在实际操作中存在很多弊端。首先是融资、投资渠道狭窄，只能从业内融资或从银行贷款。在市场竞争不激烈的条件下，这种狭窄的融资渠道尚能满足传媒发展的桎梏。其次是单一的产权结构模式使权力过于集中，缺少制衡机制，企业管理的人格化倾向加剧。在这样的企业中，决策的制定往往不是根据对相关

---

① 王秋苹：《报业竞争力研究》，社会科学文献出版社 2011 年版，第 117 页。

市场信息的收集、分析、整理和科学的分析决策。企业对内无法建立科学的生产流程和管理模式，对外无法对市场做出灵敏的反应。再次是报纸产业的产权结构单一，这对整个社会的发展是不利的。这种产权结构必然导致报业组织权责利的不统一，政企难以分开，无法完全按照企业的机制运行，无法通过资本运营实现报业资产的优化配置、产权重组和集团发展，从而阻碍了报业的市场化进程。

（二）市场体系不完善，生产要素不健全

所谓市场体系，不是各类市场的简单相加，而是一种通过交换实现自愿合作的经济组织系统。[①] 市场体系具有统一性、开放性、竞争性和有序性四个基本特征。在体制上，很长一段时间里我国报业实行的是"事业单位，企业化管理"，这使得报业在保护下生存。此外，直到 2010 年我国才启动报刊退出机制。报业从业人员在"铁饭碗"的庇佑下，缺乏竞争意识，无法做到优胜劣汰。另一方面，目前报业集团虽由报系组成，但是很多报业集团的主要收入仍靠单一报纸。这样的报业市场体系，一旦占主要收入来源的报纸经营出现问题，便很容易导致整个报业集团竞争力的丧失，竞争基础脆弱。再加上我国报业集团区域集中度过高，导致在东、南、中部这样市场集中度较高的地区，报业集团之间容易产生恶性竞争、相互模仿跟进，导致我国媒介产品的差别较小，特色不明显，没有自己的独特文化风格，同质化现象严重。从以上分析可以看出，我国报业市场体系在统一性、开放性、竞争性和有序性四个方面都不完善。

生产要素是在生产经营活动中利用的各种经济资源的统称。在报业市场中，生产要素主要包括劳动力、资本、技术。首先，在劳动力方面，缺乏既懂传媒又懂经营的职业传媒经理人，缺乏既懂采写编辑又懂摄像摄影的全媒体型记者。报业市场中人力资源的年龄结构、学历和知识结构不合理，一些报业集团的领导队伍严重老化，思想观念陈旧，媒体创新动力不足，缺乏尊重人才的理念和制度。在事业单位体制下，媒体的主要职能在

---

① 温孝卿、张嘉兴：《市场体系形成与发展》，天津大学出版社 2004 年版，第 7 页。

于宣传，发展观念淡薄，大多数员工被长时间固定在特定岗位上，在这样的制度安排下，人力资源市场无法形成，人力资源的价值缺乏市场化的评估标准，导致人力资源价值的缺失，不能自由流动。巨大的薪酬差异影响了不在编传媒人员的工作积极性和群体归属感。其次，在资本方面，由于政策瓶颈，我国报业在资本市场中的运作空间狭小。随着"十二五"规划的正式出台，产业资本将加速进入报纸产业。近年来转企改制的步伐一刻也没有停歇，要求非时政类媒体一律转企改制，实行公司化运作；时政类媒体，一律实行企事分开、采编经营分开。按照这一规定，时政类报刊依然延续事业单位的性质，在资本运作方面面临诸多限制；而非时政类报刊也大多将资本运作集中到经营性资产上市的层面，也经历了剥离核心资产，仅仅保留出版、广告、网络等非核心业务上市的问题，这大大限制了传媒产业资本运作的空间，无法按照真正的市场机制来进行资源的配置。新闻采编业务与经营两分离的运作模式，人为割裂了报业企业的价值链，经营性资产在市场自由交易中欠缺制度保障，交易价格的无法明晰计算，缺乏相应的评估手段，这些都与现代企业制度以及上市公司制度存在很多矛盾。在技术方面，数字技术与互联网技术已经在报业中得到广泛应用，在报业数字化转型的进程中，技术成为重要的生产要素，但是依然有诸多问题存在。新技术从数字、互联网领域运用到报业的周期较长，数字技术、互联网技术在报业的运营尚处于浅显层面，很少甚至没有进行深入挖掘，缺乏既懂技术又懂采编的新闻工作者，缺乏长期市场的孕育和资金投入。在报业要素市场中，劳动力、资金以及技术都发育迟缓，还有很大的提升空间。

（三）报业企业家精神缺失

近年来，随着非时政类报刊转企改制的逐步完成，非时政类报刊被改造为报刊产业的有限责任公司或股份有限公司，建立"产权清晰、权责明确、政企分开、管理科学"的现代企业制度，构建包括股东会、董事会、监事会和经理层在内的公司法人治理结构，成为"自主经营、自负盈亏"的合格市场主体，形成"有效率、有活力、有竞争力的微观运行机制"。

但从企业内在精神层面看，很多非时政类报刊缺失企业家精神，企业缺少灵魂。

法国经济学家、作家萨伊在1800年曾经说过，企业家"将资源从生产力和产出较低的领域转移到生产力和产出较高的领域"。萨伊不仅把"企业家"与所有权分离开来，而且将提供生产力和产出的职责赋予了企业家。美籍奥地利经济学家约瑟夫·熊彼特在1912年出版的《经济发展理论》一书中指出，企业家就是"经济发展的带头人"，也是能够"实现市场要素的重新组合"的创新者。彼得·德鲁克在《创新与企业家精神》中回到了萨伊对企业家的定义，同时又发展了熊彼特的理论。在德鲁克看来，"企业家"（或"企业家精神"）就是大幅度提高资源的产出；创新出新颖而与众不同的东西，改变价值；开创了新市场和新顾客群；视变化为常态，他们总是寻找变化，对它做出反应，并将它视为机遇而加以利用。[①] 在建立法人治理机构上，转企改制之后的报业组织都成为独立的法人，有自己的法人代表，但是这些法人代表大多是转企改制之前报业组织的领导者，整个领导层也大都沿袭改革之前，在治理上仍采取过去的做法，缺乏创新和闯劲，对传统报业的数字化转型的积极性不高。此外，由于董事会和经理层没有充分的经营权利，董事会、经理层和监事会三者之间的制衡效果也大打折扣。转企改制，虽然使报业机构转为企业的形式，但是如果不注入企业家精神，企业也只是空留形式，缺少灵魂。

二、社会信息化进程的加快

媒介环境学认为，人类传播史上每一次信息传播技术的革新都在一定程度上影响着人们对世界的感知与认识。正如加拿大传播学者马歇尔·麦克卢汉的观点"媒介即信息"，他将媒介和人类文明发展史联系起来讨论，认为传播媒介的变革本身就会给人类社会带来某种讯息，引起社会的变

---

① ［美］彼得·德鲁克：《创新与企业家精神》，蔡文燕译，机械工业出版社2011年版，第18—26页。

革,"媒介塑造和控制着人的组合和行为的尺度和形态,任何媒介对个人和社会产生的影响,都是由新尺度引起的,任何一种新的技术都要在人类事务中引进一种新的尺度"①。传播技术是推进媒介数字化转型的强大动力,自 20 世纪 80 年代在全球范围内展开了一场数字化革命以来,这股浪潮促使媒介形态发生了重要转型,整个社会信息化进程加快。

(一) 数字传播技术的创新扩散

学者费德勒认为,传统媒体向数字化媒体转型的历史进程可以用"创新扩散理论"进行解释。创新扩散理论最早由美国学者埃弗雷特·罗杰斯(E. M. Rogers) 于 20 世纪 60 年代提出。罗杰斯教授在综合考察知识和理念创新扩散的进程、各种影响因素的基础上,提出了创新事物在社会系统中扩散的过程与轨迹,即新思想扩散曲线都呈 S 型(见图 3—5)。首先,创新事物在一个社会系统中持续扩散的前提是必须要有社会总人口 10%—20% 的人接受和采纳这种创新事物;然后,当创新扩散比例一旦达到临界数量时,扩散行为将急剧加速;随后,创新的扩散总会达到一个饱和点,即创新在社会系统中最终只能扩散到某个百分比,不能做到 100% 完全扩散,当系统中的创新采纳者再也没有增加时,系统中的创新采纳者数量(绝对数量表示)或创新采纳者比例(相对数量表示)就是该创新扩散的饱和点。② 罗杰斯认为,一项发明的突出特点受到社会成员理解的程度决定了它的采用率。

数字传播技术的扩散应遵循技术扩散和创新扩散的基本规律。从扩散的路径上看,数字传播技术扩散存在大众扩散和人际扩散两条路径;从扩散动力上看,数字传播技术扩散包括政府支持与商业支持两种动力。数字传播技术提供了良好的传播功能,具备发展潜力,在商业推力和政府推力下逐渐扩大社会认知率和使用率,最终形成新兴媒介。费德勒在认同罗杰

---

① [加] 马歇尔·麦克卢汉:《人的延伸——媒介通论》,何道宽译,四川人民出版社 1992 年版,第 33 页。

② Everett M. Rogers, *Communication Technology: The Media in Society*, New York, Free Pess, 1986.

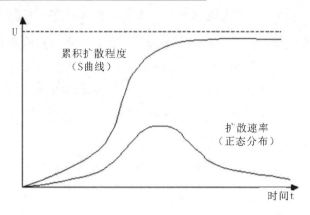

图 3—5　创新扩散 S 曲线

斯的基础上，认为新的媒介形式都经由沿袭和延伸先前的媒介形态的特征而来，不能凭空产生，随后演化为独特形态。此外，费德勒还总结了媒介形态演变过程中的基本规律：第一，"共同演进与共同生存"，即新、旧媒介形式在自适应媒介系统中共存，并在相互影响中演化；第二，"形态变化"，意在表明新的传媒形式出现以旧媒介形式为母体和基础，以及在新媒介形式出现后旧的媒介形式也会产生适应和进化；第三，"增殖"，新媒介形式会在旧媒介形式基础上生发出新的特点，这是进化的意义；第四，"生存"，新、旧媒介形式进化与适应的根本动力是生存；第五，"机遇和需要"，新的媒介形式被接纳和扩散的程度与其符合社会的某种需求程度呈正相关的关系；第六，"延时采用"，新媒介形式从概念出现到取得市场上的成功需要周期，至少一代人，即 30 年法则。①

　　数字化的媒介形态，始于 20 世纪 80 年代，但其普及是在 21 世纪的最初 10 年时间里，即互联网成为社会生活的重要基础设施之后，演化轨迹符合 30 年法则。随着社会信息化和媒介融合进程的加快，新兴信息技术的出现逐渐消解着传统媒体的分界，传统报业与其他产业融合使不同产

---

① ［美］罗杰·费德勒：《媒介形态的变化：认识新媒介》，明安香译，华夏出版社 2000 年版，第 16—25 页。

业或同一产业的不同行业相互渗透、相互交叉，最终融合为一体，逐步形成新产业的动态发展过程，并推动了新业态的诞生。产业间的依赖性也越来越强，产业边界逐渐模糊，产业之间的交叉日益明显。如今的报业集团已经不再是传统报业，是构筑在数字平台、通信网络平台和广播电视网络平台上的集合体。传统模式的纸媒已经难以在当下独自存活。新的报业集团需要突破媒介形态之间的壁垒，打造更为丰富的媒介组合，跨媒介整合上升到产业运营的战略层面，利用新技术力量催生新的媒介形态，如手机报、智能系统等整合传播形态来发展原有的产业链。同时，更加重视高科技与受众个性化的关联，开发互动式生产和阅读媒介。

（二）大数据成就大互联网的信息聚合

维克托·迈尔-舍恩伯格视大数据为"量变引发质变的革命"。他指出："随着计算机技术全面融入社会生活，信息爆炸已经积累到了一个开始引发变革的程度。它不仅使世界充斥着比以往更多的信息，而且其增长速度也在加快。"[①] 作为核心资源的数据，体量确实在不断增长。根据 IDC（国际数据资讯）发布的数据，2011 年全球的数据供应为 1.8ZB，2012 年已达 2.8ZB，2013 年为 4.3 ZB，2014 年增长到 6.6 ZB，2015 年再次暴增至 8.6 ZB，预计 2020 年将增长到 40 ZB。通过这些数据的存储、清洗、挖掘和分析，可以"释放出更多的隐藏价值"，让人们作出更加精准的决策。中国的互联网公司已经开始大数据技术的社会化应用。2014 年，百度公司推出"百度地图春节人口迁徙大数据"（简称"百度迁徙"），通过基于地理位置服务技术，从 6 亿春节迁徙者的移动终端应用服务中获取大数据——用户带有世界属性的即时位置信息，描绘整个春节人口迁移的动向和面貌。用户可以进入"百度迁徙"最近的全国及各省份人口流动情况，作为决定自己出行和其他活动决策的重要依据。同样的应用还可以广泛用于用户个人消费、城市市政建设、企业产品布局等众多领域。

----

① ［英］维克托·迈尔-舍恩伯格、肯尼思·库克耶：《大数据时代》，盛杨燕、周涛译，浙江人民出版社 2010 年版，第 20 页。

　　新兴计算机技术和网络技术已经在报业数字化转型中得到广泛应用，实现了从以大众传播为主到更突出移动化、个性化、场景化、分众化的传播形态的转变。在这中间，大数据技术是重要的一纬，具体发生作用的机制之一。英特尔中国研究院院长吴甘沙认为，大数据在跨行业融合上存在着乘法效应和外部效应（见图3—6），原本在各自领域碎片化和非结构化的数据经过融合后产生新价值，如金融数据跟电商数据碰撞，就产生了像小微贷款那样的互联网金融；电信数据跟政府数据合并，可以产生人口统计学方面的价值，帮助城市规划人们居住、工作、娱乐的场所。[①]

图3—6　大数据与行业的化学效应

　　大数据需要开放式创新，从数据的开放、共享和交易到价值提取能力的开放，以及基础处理和分析平台的开放，都需要数据的流动和数据思维的碰撞，即数据开放。狭义的数据开放主体首先是政府和科研机构，将非涉密的政府数据予以共享，使其容易检索、合并和管理，提供结构化数据服务，通过访问控制来管理数据共享，进行可视化和数据分析，从而帮助实现数据价值化、建构生态系统。广义的数据开放还包括数据的共享和交

---

① 吴甘沙：《大数据的开放式创新》，中国电子商务研究中心，http：//www.100ec.cn/detail-6196194.html。

易，如点对点进行数据共享或在多边平台上进行数据交易，在保证数据权力的基础上租赁数据，同时也包括大数据基础设施的开放和价值提取能力的开放。[①]

（三）媒介产业运用信息新技术的滞后

首先，我国媒介产业对待新技术的运用存在短视行为，缺乏长期规划和投资。新技术从出现到运用到报业的周期较长。从互联网技术诞生到开始相关应用，中国报业至少花费了 30 年时间，运用 Web2.0 技术也至少经历了 5 年时间。搭建传媒技术信息平台需要投入大量的人力、财力和物力，而且建设周期较长，再加上受众的阅读习惯在短时间内很难改变，传媒产业对新技术的投入在短时间内很难获得回报。因此，传媒集团的负责人宁愿将资源投到收效较快的房地产、酒店、旅游业等领域，也不愿意在长远收益较好的技术领域投入资金。2010 年第 24 届电子百强企业研发经费投入合计达 611 亿元，占主营业务收入的比重达到 4.9%，相当于同年传媒产业总产值规模的 10.5%，其中 9 家企业的研发投入额超过 10 亿元，研发投入最高的华为达到 174 亿元，占其营业收入的比例超过 10%。而电子信息行业的竞争对手则通过技术上的优势迅速推出个性化和专业化的产品，赚取消费者的注意力经济收益。比如，搜狐为了更好地抢占以移动智能为载体的新闻阅读市场，2012 年起将 HTML5 技术全面运用到"手机搜狐"，以 Web APP 为着力点实现手势操作、APP 级体验，着力打造下一代手机门户。而反观我国传媒产业，在研发经费上的投资远低于电子信息行业。这就意味着主动将技术先行者的身份让位给了互联网企业，进一步削弱了其竞争优势。

其次，对新技术的使用尚处于浅层，缺乏充分的重视和挖掘。数字化信息平台的社会信息生产与分发已经发生根本性的变化，仅就新闻而言，需要平台机构自产或从专业新闻生产机构、普通消产者、网络空间抓取内

---

① 吴甘沙：《大数据的开放式创新》，中国电子商务研究中心，http://www.100ec.cn/detail-6196194.html。

容，然后基于内容分类和平台用户的用户画像，实现内容与用户的精准匹配。整个过程涉及多项前沿计算机技术和网络技术，包括网络爬虫、数据挖掘和呈现、内容分类与管理、基于内容或领域的推荐方法等。在报业数字化转型的过程中，这些技术能力成为传统报业的从业者难以逾越的壁垒，数字化技术体和智能化技术体对传媒行业的重新域定让传统报业沦落为尴尬的无自主意识的追随者，仅能较好地运用较为初级的二维码呈现技术等。另外，报业的惨淡经营状况在很大程度上限制了报业组织跟随技术发展引进人才和实现业务的外包。综合上述限制，传统报业组织新技术的应用和开发能力先天不足，后继乏力。

三、传媒制度不完善的影响

随着我国传媒产业规制与产业政策的不断优化，法治环境与版权环境的不断完善，以及传媒市场环境的升级与优化，国家媒介规制部门不断释放制度资源，正在不断地优化传媒的制度环境。不过，毋庸讳言，迄今为止，在传媒制度层面，尚存在一些计划经济色彩浓厚的制度安排，导致传媒制度尚不完善，这也在一定程度上影响了包括报业在内的传媒业的发展。

（一）行业定位模糊，二元体制难以突破

传媒不同于一般产业之处在于，其信息产品的精神文化属性和商品性并存，既兼具深远的社会影响力又有着商品市场的复杂性。这使得传媒组织在获取商业利益的同时，也承担着社会责任。在经济体制改革和国家文化建设过程中，我国文化及传媒产业政策从计划性管制调控演变至体制与结构性改革相结合的新政策组合、从松散粗乱的行业政策演变至体系完善的产业政策、从区域与城乡产业隔离演变至产业联动的政策，实现了从自发到自觉、从"全面封闭"到"逐渐开放"、从单一到多元、从由"政府主导型"向"政府与市场二元推动型"的发展转变。大体而言，其演变历程可以分为文化及传媒市场政策酝酿期的文化政策制定、文化及传媒市场全面推进期的政策制定、文化产业合法性建构时期的文化及传媒政策制

定、文化产业合法化发展时期的文化及传媒政策制定、文化及传媒产业纵深发展时期的政策制定五个阶段。[①]

由于传媒组织的双重属性,长期以来对传媒企业的定位不清,加上改革的渐进性,使得我国传媒产业在一段时期内实行一种双轨制。一方面用行政干预手段管理传媒企业,让传媒企业继续发挥其舆论监督和舆论导向的功能;一方面又将传媒企业市场化,让企业自主经营、自负盈亏,通过市场机制的调节来推动传媒组织的产业化发展。正是由于对被规制对象的属性捉摸不定,使得对传媒产业的规制模糊不清,导致即使是一些内容生产能力堪称国内一流的报纸,在宣传纪律的刚性约束之下,它们的内容生产效能并没有充分释放出来,很难在新媒体的竞争中打造出不可替代的传媒产品,形成不可替代的传媒影响力并拥有忠诚的读者和体验者。[②]

在报业体制的渐变过程中,报业集团无论是在新闻传播的内容层面,还是在可经营性资产的经营方面,自主性还不够充分。报业制度的结构体现了社会政治改革的滞后与经济体制改革的正常进程间的矛盾。国有企业建立现代企业制度的基本形式包括有限责任公司、股份有限公司和股份合作制三种主要形式。国有企业在改制过程中还有承包、租赁、合资、参股、国有企业民营化、拍卖等各种形式。我国报业集团主要实行的是股份制。然而现代股份有限公司产生于资本主义之中,我国报业组织所有制的产权一元化和市场经济的产权主体多元化是现阶段产权制度的主要矛盾,这种矛盾也表现在全民根本利益的一致性和各种经济行为主体(企业)利益个别性之间的矛盾。[③] 报业组织的产权结构单一不仅会导致投融资渠道单一,还会导致权力过分集中,缺少制衡机制,无法建立科学的生产流程和管理模式,无法对市场做出敏锐的反应。权力的过分集中也不利于信息的多元化,不能代表最广大人民的根本利益,不利于整个社会的发展。

---

① 蔡尚伟、刘锐:《中国文化及传媒产业政策的演变》,人民网,http://media.people.com.cn/GB/40628/11019057.html。

② 吕尚彬:《中国大陆报纸转型》,上海交通大学出版社 2009 年版,第 312 页。

③ 李建中:《制度创新与现代企业运行》,西北工业大学出版社 2004 年版,第 37 页。

（二）管理体制不够科学，法律体系不够健全

在目前的传媒企业改制、市场化进程中，大部分传媒企业的市场主体地位得到确立，但由于企业改制的进度参差不齐，完整的大市场格局仍旧没有建立起来，产业化和非市场化构成了现阶段传媒经济的内在矛盾。"条块分割、分头管理"依旧是我国长期以来传媒业的发展格局。"条块"，是指按照国家的行政系统组织来进行，强调纵向的"归口管理"；强调各级地方党委和政府的属地管理。"多头管理"，是指传媒企业由多个相同或者不同的部门管制，每个部门管一个方面。这样的管理方式，缺陷在于沟通协调难度相当大，经常会出现规制不清晰、多头审批、相互不一致的现象。

以电视产业类型结构为例，我国电视媒体纵向分为中央、省、市三级，横向分为广播电视行政管理部门直属的地面电视台（无线和有线）加上各省台的卫星频道。这种划分仅仅停留在传输方式上，而没有深化为利用不同传输方式实现对不同市场的占有和渗透，不可能满足细分的消费模式和市场模式，所有台和频道都在争夺大众市场，而非细分市场。专业频道只是点状覆盖，而没有实现合纵连横的网状的全国覆盖结构。[①] 这种地区、行业、部门分割，行政力量的影响导致传媒业行业区域壁垒重重，市场进入困难和竞争不平等。统一市场无法有效形成，市场主体不能快速建立，企业无法做大做强。在许多地方，传媒集团的垄断还削弱、排除市场的多元化和竞争性。这些都使许多传媒机构不能按经济规律和传媒规律充分发展。

在传媒的法律规制层面上，长期以来，我国的传媒管理主要是由各有关部门和地方对传媒的设置、运行和控制进行规制。这个领域虽然已经有许多相关的条例与法律，然而法治程度并不够高。报业领域不同程度地存在传媒寻租、滥用公权、对公众知情权的忽视、对公众利益的轻视、报商

---

① 胡正荣、张锐：《论电视产业结构调整：盘活中国电视产业论系列之一》，《现代传播》2003年第2期。

共谋，以及报纸规制的失灵、报纸公信力的降低等现象都与报业制度的内在矛盾相关联。尽管制度安排是有的，但由于制度运行成本太高而无法在现实空间得到有效供给和实施。在这个过程中必然会出现传媒改革的变形或者部分的失控。

（三）现代企业制度不完善

市场化作为产业化基本的前提，基础在于形成企业作为市场竞争的主体。我国传媒企业由于长期事业单位管理体制的惯性反应，相对于市场经济内其他经济主体，运营管理水平有待提高，参与市场竞争以及市场化操作、资产运营也面临着一定的障碍。首先，传媒业发展普遍存在资金短缺问题，尤其对于新媒体项目的培育和投入，缺乏长远的规划和资金支持，而将先机拱手让给了互联网业。其次，缺乏合适的全方位复合型传媒人才。缺乏既有媒体运营经验，又熟悉传媒市场的管理人才；缺乏既有采编播的能力，又具有新媒体技术的全能型记者。这些原因导致传媒的市场化程度难以深入，完善的市场体系难以实现，媒介融合的探索也很难走向纵深和多样化。

传媒产业的运行过程中，也存在一些问题。过于注重经济效益，忽略社会效益，往往会造成经营管理以经济利益为导向，或降低精神文化水准，忽视严肃深刻的内容的提供，忽略贫困、弱势人群，迁就、迎合层次低、数量大的受众，重轰动性、刺激性、娱乐性、煽情性，趋于媚俗和哗众取宠，或搞有偿新闻、广告新闻，甚至剽窃盗版、不正当竞争。同时，过度的市场扩张还会带来大量的重复建设，影响传媒产品的质量和品牌口碑。另一方面，在传媒集团多元化的产业链条中，资源整合是一个关键的问题。传媒的资本流向和传媒产业政策从两方面影响着传媒产业发展。我国传媒在产业发展的早期阶段，由于政策对传媒行业的核心环节和领域设定禁区，资本被迫寻求限制较小但关联度也较小的业务环节和领域，未能完善自身产业链以实现规模经济和范围经济。在传媒企业纷纷进行多元化经营以实现规模效应的时候，有些传媒脱离自身优势，盲目进入利润大但陌生的经营领域，如房地产、酒店、旅游、餐饮、商贸等，导致脱离主导产业，涉及投资项目散、滥、差，资金分散，管理成本提高，多元化经济整体上损失严重。造成这些弊端的症结在于政策的掣肘与市场经验的欠缺。①

四、渐进式数字化转型路径的结束

面对日益崛起的互联网的冲击和巨大的压力，报业宏观管理部门也组织了报业的数字化转型的应对工程。自 2005 年起，国家新闻出版总署报刊新闻司启动了中国数字报业实验室计划，并且在 2007 年 6 月、2009 年 1 月两次推出共计 75 个数字报业创新项目，从报业数字化平台、报纸网站、电子商务、电子阅读器、多媒体数字报刊，到户外数字媒体、手机报、手机二维码、移动采编系统等多个方面，推进着中国报业数字化的探索。2011 年 4 月，国家新闻出版总署报刊新闻司出台的《报刊业"十二五"时期发展规划》，明确提出将报刊业数字化发展作为未来传统报刊业发展的重要方向，具体要求：第一，分类推进报刊业数字化进程，对区域性报纸、专业性报纸、学术性期刊等媒体的数字化发展提出具体建议。第二，建设全国报刊数字化重点项目，主要包括国家学术论文数字化发布平台、全国报刊电子样本库等。第三，鼓励报刊产业化升级的数字化产业化探索和基地建设。针对数字化发展过程中内容、技术、平台脱节的问题，鼓励基于互联网平台的新闻信息门户网站和报刊新媒体出版产品的建设，鼓励媒体单位积极探索成熟的报刊数字化信息服务商业运营模式。同时，推进报刊数字化项目实现产业化，开发新业务、新应用。第四，解决制约报刊数字出版的基础性问题，包括标准、人才、资金、版权保护等突出问题。根据国家新闻出版总署的部署，2007 年以来，全国十三家报业传媒组织全力推进报业数字化探索，并且形成了多种探索和实验模式。这些模式，或者是发展报业网站或建设内容的价值链延伸终端，或者是以新媒体平台作为驱动变革的动力而带动传统报业体系的变革，或者是在内容生产

---

① 林楠：《我国传媒的资本流向及产业发展取向解析》，《新闻界》2009 年第 1 期。

流程及内部结构上进行再造、重组。①

但是，报业数字化工程的核心是"报业＋互联网"，是一种以报纸为中心，在互联网上延伸报纸的优势或影响力的渐进式变革的战略思路，忽视了互联网作为重构社会传播新范式的可能，因而只能面对报纸产品与用户失联的加剧、报业广告和经济效益的持续下跌（见表3—1、3—2）。

表 3—1 中国广告业 2010—2015 年基本数据

年份	广告经营额（亿元）	增长率（％）	占 GDP 比重（％）	广告经营单位（户）	增长率（％）	广告从业人员（人）	增长率（％）
2010	2340.5076	14.67	0.59	243445	18.76	1480525	10.91
2011	3125.5529	33.54	0.66	296507	21.80	1673444	13.03
2012	4698.28	50.32	0.9	377778	27.41	2177840	30.14
2013	5019.75	6.84	0.88	445365	17.89	2622053	20.40
2014	5605.60	11.67	0.88	543690	22.08	2717939	3.66
2015	5973.41	6.56	0.88	671893	23.58	3072542	13.05

来源：中国广告协会。

表 3—2 中国广告业 2010—2015 年媒体广告经营状况数据

年份	电视台（亿元）	增长率（％）	广播电台（亿元）	增长率（％）	报社（亿元）	增长率（％）	期刊社（亿元）	增长率（％）	互联网（亿元）	增长率（％）
2010	679.8263	26.79	77.1668	7.37	381.5059	2.98	32.2270	6.08	183	67
2011	897.9233	32.08	90.9525	17.86	469.4530	23.05	52.0883	61.63	296.73	62.3
2012	1132.2728	26.10	141.0556	55.09	555.6310	18.36	83.2723	59.87	437.97	47.6
2013	1101.1042	−2.75	141.1869	0.09	504.7018	−9.17	87.2077	4.73	638.8	45.85
2014	1278.50	16.11	132.84	−5.91	501.67	−0.60	81.62	−6.41	969.09	51.7
2015	1146.69	−10.31	124.49	−6.28	501.12	−0.11	71.90	−11.90	1589	35.3

资料来源：中国广告协会。官方统计 2015 年互联网广告营业额增长率是 35.3％，实际数据为 63.97％。

仅从报业自身的视角来看，基于渐进式演变的报业数字化工程也有一定的合理性。它是对过去积累起来的报业网站、报网互动等新策略的升级

---

① 吕尚彬：《激进式演变，还是激进性变革？——我国报业数字化演变轨迹的思考》，《中国报业》2012 年第 7 期。

和拓展。其前提是虽然传统报业的经营活动受到了威胁，但核心资产没有受到影响，如报纸的内容生产优势、深度报道优势、品牌影响力优势等，一直是这一战略力图延伸的"报业优势"。这个视角有一定的价值，但也不可忽视随着数字技术体而来的强烈冲击。事实上，传媒新技术的不断创新与扩散，正在威胁报业的核心经营活动和核心资产。当报业的核心经营活动受到架构性变化的威胁时，渐进性演变就走到了尽头。由传媒新技术的突破性进展所驱动的报业变革，不仅仅导致传统报业的顾客偏好发生巨大的转变，报业原有供应商的能力变得过时，而且报业的内容生产、广告经营与出版发行、报社组织的结构等核心经营要素都在迎接数字技术的创新与扩散所释放的新的机遇与挑战而进行革命性变革和架构性重构。报业的核心资产面临威胁、报业读者的持续流失、纸媒职业新闻人的流失、广告资源的流失，甚至无形资产的流失趋势愈演愈烈。由于报业的数字化进程是一个较长时段的十分复杂的产业演进过程，在短期内难以呈现出力挽狂澜的实效，加上互联网等数字媒介的迅猛发展，使报业在中国媒介产业格局中的颓势日渐显现，反映了报业转型在渐进式这条路上行不通。

更重要的是，随着微博、SNS 等社交媒体与移动互联网的崛起，更进一步暴露了传统生产模式的缺陷，导致包括报纸在内的传统媒体在整个媒介格局中的地位日益下降的趋势难以遏制，网络信息平台用户的内容生产能力和影响力大大提升。从 2010 年起，UGC 的流量大大超过 PGC 的流量。从功能上看，今天的网络信息平台除了完全替代报纸、广播、电视等传统媒体，还具备了传统媒体所不具备的新功能，并且其用户体验远远大于传统媒体之和。这一互联网发展趋势的变化，从媒介产业新模式的层面，彻底阻断了传统报业渐进性演变的可能。[①] 2012 年以来，伴随对于媒介融合趋势的洞察和全媒体探索深度推进，部分传统媒体开始从内容生产、终端呈现到平台运营、资本运作等各个方面，全面融入互联网思维的

---

① 吕尚彬：《渐进性演变，还是激进性变革？——我国报业数字化演变轨迹的思考》，《中国报业》2012 年第 8 期。

激进式变革。部分报媒开发的基于移动互联网络平台的"APP"应用等数字化产品已站在了新媒体发展的最前沿。例如，浙报集团摒弃传统的"媒体本位、内容为王"的报媒思维，建立"用户中心、开放分享"的互联网思维，从以浙江新闻移动客户端、浙江手机报、浙江在线新闻网站及视频新闻等四大媒体"四位一体"的核心圈，结合边锋新闻专区、钱报网、腾讯大浙网新闻专区的紧密圈，以及微博、微信等网络应用的协同圈三圈入手，打造具有"党报特质、浙江特点、原创特色、开放特征"的新媒体矩阵，构建资本平台、技术平台、自主性互联网自助用户平台，建设以综合文化服务为特色的互联网枢纽型传媒集团。上海报业集团与百度进行战略合作，共同运营百度新闻"上海频道"；与中国移动手机阅读基地签署战略合作协议，联合打造"上海手机报"移动互联网媒体产品集群。此外，还有一批报媒开发出了自己的移动终端，如南方报业的《掌上南方》无线版、南京报业的《南京云报纸》APP、中国日报的《21世纪英文报》APP、人民邮报的《人民邮报》微信平台、"新华社发布"客户端、人民日报客户端等。互联网的思维与运营方式全面渗透到传统媒体数字化转型的进程，在互联网思维的颠覆中吸取经验、在互联网的运营模式中寻求突围。

第四章 中国报业转型战略的
基本路径与内容

本章分析中国报业转型战略的基本路径和内容。"数字域"向"智能域"演化的传媒技术演进线路、传媒产业市场化进程的推进，直接影响并规定了中国报业转型战略的路径是一种激进式变革（颠覆性变革），其具体的内容则是基于市场化战略的实施，继续向互联网整体迁移。

第一节 中国报业的激进式变革

安妮塔·M.麦加恩所提出的产业演变四种轨迹的理论，为我们提供了观察和分析中国传媒和报纸产业转型演进轨迹的框架与方法。中国报业的转型战略不是渐进式的改良，更不是适度式的优化，也不是一般的创新式变化，而是激进式的变革，是传媒产业资源的重组。

一、传媒产业资源重组与报业转型战略的路径

中国传媒产业正在经历一场空前的颠覆性变革。这场变革彻底重组了传媒产业的要素资源和生产与消费模式。仅看几个关键要素的颠覆性变化就已经非常惊心动魄了。（见表4—1）

表4—1 传媒产业资源中的几个关键要素的变化

产业要素	旧产业	新产业
传播模式	一对多（报纸模式）	多对多，去中心化（关系模式）
传播渠道	单一渠道	移动化、场景化、智能化
用户	读者、观众、听众	在线产消者、多任务执行者
内容与产品	传统报道与言论	数据信息流
生产方式	专业生产	定制生产、用户生产、众包生产
经营模式	依赖传统广告	互联网平台营销
技术支撑	单一介质技术	数字域、智能域
生产者	媒介机构	个人节点化、媒介泛化

  数字域、智能域技术体的不断创新与扩散彻底颠覆了中国传媒产业本体及其生存环境。仅仅从中国传媒产业的几个关键产业要素的变化来看，传播模式、传播渠道、用户、内容与产品、生产方式、经营模式、技术支撑等，都正在开展基于互联网范式的变革与重构，导致"八重颠覆"。其一，传播模式的颠覆。传统的一对多的报纸模式（单向性、封闭性、传媒主导性、内容同质性）重构为用户主导的多对多、去中心化的关系模式（双向性、开放性、用户主导性、内容个性化、生产用户化）。其二，传播渠道的颠覆。传统的单一介质媒介渠道，转向多终端、多平台、多入口、多应用的移动化、场景化、智能化渠道系统。其三，用户的颠覆。传统媒体的读者、听众、观众变为"用户""参众"，他们更趋向于体验个性化、便捷化、互动性信息服务，是在线产消者、多任务执行者。其四，内容的颠覆。传统的新闻报道、言论内容重构成为数据信息流（微信信息流、微博信息流、服务信息流、音乐信息流等），集文字、视频、音频、图表于一体的富媒体数字信息成为内容与产品的"标配"，能提供跨媒体聚合的多元信息、适时相关多维的网络超链接信息流更受青睐，尤其是机器新闻、传感器新闻等智能数据内容的发展，正在重构数字新闻产品。其五，生产方式的颠覆。专业机构的专业生产被定制化生产、用户生产、众包生产逐步取代。其六，经营模式的颠覆。传统媒体依赖广告和发行、收视收入的模式重构为以互动广告、内容营销、电子商务、在线服务为主体的互

联网营销。其七，技术支撑的颠覆。传统媒体的以单一介质简单技术为基本支撑重构为以大数据、云计算、算法、机器学习、物联网技术等为支撑的"数字域""智能域"技术集群。其八，生产者的颠覆。过去媒介机构的专业生产特权变为去中心化、分布式用户生产；传媒组织与非传媒组织的边界日益模糊，企业、事业单位也开始传媒化。

这种基于互联网范式的颠覆与重构，是一个重组传媒产业的过程。这是因为"互联网＋"带给传媒产业的不仅仅是"互联网＋传媒"的技术发展路径，更是"跨界融合、连接一切"的新价值观和生态系统。所谓传媒重组，强调的是基于互联网、云计算、物联网、大数据技术的持续发展，以互联网和智能网为基础设施和操作模式，按照智能互联网思维和逻辑，对传媒产品、传媒平台、媒体与用户的关系、传媒产业模式、传媒产业制度的重新组合与全面变革。在今天传媒产业重组的关键时期，有几个特征很明显。从产业组织来看，超级媒介平台即将出现，腾讯、阿里、百度、新华社等都在不断布局和完善自己的媒介平台；从商业模式来看，新产业模式不断扩张，数据成为传媒内容生产和经营管理的核心要素，平台战略已经成为超级媒介平台的基本发展战略；从人力资本的聚集来看，人才迁移潮涌，传统媒体人才积极投身于互联网领域，或者进行内容创业，或者直接进入互联网企业、网络视频企业、网络游戏企业；从媒介技术进化的角度看，人工智能和算法已经开始重新分割传媒版图；从互联网的演化来看，泛在化、智能化将引导社会进入智能媒体时代。

正是基于互联网范式的传媒产业资源重组，导致了包括报业在内的传统媒介经营模式的彻底坍塌和传统媒介的衰落，导致了在线社会信息传播系统的重构和衍生。

传媒产业资源的重组，实际上是中国传媒产业激进式变革的"共存"阶段的"演化"结果和事实。从20世纪80年代以来，中国传媒产业一直沿着激进式变革的路径演进、变化着。

二、中国报业的演进路径——激进式变革

(一)中国报业激进式变革演进路径的依据

中国报业转型发展战略进程是基于数字技术的创新与扩散而诱发的报业演变。对它的轨迹的分析与把握,需要导入产业演变的理论资源来展开。安妮塔·M.麦加恩提出的产业演变四种轨迹的理论,为我们提供了观察和分析中国报业数字化演进轨迹的框架与方法。

从产业发展与演变的角度来看,产业演变大体上可能有四种轨迹,即渐进性演变、创新性演变、适度性演变、激进性演变。渐进性演变,指的是产业的核心经营活动与核心资产相对稳定,产业在原有基础上继续向前发展,需要在较小的范围内进行变革,通过对产业的基本模式和方法的不断创新、逐步完善来提高企业的运营效率。创新性演变,意味着虽然产业的核心资产受到淘汰的威胁,但核心经营活动并没有受到威胁,相关产业与顾客和供应商的关系还保持相对稳定,需要对产业的核心资产进行较大的创新。适度性演变强调的是新的形势对产业核心经营活动构成威胁,并随之危及公司与顾客和长期供应商的关系的情况下,产业的核心资产虽然并未受到威胁而面临淘汰,但需要管理者找出保留并增值原有资产的方法,发展全新的关系模式。激进性演变则指的是当新的形势对某一产业的核心资产和核心经营活动均构成威胁时,产业的核心资产与核心经营活动都需要重新构建。

判断产业演进轨迹的主要指标有两个方面,即核心经营活动与核心资产是否受到威胁。所谓核心经营活动,是指能够让供应商更愿意交易、顾客更愿意支付的可创造价值的重复性经营活动;所谓核心资产,是指包括有形和无形资产在内的使企业更有效率地从事核心经营活动的持久性资产。这里的“威胁”往往来自新科技、全球化、顾客偏好以及其他因素将会带来的不同程度的变化。根据产业的核心经营活动与核心资产是否受到威胁,产业演变的四种轨迹见表4—2。

表 4—2　产业演变的四种轨迹①

核心经营活动	核心资产	演变轨迹
受到威胁	受到威胁	激进性演变
未受到威胁	受到威胁	创新性演变
受到威胁	未受到威胁	适度性演变
未受到威胁	未受到威胁	渐进性演变

　　目前正开展的中国报业转型战略进程，是激进性变革，还是渐进性演变？对这两种轨迹的研判，不只是意味着报业组织具体的应对策略的不同，更意味着战略选择的差异与报业是否还有明天。

　　我们认为，中国报业的演变轨迹，不是渐进式的改良，更不是适度式的优化，也不是一般的创新式变化，而是激进式的变革。② 根据是基于"数字域"的传媒新技术的创新与扩散，正彻底改变着报业的核心经营活动和核心资产；报业的核心经营活动、核心资产均遭到毁灭性"威胁"，都需要在传媒资源重组的进程中重建。由传媒新技术的突破性进展所驱动的这场变革，不仅仅导致传统报业的顾客偏好发生巨大的转变，报业原有供应商的能力变得过时，而且报业的内容生产、广告经营与出版发行、报社组织的结构等核心经营要素，都正在适应"数字域"技术体的创新与扩散所释放的新的机遇与挑战而进行革命性变革、架构性重构。报业的核心资产面临的威胁更大。报业读者的持续流失、纸媒职业新闻人的流失、广告资源的流失，甚至无形资产流失的趋势愈演愈烈，至今难以遏制，以至于有人感慨"旧媒体在新舞台上死亡"。

　　仅仅从读者变化一个层面来看，有三种变化趋势促使传统报业必须适应市场和用户偏好、媒介接触方式的变化。一是读者的持续流失成为制约纸报中兴难再的天花板。据央视 CTR 的调查数据，2001 年报纸的到达率

---

　　① ［美］安妮塔·M. 麦加恩：《产业演变与企业战略》，孙选中等译，商务印书馆 2007 年版，第 16 页。

　　② 吕尚彬：《渐进性演变，还是激进式变革？——我国报业数字化演变轨迹思考》，《中国报业》2012 年 8 月（上），人大报刊复印《新闻与传播》2012 年第 11 期转刊。

为 71.2%，2010 年下降为 66.9%，2011 年则大约为 65%。虽然在年代比较的范围内似乎下降不多，但另一方面是互联网的网民规模迅速膨胀。在可比较的相同年份内，网民的绝对规模从 2001 年的 2650 万人，迅猛提升为 2011 年底的 5.13 亿。二是传统的媒体分界正在消失，媒体和受众的外延正在拓展。媒介融合的深度推进，正消融着媒介的边界，尤其是随着平板电脑、智能手机等移动终端屏的出现，传统的媒体分界正逐渐消失。在 iPad 的世界里，无论是报纸、杂志，还是互联网媒体，它们都有视频、音频、文本、社交媒体和图片等融合型表达方式，各种媒体之间的界限逐渐变得模糊。随着媒体间的界限变得模糊，媒体也开始转变角色。媒体延伸为一种服务，为受众提供文字、图片、音频、视频、社交平台以满足其需求；而受众则化身为用户，不再是被动地接收单一介质媒体的信息"受众"。三是 80 年代、90 年代的"网生代"已经开始成为传媒消费主体。"网生代"是在"比特浸泡中"成长的，互联网属于他们生活中不可或缺的要素。他们的生活方式和媒介使用方式可能带来传统纸报广告支柱的坍塌。有人认为，"几年前，当业界讨论新媒体时代报纸的趋势时，报纸广告并没有受到明显的冲击，因为那时 80 后还没有进入消费主体，而现在以至未来 5—10 年则不同，80 后已经成为消费主体，90 后也将步入消费主体。80 后、90 后的媒体接触习惯已经发生了巨大的变化，他们是在网络时代成长起来的，远离传统报纸成为趋势。到了他们成为消费主体、成了社会主流时，报纸的命运大概就不说自明了"[①]。这些观点值得充分注意，特别是在网络社交媒体大行其道的今天，如何通过社交媒体拓展自身的生存空间、延伸价值，已经成为报业数字化生存的应有之义。如果报纸媒介不能为今天的新型用户创造价值，不能实现与"网生代"的有效连接，它必然自行贬值、自我边缘化。

因此，我们说报业演变的轨迹是激进式变革。这一点在美国报业目前的演进过程中表现得非常清楚。由于经济危机的雪上加霜，从 2008 年到

---

① 姚林：《2009 年中国报业：挺过危机，阴霾未散》，《传媒》2009 年第 12 期。

现在，美国已有 200 多家报纸资不抵债，难以维系。也有一些报纸，如《西雅图邮报》等于 2009 年直接关闭印刷版的生产，转而经营网站。特别是当 "6 年战胜了 100 年" 的《赫芬顿邮报》这一由网络写手缔造的新媒体帝国能够荣获 2012 年美国普利策新闻奖的国内报道奖的时候，我们不能不注意到 "一个新的、多样化的新闻业已经出现在地平线上，报纸正处于一个长期性的结构变化的初始阶段" [①]。目前的《赫芬顿邮报》正从地方化和全球化两个向度开疆拓土。《芝加哥赫芬顿邮报》《纽约赫芬顿邮报》《洛杉矶赫芬顿邮报》等多种地方版已经全面铺开；英国版的《赫芬顿邮报》、法文版的《赫芬顿邮报》也已问世。有论者指出，中国社会城市化进程的加快、社会老龄化的加剧、经济发展模式向消费拉动的转型，都可能为报业带来持续增长的空间与机会。[②] 这些观点从目前中国社会发展叠加现代化进程中的多重社会变迁的角度来检视报纸的读者、广告资源的增加空间是有道理的，甚至在一定程度上也能解释为什么今天的美国传统报业江河日下，但中国纸报在几年以前依旧存在一定的比较优势和增量空间。不过，这个观点同样可以说明，在数字报业的转型激进性演变过程中，中国报业正在经历的 "趋近" 阶段也许比美国报业的相同阶段稍长一些。中美数字报业发展状态的差异，不是演进轨迹的不同，而是在同一激进性演变轨迹之下不同演进阶段的差异。

（二）从 "新兴" "趋近" 到 "共存" "支配"

渐进性演变最终为产业结构带来巨大的不可逆转的变化，这个变化过程可能需要几十年。其间，将先后经历 "新兴" "趋近" "共存" "支配" 四个阶段。新兴阶段指的是产业的威胁在那些较小的、有重要战略意义的细分市场出现的阶段；趋近阶段则突出的是在产业新模式下经营活动得到了更为高效的组织之后，对产业老模式的威胁增大的阶段；共存阶段指的是产业的新老模式之间竞争的升级和紧张状态的加剧阶段；支配阶段凸现

---

① 湖泳：《报纸已死，报纸万岁》，《新闻记者》2011 年第 11 期。
② 陈国权：《新媒体拯救报业？》，南方日报出版社 2012 年版，第 213—216 页。

的是产业必须按照新模式来为目标用户创造价值。

如果把中国报业激进式演变划分为新兴、趋近、共存、支配四个阶段的话，这一激进性演进的"新兴"阶段，大体上是互联网在中国发展的初期，即 1987 年至 2004 年十几年间。"新兴"阶段非常重要的特征是来自新技术、顾客的"威胁"在那些较小的、有重要战略意义的细分市场出现。互联网沿着"科研机构—大学—社会"这样的路径实现创新与扩散，在中国已经走过了"四步"发展：1987—1994 年之间，互联网的应用范围仅仅局限于科研机构和大学校园；1995—1998 年之间，互联网逐步向社会开放，传统媒体纷纷创办网络版；1999—2001 年之间，人民网、新华网等全国性新闻网站和新浪、搜狐、网易等商业门户网站兴起；2002—2004 年之间，博客以及网络社区、网络视频等不断发展，推动互联网进入规模化、多元化、个性化发展的 Web2.0 时代。当时，虽然传统报业不一定直接感受到了这种威胁，但"威胁"自身正在茁壮成长，而且给传统报业的核心经营活动和核心资产带来了淘汰性威胁。一些业界敏感人士已经捕捉到了"威胁"来临的信号。早在 1998 年，有两个声音异常振聋发聩：中国网络媒体评论家孙坚华的一篇题为《互联网：报纸的杀手还是救星?》的文章是那样令人触目惊心；而远在美国的 NAA（美国报纸协会报纸经营管理者大会）发行人大会上，小苏兹伯格请求比尔·盖茨收购《纽约时报》。有人不无尖刻地评论说"这是传统媒体向数字媒体发出的第一声哀鸣"。

"趋近"阶段的到来，是 2005 年报业广告增长"拐点"的凸现。由吴海明等人发出的"报业寒冬论"这一盛世危言，警醒了报业"梦中人"。报人猛然回首，才发现互联网平台已经呈现出改变一切的态势，传统报业的高速增长期已经过去，报业盛世似乎难再。因此，以 2005 年为界，中国报业数字化进入了激进式演变的"趋近"阶段。也正是从那个时候开始，中国报业数字化战略由国家新闻出版总署主导而启动。不过，中国"报业数字化转型"是一种报业渐进式演变的战略构想，是对前十年积累起来的报业网站、报网互动等新策略的升级和拓展。它的前提是传统报业的经营活动受到了威胁，但核心资产没有受到威胁。例如，报纸的内容生产优势、深度报道优势、品牌影响力优势等一直是这一战略力图延伸的"报业优势"。这只是当时主要从报业自身看问题的一个视角。这个视角有它的价值，但忽略了在报业激进式演变的"新兴"阶段形成的"威胁"实际上已经成长为一种新的经营模式，新模式下的经营活动得到了更高效率的组织。而正是在"趋近"阶段，数字传媒产业的"新模式抢夺了原来传统公司的大量利润，利润开始流向新模式所支配的业务""传统公司往往试图与新技术建立伙伴关系，想以此获得相应的技术并与关键的供应商建立起联系。而采用了新模式的公司也会积极响应，因为他们可以通过传统公司而获得顾客"①。从中国报业自身发展的实际情况来看，这一阶段报业的全媒体探索已然铺开。现在看来，报业全媒体探索的整体思路主要还是囿于"渐进性演变"的轨迹判断。事实上，在报业的核心经营活动受到结构性变化的威胁时，渐进性演变就已经结束。2005 年以来，由于微博、SNS 等社交媒体与移动互联网的崛起，网络信息平台用户的内容生产能力和影响力大大提升。从功能上看，今天的网络信息平台能够对报纸、广播、电视等传统媒体进行完全替代之外，还具备新的功能，并且其用户体验远远大于传统媒体之和，正如麦克卢汉所预言的那样，"因特网是一切媒介的媒介"。这导致包括报纸在内的传统媒体在整个媒介格局中的地位日益下降的趋势难以遏制，网民创造内容的规模大大提升。从 2010 年上半年开始，UGC（用户生产内容）流量（50.7％）已经超过 PGC 流量（47.3％）。这一互联网发展趋势的变化，从媒介产业新模式的层面，彻底阻断了传统报业渐进性演变的可能，激进性变革则成为报业数字化演变的不二法门。一种不可忽视的现象是一些报纸以互联网企业的资本、运行机制为主导构建的"合作"网站，可能赢利和发展情况要好得多，如腾讯大楚网、腾讯大渝网、腾讯大秦网、腾讯大申网等。再如，杭州日报报业集

---

① ［美］安妮塔·M. 麦加恩：《产业演变与企业战略》，孙选中等译，商务印书馆 2007 年版，第 114 页。

团的 19 楼网站，2011 年的收入突破 1 亿元。社会效益和经济效益都可圈可点的"19 楼"并非常规意义上的报网互动或报网融合的新闻网站，而是一个以社交媒体为主干的社区网站。它的成功，与其说是报纸网络化生存的成功探索，不如说是报人网络化生存"新思维"的成功。它全面融入互联网的全媒体、互动性、社区化、超链接、应用性和电商化等特点，充分利用社交媒体的"关系"嵌入功能，多层次嵌入用户的生活方式之中。可能腾讯大楚网、腾讯大秦网、19 楼等代表了一种数字报业激进式演变"趋近"阶段新的产业模式。这一模式在某种意义上类似"赫芬顿邮报"的趋势。在整个"趋近"阶段，积累有关新模式的知识和创新点形成新模式的强大资产，可能成为这一阶段产业活动的焦点。

报业激进式演变的第三阶段是"共存"。在这一阶段，随着新老产业模式之间竞争与博弈的升级，紧张状态加剧，原有产业日益脆弱。这是产业转型过程中老产业模式凤凰涅槃、新产业模式强势胜出最为关键的时段。新产业创造价值的方式成为传媒市场的主导方式，传统纸报生产纷纷退出市场，或者转而完全经营新模式则是这一阶段的重要表征。美国报业数字化演进，较早地进入了这一阶段。有人整理过一份美国报纸的死亡名单，仅仅在 2008 年 12 月至 2010 年 3 月，美国关闭了 200 家纸报。（范东升《拯救报纸》，南方日报出版社 2011 年版，第 80 页）2011 年、2012 年，还有一批报纸关闭印刷版或者倒闭。美国经历的报企倒闭或关闭印刷版等，正呈现出报业激进式演变"共存"阶段的典型特征。在这一阶段，报业公司不可能回避其所在的产业结构正经历的剧烈变化，而且原来的主流模式创造价值的能力正在衰退，因此化解威胁已变得越来越困难。同时，随着新模式展示出的强劲威力并逐渐得到关注，新老产业公司之间建立的合作伙伴公司也可能宣告解体。南加州大学数字未来中心预测，美国进入数字化拐点，印刷报纸 5 年后将消亡。"未来的日子唯一能够存活的报纸将处于两个极端——规模最大或最小，也许将来只有四期大规模报纸将继续以印刷版的形式存活：《纽约时报》、《今日美国》、《华盛顿邮报》以及《华尔街日报》，而对于最小规模的报纸来说，或许地方性周报也会存活。"[1] 这正是传统报纸企业难以化解威胁，新模式释放其威力过程中传媒格局重组的惨烈景观。在这个阶段，传媒企业要想生存下去，除了选择更强有力的战略来应对竞争，别无选择；如果广告收入持续下降，则必然迫使报纸陷入"失败者螺旋"。例如，因纸质产品广告收入持续下降，自 2012 年秋季起，美国新奥尔良市的日报《时代花絮报》（the Times Picayune）（建立于 1837 年，周日发行量 141092 份，周末发行量 158840 份）将改为每周三、五和星期日发行；编辑部将裁员近 1/3。这份日报出版时间的改变将使新奥尔良市成为没有日报的第一个美国大城市。中国报业进入"共存"阶段，大体上是在 2014 年。

从"趋近"转向"共存"的节点上，有五个标志[2]。一是报业传媒公司的经营业绩普遍下滑。这种经营绩效的逆转释放出一个清晰的信号——在新媒体冲击下传统报业已经进入衰退期，经营风险加大。而另一部分非上市报业公司的日子更是难过，有些报业公司的账面赢利主要依靠房地产等关联产业的利润装饰。2013 年，报纸广告经营业绩衰退进一步加剧。中国广告协会报刊分会、央视市场研究媒介智讯发布的《2013 年度中国报纸广告市场分析报告》显示，2013 年报纸广告刊登额下降 8.1%，降幅超过了 2012 年的 7.5%。包括纸报、杂志等在内的传统媒体对 80 后、90 后等核心消费群体的注意力资源整合能力的减弱，导致部分广告主已经开始放弃传统媒体。因此，一些以传统报纸或期刊广告作为主要收入来源的传媒公司的经营业绩不断下滑，报纸广告收入持续衰退的趋势将难以逆转。

二是报业核心人才持续流失。报业的核心人才流失趋势日益加剧，他们大多转战互联网或移动互联网公司。与此同时，一些较高水平大学的新闻传播类专业毕业生大多不再以传统平面媒体作为就业和发展的主要选

---

① 赵佳：《美国进入数字化拐点 印刷报纸 5 年后将消亡》，科印网，http：//www.keyin.cn/plus/view.php？aid=821822&type=mj。

② 吕尚彬、孙志刚、兰霞：《重组中重生：报媒的转型生存逻辑》，《中国报业》2014 年第 7 期，人大报刊复印资料《新闻与传播》2014 年第 7 期。

项。这显示出未来新闻传播行业的中坚力量对平面媒体的发展前景似乎并不看好。能够提供更广阔的职业发展空间和更多的自由而人性化的工作方式，用户至上、体验为王、颠覆式创新的互联网思维，无权威、无中心、无边界的产品生产与内容组织的形态，开放、平等、自由、互动、共享的新传媒文化，适时秒报、个性化的传播方式等，这些新媒介平台所具有的传统媒介机构无可比拟的文化魅力，正不断吸引、吸纳着现实的和未来的传媒核心力量奔向网络。

三是新的生产模式爆发性增长，已经开始进入整合扩张阶段。2014年1月发布的《第33次中国互联网统计分析报告》的数据表明，截至2013年12月底，中国网民规模达6.18亿，互联网普及率为45.8%，手机网民规模达5亿，农村网民规模达1.77亿；中国网站总数增长为320万个，中国网页数量为1500亿个，相比2012年同期增长了22.2%；中国网民的人均每周上网时长达25.0小时，相比上一年增加了4.5个小时。互联网络的发展主题已经从"普及率提升"转换到"使用程度加深"。网络新闻的网民规模达到4.91亿，即时通信网民规模达5.32亿，博客和个人空间网民数量为4.37亿，网络视频网民为4.28亿，微博网民规模为2.80亿，社交网站网民规模为2.78亿。不仅如此，尤其是基于移动互联网业务拓展与博弈，互联网企业的生产模式释放出巨大的赢利能力。移动互联网的第一浪潮已经结束，TAB（腾讯、阿里巴巴、百度）移动互联网新格局已经形成，固网和移动互联网大规模市场拓展已经完成。一方面，腾讯、百度等单体互联网企业2013年的在线营收（广告营收）已经遥遥领先。据2013年的财报显示，腾讯总收入604.37亿元，同比增长38%，净利润155.02亿元，同比增长22%。百度在线营收为人民币319.44亿元（约合52.77亿美元），同比增长43.2%，净利润为人民币105.19亿元（约合17.38亿美元）。另一方面，互联网企业在传统媒体领域的整合持续加力。截至2013年底，腾讯已在重庆、广州、上海、武汉、杭州、郑州、长沙、沈阳、成都、西安、福州、南京、昆明等城市，与部分省市报业集团联合打造"腾讯大×网"十余家。大渝网、大粤网、大申网、大楚网、大浙网、大辽网、大成网、大秦网、大豫网、大湘网、大闽网、大苏网、大滇网等腾讯系"城市生活门户网站",均为当地流量最大、影响力最大、效益最好的区域商网。这些网络媒体都是由腾讯控股对当地传统媒体资源进行延伸和整合。腾讯公司的扩张步伐还在不断加大。它不仅与垂直领域的领先公司,如大众点评、京东和搜狗分别在本地生活服务、电子商务和搜索方面合作打造新型传媒生态系统,而且强化了与部分市场影响力较大的媒体,如《成都商报》、《每日经济新闻》、财新传媒的战略合作。

四是部分报媒集团已经主动从"新媒体的票友"转型为"新媒体的专业操盘手"。2012 年以来,随着对媒介融合趋势的洞察和全媒介探索深度推进,报业精英们开始充分认识到,报业的数字化转型并不是简单的报网互动或者将报纸的优势嫁接到网络的渐进式演进,而是必须从内容生产、终端呈现到平台运营、资本运作等各个方面全面融入互联网的激进式变革。他们开发的大量基于移动互联网平台的"APP 应用"等数字化产品已经站在了新媒体发展的最前沿。例如,浙报集团实施其"全媒体、全国性"战略,导入互联网基因,采取"内部转型、外部扩张、孵化未来"的策略,探索全面互联网化的转型。他们摒弃传统的"媒体本位、内容为王"的报媒思维,建立"用户中心、开放分享"的互联网思维,构建资本平台——媒体经营性资产整体上市,构建技术平台——打造传媒梦工厂,构建自主性互联网资助用户平台——并购边锋浩方网络、整合大浙网和浙江在线,打造以综合文化服务为特色的互联网枢纽型传媒集团。上海报业集团在 2013 年 10 月 29 日成立挂牌当日,就与百度公司正式签署协议,宣布已就战略合作和共同运营百度新闻"上海频道"达成一致。2014 年 2 月 24 日,上海报业集团则与中国移动手机阅读基地签署战略合作协议,双方将整合优势品牌、内容和渠道资源,联合打造"上海手机报"媒体品牌,力争将该品牌打造成集短彩信、Wap、客户端为一体,融合图文、视频、游戏互动的全方位移动互联网媒体产品集群。上海报业集团在推出的三大新媒体项目中,东早《澎湃 The Paper》是从一张传统报纸出发,做一个原创的、互动的、严肃的、有思想和价值观的、针对都市中高端人群的政经类新闻产品；《上海观察》是一款只在互联网上发行，以用户收费为赢利模式的资讯类深度阅读产品；《界面》是一个为个人及机构投资者提供具备影响资本市场能力的内容互联网金融信息服务平台，产品包括新闻网站、移动客户端、微博和微信产品、定制信息产品以及信息推送产品。此外，还有一批报媒开发出了自己的移动终端，如南方报业传媒集团的《掌上南方》无线版、南京报业集团的《南京云报纸》APP、中国日报社的《21世纪英文报》APP、人民邮报的《人民邮报》微信平台、安阳日报报业集团的《云读天下》云报纸技术应用平台、襄阳日报传媒集团的《襄阳日报》综合资讯服务APP、人民日报社的《环球时报》多版本移动APP、《三秦都市报》云报纸、湖北日报传媒集团的《湖北手机报》、扬州报业传媒集团的《云扬州》智能APP、甘肃日报传媒集团的《掌上兰州》APP等。

五是部分媒介集团开始了纸质内容生产的规模缩减。国家新闻出版电影电视总局从宏观调整的层面，早在2009年就开始实行报刊退出市场的试点。当年，全国有188种报刊以调整、兼并、重组、停办等方式退出市场。但是，在审批制的制度环境中，报纸刊号是绝对的市场稀缺资源。因此，部分媒介集团对于效益较差、经营不善，甚至资不抵债的报刊，大多采用"内部整合"的方式进行资源的重新配置。即使这样，纸质媒体的缩版、减人、调整机构也已经成为应对报纸生存环境恶化的基本策略。2014年，很多有影响的报刊或报业集团纷纷采取了缩版、薄报、减人等对策。2016年，中国纸媒的收缩与退出市场，几近常态。

这五个特征是典型的传媒产业资源重组的表征。本来，按照中国报业自身的渐进发展逻辑，报纸似乎还可以再"辉煌"一段时间。著名报人崔恩卿至今仍然认为，以《都市报》为代表的大众传媒经历了报业转型期和新闻冲击波之后，近十年来转入徘徊状态，新闻平淡，市场低迷，广告份额下滑。特别在新兴媒体问世以后，报纸以及报业几乎成了"夕阳"，但是报业并非已成"夕阳产业"，中国报纸还处于发展期，甚至我们仅仅从一些报业的宏观统计数据看似乎也可以相对乐观。例如，在 2012 年部分报纸的发行量依旧保持着巨大的规模，《参考消息》340 万份，《人民日报》280 万份，《扬子晚报》180 万份，《广州日报》160 万份，《南方都市报》152 万份，《羊城晚报》140 万份，《楚天都市报》130 万份，《南方周末》128 万份，《信息时报》120 万份，《齐鲁晚报》120 万份。但是，经营业绩的普遍下滑，核心人才的持续流失，新生产模式的扩张性整合已经表明中国报业渐进式发展逻辑的戛然而止，基于互联网络的新生产模式正蓬勃生长。迄今为止，报纸全行业陷入了衰退螺旋，却是不争的事实。加之，过于严酷的多头多层规制系统也让报纸自身内容生产的优势难以充分发挥，一些在传媒市场化进程中勃兴的都市类报纸似乎正在陆续丧失生机。付费墙本来是支撑报纸在数字时代复兴的策略性机会之一，但构建付费墙所需要的破解专业与宣传、通稿与个性、市场与超市场、内容与产品、读者与用户、免费与收费等六个"纠结"的条件迟迟难以具备。因此，"共存"阶段不期而至，似乎是提前到来了。这不是个别"技术激进主义者"有意唱衰纸媒，更不是心怀叵测的研究者要来惊扰传统媒体"小阳春"的美梦。正是这种报媒原本"小确幸"日子的提前消失，恰恰从另一方面说明了数字媒体的威力和媒介发展规律的不可阻挡。

报业激进性演进的第四个阶段是"支配"阶段。这一阶段的到来为期并不遥远，或许在 2020 年到 2025 年之间。这是因为"数字域"技术体的发展，已经充分成熟。"数字域"对于传媒与社会生活的"重新域定"，已经到达较高的峰顶，已经全面展开了"互联网＋"的重构。所谓"支配"，是指为传媒用户创造价值的新模式处于绝对支配地位，新传媒产业必须按照新模式来创造价值，大多数传媒用户停止使用传统媒介系统而更换新系统。到了这个阶段，传统纸报或许还会存在，但它已经不再具备赢利可能。到了支配阶段，产业新模式之下形成的新市场领导者将涌现出来。随之而来的是整个产业演变周期的完成。从新兴、趋近到共存、支配的激进式演变，将是中国报业在数字化进程中的基本演进轨迹。期间，有可能出现纸报的短暂复苏，但这一轨迹的整体走向则是不可逆转的。[①]

从"新兴""趋近"到"共存""支配"的演进进程中，中国报业目前正处于"共存"阶段，处于产业的新旧模式剧烈博弈、新模式即将胜出的关键阶段。但是，值得注意的是，随着"智能域"技术体对数字技术体的修正和引领，几年以后或将进入"支配"阶段，新的传媒产业演进周期可能到来，中国传媒产业的智能化发展趋势已初现端倪。

（三）新的传媒产业演进周期或将到来

事实上，在共存阶段胜出的"数字域"主导的互联网新产业模式也面临新的"重新域定"。基于"智能域"的"重新域定"，可能形成互联网持续智能化发展的新趋势，引领传媒产业进入新的演进周期。

如果说最近十年传媒发展实际上主要是在数字化进程中寻求市场竞争优势的话，未来十年则可能主要是在智能化发展方面造就新的竞争优势。传媒智能化发展趋势已经开始彰显，并正在加速。用户行为的互联网智能化、核心内容生产智能化、平台智能化等趋势正不断推进着传媒的智能化发展。

传媒的智能化强调的是作为在线社会信息传播系统的传媒[②]，在互联网平台上按照自组织系统的连接、开放的逻辑进化发展，逐步成为人工智能传播系统。这里的关键是"智能"。什么是"智能"？人工智能专家尼格尼维斯基将"智能"定义为机器具有"学习和理解事物、处理问题并做出决策的能力"[③]。"阿尔法狗"能够像人一样决策，与作为人类代表的顶级棋手对弈，并战胜对手。这是目前人工智能的代表性成果之一。所谓智能化，强调的是在人机交互过程中，机器逐步具备类似于人类的学习和理解事物、处理问题并做出决策的能力。传媒的智能化是互联网智能化发展的

---

① 吕尚彬、孙志刚、兰霞：《重组中重生：报媒的转型生存逻辑》，《中国报业》2014年第7期，人大报刊复印资料《新闻与传播》2014年第7期。

② 吕尚彬、戴山山：《互联网＋时代平台战略与平台媒体构建》，《山东社会科学》2016年第4期。

③ ［澳］尼格尼维斯基：《人工智能：智能系统指南》，陈薇译，机械工业出版社2015年版，第1页。

重要部分。

　　传媒的智能化发展趋势已经开始彰显，并正在加速。当下如日中天的互联网BAT巨头，也只是传媒智能化进化进程中的一个阶段性传棒手。用户行为的互联网智能化、核心内容生产智能化、平台智能化等趋势正不断推进着传媒的智能化发展。

　　一是用户行为的互联网智能化。用户行为的互联网智能化强调的是"新一代互联网用户越来越适应在互联网平台上搜索信息、消遣娱乐、分享信息、创造内容"[①]。伴随着智能手机的普及和技术进步，用户也正在不断进化，从目前的用户3.0逐步升级为用户4.0。目前的PC端、移动端、手机端等智能终端的消费者，大体上属于用户3.0级的初级智能用户。虽然他们开始拥有多种移动接触终端，获得了网络技术赋权，可以通过网络平台施展用户的多样性选择权，也可以部分地进行网络内容生产，但还有较大的局限。局限一：大多数人还是互联网移民，即使是被称为"互联网原住民"的"85后"，实际上已经成为移动互联网移民。局限二：过渡特征明显。他们的消费生活方式经历了"网前/网下"与"网后/网上"两个阶段的塑造，正在大规模向网上迁移。局限三：他们开始拥有多种设备、在多种场景使用互联网，学习进行网络内容创造。不过，这部分初级智能用户中的更年轻一代正在不断地升级进化，逐步成长为新型智能用户。英国牛津大学互联网中心的研究表明，用户的"年龄每大一岁，成为下一代互联网用户的概率降低0.96％"[②]。进化之后的新型智能化用户是4.0级。他们的特点有三个。其一，出生于互联网商用之后（1994年之后），智能化生活是其初始生活方式；其二，手环、智能眼镜、智能头盔等可穿戴设备将成为其传媒生活的标配；其三，他们（典型的95后、00后）擅长于在互联网，尤其是移动互联网上消费比特、创造内容、生

---

　　① ［美］马克·格雷厄姆、威廉·H.达顿：《另一个地球：互联网＋社会》，胡泳等译，电子工业出版社2015年版，第29页。

　　② ［美］马克·格雷厄姆、威廉·H.达顿：《另一个地球：互联网＋社会》，胡泳等译，电子工业出版社2015年版，第25页。

活娱乐。

二是传媒核心内容生产的智能化。有三个方面发展最为迅猛。其一，机器新闻。"机器新闻"是指运用算法对输入或搜集的数据自动进行加工处理，一套计算机程序自动生成完整的新闻报道。自从 2014 年 3 月 18 日，《洛杉矶时报》的地震新闻自动生成系统 Quakebot 首开机器新闻的先河以来，人工智能已经深度渗透到美联社、路透社等境外传媒机构的财经报道、体育评论、灾难报道等领域。而在国内，一些核心内容生产的创新型生产机构，正不断导入机器新闻。2015 年 9 月 10 日，腾讯发布中国首条"根据算法在第一时间自动生成稿件"《8 月 CPI 同比上涨 2.0％创 12 个月新高》。此后，新华社立即跟进，于当年 11 月 7 日，推出"快笔小新"机器新闻生产系统。该系统能够从数据采集、数据加工、自动写稿、编辑签发四个环节，快速完成体育赛事、中英文稿件和财经信息稿件的自动撰写。2016 年 2 月 18 日，搜狐也宣布推出国内首个股市播报系统"智能报盘"，由机器人自动跟踪、捕捉股市市场动态并即时发布资讯。这恐怕仅是一个开始。据叙述科学联合创始人克里斯蒂安·哈蒙德（Kristian Hammond）估计，到 21 世纪 20 年代中期，将有 90％的新闻由计算机算法生成，其中大多都无需人工干预。其二，智能传感器成为新闻的重要来源和中介者，智能终端成为信息传播的最重要载体和获取手段。带有智能传感器或处理器的各种物体正在成为新闻信息的采集者、中介者，甚至发布者。2015 年 10 月，央视推出的"数说命运共同体"专题中，5 位数据分析员用了 21 天分析从 GPS 系统获得的"全球 30 万艘大型货船轨迹"比对的航运数据超过 120 亿行。从数据分析中他们发现，过去一年里途经"一带一路"沿线主要国家的海上货运量增加 14.6％，而同期全球航运总量只增加了 3.8％。2015 年 11 月 30 日，中国地震台网中心宣布与今日头条进行战略合作。早在当年 3 月，中国地震台网中心就和今日头条完成了技术对接。地震台站一旦监测到地震纵波，就会立刻通过光缆将数据传送到中国地震台网中心，通过实时处理和自动分析生成速报参数，再由今日头条的精准推送引擎在第一时间推送给受地震影响地区的民众。据介绍，从接到中国地震台网的速报到用户接收到今日头条的信息推送，今日头条目前可以在 60 秒左右完成整个过程，未来今日头条的目标是让这个过程的时间缩短到接近 0 秒。2015 年 12 月 20 日，新华网在首届"智能＋"传媒超脑论坛上推出生物传感智能机器人系统 Star。Star 智能机器人可通过新华网自主研发的生物传感器采集用户体验信号，转化为数据后通过多种算法完成分析、报道、交互等工作，并可根据用户需求生成各种产品。其三，VR、AR 技术进入新闻生产领域，正在成为用户端增强互动体验的"利器"。谷歌、脸谱等互联网平台正在布局拓展"VR""AR"产品，部分转型中的传统媒体非常重视将虚拟现实和增强现实技术导入新闻产品体验，重铸传媒市场优势。2016 年 3 月"两会"期间，新华社、《经济日报》、《法制晚报》、《光明日报》等媒体都利用 VR 设备 360 度全景报道两会；除了拍摄视频外，很多媒体还推出了 VR 报道图片，如新浪网推出了 VR 全景式图片报道《人民大会堂全景巡游》，网友打开手机就可以完成对人民大会堂内部各个方位的场景体验。

三是传媒平台的智能化。传媒作为在线社会信息传播系统同时，也在不断地智能化进化，尤其是"算法"技术的不断进步，促进传媒社会信息传播生态系统的"算法化"。例如，创建于 2012 年 3 月的"今日头条"，是一个典型的智能化社会信息传播平台。基于数据挖掘的推荐引擎产品，它为用户推荐有价值的、个性化的信息，提供连接人与信息的新型服务，成为目前国内移动互联网领域成长最快的智能新闻产品服务平台之一。今日头条 2014 年广告收入是 2 亿元，2015 年则超过 17 亿元，2016 年的目标为 50 亿元；截至 2016 年 3 月，累计激活用户规模已达 4.5 亿。今日头条的迅猛发展"秘诀"在于"算法"技术。今日头条导入人工智能的核心技术之一"算法"及其他技术，基于此而形成了它的"五大优势"。其一，社交和用户行为分析。用户可使用微信、微博、QQ 账号或注册今日头条账号登录今日头条；根据其社交行为、阅读行为、地理位置、职业、年龄等挖掘其兴趣；通过社交行为分析，5 秒钟计算出用户的兴趣；通过用户行为分析，用户每次动作后 10 秒内更新用户模型。其二，自然语言处理和图像识别技术。对每条信息提取几十个到几百个高维特征，并进行降维、相似计算、聚类等计算去除重复信息；对信息进行机器分类、摘要抽取、LDA 主题分析、信息质量识别等处理。其三，基于机器学习的推荐引擎。根据人的特征、环境特征、文章特征三者的匹配程度进行推荐。其四，实时海量数据处理构架。实时推荐，0.1 秒内计算推荐结果，3 秒完成文章提取、挖掘、消重、分类，5 秒计算出新用户兴趣的分配，10 秒内更新用户模型。其五，精准定位人群传播。根据用户所在城市，自动识别本地新闻，精准推荐给当地居民。可根据用户年龄、性别、职业等特征，自动计算并推荐其感兴趣的资讯。具备这样五大优势的社会信息传播系统，事实上也是一个智能传播系统。这样的智能平台，既是用户洞察追踪平台，又是内容生成平台、自动推荐平台和智能经营平台。正是"算法"赋予了今日头条"智能"之魂，使之能够完成信息、产品、服务与用户需求之间的适时匹配。算法技术是目前国内、外互联网传媒平台智能化演化发展的基础技术之一。BAT 等互联网领域里的执牛耳者，固然是依托"算法"实现搜索请求与搜索结果之间的匹配、用户和商品之间的匹配、用户与用户之间的匹配；传统互联网平台的升级也依靠"算法"来实现。例如，2014 年以来传统三大新闻门户网站搜狐、新浪、网易纷纷对自己的新闻客户端进行升级改造，目前已经不同程度地完成了对新闻客户端的"算法改造"[①]。美国 Facebook 正在力推的"即时新闻服务"，也是一个基于算法的智能化即时新闻聚合平台。它依靠全球新闻事件背后的新闻人，为用户提供包括图片、视频、文字，力图尽可能完整地还原新闻事件的原汁原味的内容要素和形态。[②]

传媒的智能化背后的"推手"是"智能域"技术体。算法、机器学习等人工智能技术正在重构"数字域"技术体的技术内核，使之"变异"成为"智能域"，并推动着互联网向着智能互联网演化。这将形成引发新一

---

① Dancer Peng：《你的生活早已被"机器算法"接管，它必将成为媒体世界的新规则》，微头条，http://www.wtoutiao.com/p/19bFFiS.html。

② 吕尚彬、刘奕夫：《传媒的智能化与智能传媒》，《当代传播》2016 年第 4 期。

轮传媒产业博弈演化的市场动因和"重新域定"。

不过，这还是对未来的一种推测。中国传媒产业整体的演进轨迹尚处于"共存"阶段，无论是报纸产业的形态演进重点，还是数字报纸2.0（在线社会信息传播系统的初级阶段）的构建。因此，无论是市场化转型战略，还是互联网转型战略，集中分析的都是构建在线社会信息传播系统的两大战略走向的基本内容。

第二节 市场化转型战略

所谓"市场化发展战略"，强调的是报业及其关联企业要继续在市场化的轨道上，基于"数字域"及"智能域"对传媒产业的"重新域定"，推进自身的市场化转型，重新厘定市场，探索符合今天的主流消费群体媒介接触习惯的新型产品，这是重构新型报业赢利模式的前提。

1978年以来，中国报业引领中国传媒的产业化、市场化进程几十年。无论是20世纪80年代的传媒市场重开、90年代的集团化发展，还是21世纪第一个十年的"两分开"，以及前几年的"转企改制"，可以说中国报业此前一直充当传媒业市场化进程的先锋部队。而在中国传媒产业整体重组、报业遭遇断崖式下跌的今天，更需要报业持续进行适应性创新，重建产品与用户的联系，持续推进市场化转型战略。

尤其是伴随传统的晚报、都市报等市场力量的衰退，智能化媒体成为新的市场继发动力，报业的市场化转型战略需要吸纳新的市场能量，构建新的市场化发展战略。

一、培育企业家精神，开展适应性创新

现代管理科学的"创新"者彼得·德鲁克在《创新与企业家精神》一书中系统地分析了市场经济体制中社会商业机构、公共服务机构等社会组织自主运行、独立发展的最重要的特质，即积极应对社会的政治、经济、文化、技术等决定社会发展的核心要素的变化，对组织的资源进行整合重

组，实现大幅度资源产出，开拓自身的新市场和顾客群体，为他们创造价值。德鲁克称之为"创新与企业家精神"。

法国经济学家萨伊在1800年前后创造"企业家"这一概念，指的是"将资源从生产力和产出较低的领域转移到生产力和产出较高的领域"的人。德鲁克认为，萨伊的定义没有告诉我们这个"企业家"是谁，而且距今已经过去了200余年，其中的"企业家"和"企业家精神"的词义完全混淆不清。例如，美国一些大学商学院的"企业家精神"课程，导致人们往往把创办自己的全新小型企业的人定义为企业家。在德鲁克看来，即使是创办了一个新的企业，如果仅仅是重复他人的老路，既没有创造出新的满足，也没有创造出新的消费诉求，这样的人也不算企业家——他不具备企业家精神。但是，"麦当劳所表现出来的却是企业家精神。确切地说，麦当劳并没有发明任何东西，任何一家不错的美国餐厅早就开始生产它所供应的最终产品了。但是，凭借着应用管理概念和技巧（即研究顾客所注重的'价值'），它们将产品标准化，设计制作流程和工具，并基于工作分析设定标准，根据标准培训人员"①。这是因为麦当劳不仅大幅度提升了资源的产出，而且开创了新市场和顾客群。德鲁克认为，这就是企业家精神。

企业家精神并不是通常理解的冒险精神。重组资源并大幅度提高资源的产出，这是企业家的创新活动之一。当企业家将资源从生产力和产出较低的领域转移到生产力和产出较高的领域，其中必然存在着失败的风险。但是，即使他们只获得勉强的成功，其回报也足以抵消在这一过程中可能遇到的风险。因此，企业家精神所预期的风险应该比资源最优化的风险还要低。所以，在德鲁克看来，"当创新是正确而有利可图的时候，即创新的机遇已经存在的时候，再没有比采取资源最优化更有风险的了。从理论

---

① ［美］彼得·德鲁克：《创新与企业家精神》，蔡文燕译，机械工业出版社2007年版，第20页。

上说，企业家精神应该是风险最低，而非风险最高的方式"①。

　　企业家的创新活动的重要方面是赋予资源一种新的能力，使它能够创造财富。企业家并不改变事物的物理形态，但却能够慧眼独具使之成为对人有用的财富的一部分，赋予自然界的物质以某种用途，从而具有实用价值和经济价值。运用"购买力"这种"创新企业家的创举"的独特资源，点石成金，使现有资源的财富生产潜力发生改变，开创新的市场和顾客群体。因此，企业家的创新并不是创造出一个新的资源，而是"通过改变产品和服务，为客户提供价值和满意度"②。无论是捷克教育家夸美纽斯在17世纪中叶发明了第一套拉丁语入门教科书（现代教材的始祖），还是亨利·卢斯在20世纪20年代创办《时代》《生活》《财富》杂志，抑或是已辞世的苹果之父史蒂夫·乔布斯把电脑和电子产品变得简约化、平民化，而让曾经是昂贵稀罕的电子产品成为现代人生活的一部分，都是典型的企业家创新精神实践。

　　今天中国传媒的转型发展，尤其是报业的转型发展，亟须培育一批具有企业家精神的传媒企业家，以适应用户传媒接触行为的变化和市场的颠覆性变革。

　　用户在哪里，市场就在哪里。如果说用户即市场的话，今天的市场已经发生了重大转移和巨大变化。《第39次中国互联网络发展状况统计报告》数据显示，截至2016年12月，中国网民规模达7.31亿，相当于欧洲人口总量，互联网普及率达到53.2%；手机网民规模达6.95亿，政府微信公众号、网站、微博、手机端应用等在内的在线政务服务用户规模达到2.39亿，占总体网民的32.7%。互联网政务服务各平台的互联互通及服务内容细化，大幅提升政务服务的智慧化水平，提高用户生活的幸福感和满意度。各级政府及机构加快"两微一端"线上布局，推动互联网政务

---

① ［美］彼得·德鲁克：《创新与企业家精神》，蔡文燕译，机械工业出版社2007年版，第26页。

② ［美］彼得·德鲁克：《创新与企业家精神》，蔡文燕译，机械工业出版社2007年版，第30页。

信息公开向移动、即时、透明的方向发展。中国企业信息化基础全面普及，"互联网＋"传统产业融合加速。2016 年，企业的计算机使用、互联网使用以及宽带接入已全面普及，分别达 99.0%、95.6%、93.7%；在信息沟通类互联网应用、财务与人力资源管理等内部支撑类应用方面，企业互联网活动的开展比例均保持上升态势；企业在线销售、在线采购的开展比例实现超过 10 个百分点的增长，分别达 45.3% 和 45.6%；互联网在企业营销体系中扮演的角色愈发重要，互联网营销推广比例达 38.7%；六成企业建有信息化系统。① 在特定的中国社会情境之中，也可以说中国社会已经成为一个"互联网＋"的社会。拥有 7.31 亿用户，则意味着中国家庭的完全连接，也意味着家庭经济活动的完全连接。按照 2015 年中国小普查的数据，中国家庭户的数量为 44058 万户，每户平均人口为 3.12 人。7.31 亿则意味着平均每个家庭有 1.8 个人在网上。即使是每个家庭"半户"连接，不上网的那部分人群其传媒接触与使用权力，也可以通过上网人群而间接实现。众多的网络应用，网购、网销、网造、网创、分销、分享等活动依托的正是巨大的网民规模，以及由完全连接带来的市场规模和差异需求的乘数效应。

具有企业家精神的传媒企业家就要随用户的变化而开展适应性创新。产品、平台、生产、经营、管理随用户的变化、市场的变化而变化——"随变"是媒介经营的基本规律。所谓"适应性创新"，强调的是适应用户生活方式与社会信息分享方式的变化，适应用户信息消费市场的变化，吸纳市场继发动力，构建新型传媒市场。适应性创新，也即"摸着石头过河"，在不断试错的过程中找到解决问题的方法。适应性创新有三个要素：一是去中心化，打造能够快速适应的机构；二是变异，探索创新的多种可能性；三是选择，去芜存菁找到有效方法。

---

① 中国互联网络信息中心（CNNIC）：《第 39 次中国互联网络发展状况统计报告》，http://www.cnnic.net.cn/hlwfzyj/hlwxzbg/hlwtjbg/201701/t20170122_66437.htm。

二、培育传媒市场主体

在今天的传媒生态环境中，传统报社组织升级为能够快速反应的市场主体至少需要做好三项基本"功课"。

一是持续推进"转企改制"，寻求传媒供给侧改革的突破。2009 年以来，在新闻出版行业着力推进的"转企改制"是传媒产业培育市场主体的重要战略举措。《关于进一步推进新闻出版体制改革的指导意见》强调，新闻出版体制的改革关键就是实现"三分一转"。"三分一转"就是政府和企业管办分离，公益性和经营性出版单位在管理上分离，采编业务和经营性业务的分离；经营性出版单位要通过改革，全面完成转制任务，建立现代企业制度，实现产权和人员身份置换，在企业内形成有效率、有活力、有竞争力的微观运行机制，而这一系列改革的核心就是转企改制。2011 年 5 月出台的《中共中央、国务院办公厅关于深化非时政类报刊出版单位体制改革的意见》，部署了非时政类报刊转企改制的"路线图"：按照不同性质和功能，非时政类报刊分期分批进行转企改制。非时政类报刊转企改制是推进报业改革和市场化进程的必要环节，更是构建传媒大市场、培育市场主体的关键举措。2012 年以来，由于作为"转企改制"先遣队的都市类报刊面临移动互联网的扩张性发展而遭遇断崖式下跌，报业领域的"转企改制"事实上已经停滞不前。"转企改制"与报业市场化探索的停滞，并没有缓解来自业外的市场压力。与此同时，却造就了报业的结构性矛盾，与用户的需求愈发不相适应。一些报纸，没有读者、没有用户，依靠财政补贴度日；即使拿到财政补贴、宣传补贴而开发的"两微一端"，并没有多少用户。这些媒体已经造成了传媒资源的巨大浪费和无效供给，因此迫切需要持续推进"转企改制"，寻求传媒供给侧的改革突破。持续推进"转企改制"，就是要激活报社组织"不在市场中生存，就在市场中死去"的适应能力，不再躲避市场、寻求保护，杜绝反市场、逆市场行为，促进报社组织向企业主动转型、大力开拓市场，成为治理结构完备、市场竞争力强大的市场主体。传媒供给侧改革，既需要剔除一批"三无"

低效的媒体，采取与母体"剥离"、与财政"脱钩"等策略，又需要培育一批能够满足用户的新市场主体。例如，2016 年 2 月 16 日，浙报传媒发布重大资产重组进展公告称，公司已明确本次拟向控股股东浙报传媒控股集团有限公司出售资产为新闻传媒类资产。[①] 浙报传媒公司新闻媒体业务包含党报、都市报、专业报、县市报、新媒体和印务 6 大板块。根据上市公司定期报告披露口径，该公司预期所出售的资产为持有的媒体及印务公司股权。浙报传媒的行为是"供给侧"改革的一种探索。持续推进"转企改制"，开展传媒供给侧改革，就是新型报纸企业要对用户市场进行细分，对产品重新定位，主动适应目标读者的需求；要依靠自己强有力的核心产品，打造专属于自己报刊的品牌力、公信力、影响力、传播力，从而在市场上赢得属于自己的一席之地。

二是顺应智能技术体的"域定"，形成继发动力。如果说互联网、移动互联网的崛起是数字技术体改变了传媒生态环境，导致传统报业产品与用户失联的话，那么日新月异的智能技术体正在域定互联网络，迅速改变着传媒生态环境。基于智能技术体的域定，传媒已经演化为在线社会信息传播系统。以大数据、物联网、人工智能为代表的智能技术体已经成为传媒适应用户变化的市场和技术的继发推动力。因此，培育新型市场主体，就必须顺应智能技术体对传媒产业的重新域定，探索新的产品形态。互联网市场竞争越发激烈，算法和技术已成为一家互联网公司成功的核心竞争力。2012 年上线的今日头条，在短短的几年中成为"5 年战胜 50 年"的新型传媒巨头，其 2016 年的广告收入超过 100 亿元，其市场竞争力的核心在于算法技术的导入。今日头条创始人张一鸣说，过去是依靠人总结知识，现在可以通过系统、学习用户的行为特征来存储智慧。他认为，"机器智商未必高于见多识广的人，主要是人的记忆力有限，处理的数据量有限，但是机器不知疲倦，每时每刻都可以输入海量数据。机器还能连接众

---

① 傅婷：《浙报传媒将剥离新闻媒体资产，这家"互联网公司"可羡慕却难复制》，搜狐财经，http://business.sohu.com/20170216/n480919865.shtml。

多的设备，观察众多设备产生的行为，通过感知、理解、判断形成机器的智慧之后，可大规模抹平信息的鸿沟，减轻人的负担"①。顺应智能技术体，构建了今日头条的市场继发动力。事实上，仅仅依靠传统的内容生产优势，是难以与用户的需要匹配的，做移动互联网平台的 APP 是不够的，是难以获得市场竞争力的。

三是打破行政性市场壁垒，鼓励有市场竞争力的市场主体实施兼并重组。构建一个全国统一的报业与传媒大市场，需要从以下各个方面有所突破。首先，要支持市场竞争力强大的新型平台媒体发挥去中心化优势，打破行政区划阻隔和市场壁垒；其次，要形成有利于市场主体拓展市场空间、优化市场资源配置的传媒市场体系；再次，要构建一个健康的传媒市场进入、退出以及运行的机制，搭建传媒市场服务体系以及市场中介支持系统，形成一个良性的优胜劣汰的比较完善的市场机制；最后，导入资本市场力量，传媒引导资本，资本壮大传媒。在此基础上，建立起产权明晰、责任明确、独立享受权利并承担义务的市场主体和企业法人，进而在传媒业发达地区打造传媒产业集群。比如，在珠三角、长三角、环渤海区、武汉都市圈等地区，组建多媒体、跨区域的传媒集团，建立传媒产业园区，以此提升传媒产业的高度集中及其规模，打造一个崭新的传媒产业集群。

三、根据"网生代"的传媒接触习惯打造新型传媒产品

出生于 20 世纪 80 年代、90 年代，以及 21 世纪 00 年代的"网生代"已经开始成为传媒消费的主体。"网生代"是在"比特浸泡中"成长起来的，互联网属于他们生活中不可或缺的要素。他们的生活方式和媒介使用方式可能带来传统纸报主要依靠广告的赢利模式的坍塌。有人认为："几

---

① 杨震原：《算法与技术是互联网公司的核心竞争力》，凤凰财经，http：//finance. ifeng. com/a/20150121/13445644 _ 0. shtml。

年前，当业界讨论新媒体时代报纸的趋势时，报纸广告并没有受到明显的冲击，因为那时 80 后还没有进入消费主体，而现在以至未来 5—10 年则不同了，80 后已经成为消费主体，90 后甚至 00 后也步入了消费主体的大军中。"

80 后、90 后、00 后的媒体接触习惯已经发生了巨大的变化，他们是在网络时代成长起来的，远离传统报纸成为趋势。到他们成为消费主体、成为社会主流时，报纸的命运大概就不说自明了。从现在的发展趋势来看，网络设备连接持续、快速地增长。预计到 2020 年，全球的互联终端设备将会突破 500 亿，而且在众多网络设备终端中移动互联网终端的主流趋势明显，并且和互联网区别巨大，而它的"移动"特性，造就了一代人的信息处理习惯。

基于移动互联网终端的用户习惯表现在以下几个方面。首先，从信息输入的方式看，移动设备上的输入是靠屏幕和摄像头进行的。前者的表现方式就是触屏，正是当下我们普遍采用的操作方式；后者是动作的捕捉，是未来一个重要的发展方向和趋势。其次，从输出的角度看，互联网上各种复杂的连接并不适合移动展示，智能手机和平板电脑的屏幕大小与桌面 PC 相比有很大差异，尤其是手机的屏幕相较桌面 PC 而言非常小。而要将密密麻麻的网站首页通过手机的小屏幕进行浏览，对于用户而言是非常糟糕的体验。因此，APP 大行其道。当输入和输出发生变化后，其他一些习惯也随之改变，在互联网的应用中，较多的是信息浏览，移动时代开启后搜索成为最重要的应用。移动设备的移动性，使得它可以最大限度地填充受众的碎片时间，受众对移动设备的使用不再受到时间和空间的诸多限制。另外，物联网的发展将会成为重要的发展方向。物联网的理想是把每件物体都连入网络中，由此人们可以远程操控自己的各种设备。设备连入网络都途经无线网络，指令的传达也会通过无线网络，指令的发出装置主要是移动设备，而不是桌面设备。

基于网生代的媒介接触习惯发生了如此差异巨大的变化，新闻产品也应该根据新的市场需求做出调整，以满足"网生代"用户的需求。以下几个重要的方面是新型新闻产品的特征。第一是移动化。从网生代的媒介接触习惯可以看出，手机已经成为他们最核心的信息接触终端，而传统媒体在网生代信息传播过程中到达率极低，因此新闻产品也必须动起来，布局在互联网，尤其是移动互联网上才有可能实现对网生代的有效传播。现在的新闻机构，在传播终端上都实现了"两微一端"的布局。第二，新闻产品必须具有交互性。交互性有两个层面的含义：一是让用户参与到信息传播甚至生产的过程中，而不再是传统媒介时代的"靶子"，传统媒体时代的信息实行单向传播，读者处于被动地位，对信息也采取较为消极的态度，但是互联网和移动互联网实现了对读者的赋权，读者可以评论，甚至自己生产内容进行传播，这无疑既提高了读者的积极性，又丰富了信息。现在具备互联网思维的新闻机构都非常强调交互性，《赫芬顿邮报》开放平台，鼓励读者进行写作；《纽约时报》率先抛出简单的新闻点，再根据读者对新闻点的反应来进行新闻的深度处理。二是将信息产品放置于交互性强的场域之中，提高信息传播的效率。交互性强的场域与微信朋友圈、微博、QQ空间等是基于"强关系"而实现的传播，熟人之间的分享能形成强大的传播合力，这种有用户参与的行为甚至可能导致威力巨大的"病毒式"传播，远非传统媒体所能企及。第三，信息必须是个性化的。传统新闻引导和教化色彩浓厚，这与个性鲜明的网生代格格不入，因此基于移动互联网的信息产品必须通过对每一个网生代的阅读习惯和喜好展开分析，然后实行精准的个性化推送。第四，信息必须高质量，并且能够直击网生代的痛点、兴奋点。移动互联时代，网生代的媒介素养较高，其接触信息的渠道很多，信息产品的爆炸式增长都分散着他们有限的注意力，因此新闻产品必须是高质量的才能引起网生代的注意。另外，基于互联网和移动互联网平台，多媒体以及可视化的新闻呈现方式已成为优质新闻产品的基础。第五，可以通过新闻平台聚合其他服务功能，满足多样化需求。移动互联时代，手机不仅是新闻产品的呈现终端，从物联网的发展趋势我们可以看出，基于媒介经营的视角，聚合了大规模用户的移动新闻客户端已经成为用户连接整个虚拟和现实世界的入口，在入口处布局其他功能和应用，将直接解决用户的问题，并可以实现新闻服务和其他服务的良性互动。

第三节　互联网化转型战略

所谓互联网化转型战略，强调通过产业融合和产业资源重组，报业整体迁移到互联网，形成"互联网＋报纸"的"数字报纸2.0"新业态，成为在线社会信息传播系统的一部分。

一、"互联网＋"和智能传播技术为报业的互联网化发展提供条件

作为一种高维媒介，移动互联网技术体、智能传播技术体的发展，为报业的互联网化升级提供了强有力的技术支撑和条件。一方面，定位技术、连接技术、互嵌技术、算法技术等"互联网＋"技术，从确定用户以及用户需求的位置、将相关的不同要素连接起来、将相关的不同要素重构在一起、将用户需要与信息产品自由匹配四大环节，实现了在线社会信息的精准分享与有效生产，重构传媒生态环境；另一方面，智能传播技术体的不断创新和崛起，又为在线社会信息传播系统的互动化、智能化持续发展提供了可能。

（一）"互联网＋"技术

"互联网＋"技术主要解决报业的在线化、数据化、互动化问题，实现社会信息传播系统的在线发展。其基本的子技术集合主要是定位技术、连接技术、互嵌技术、算法技术等。

1.定位技术

实现产品与用户的有效连接，首先需要解决虚拟世界的位置问题，即确定网络用户在互联网上的 IP 地址位置。只有确定了虚拟世界的位置，以及用户在现实世界的地理位置，才能进一步通过技术手段实现两个位置之间的桥接。迄今为止，定位技术主要包括 PC 端 IP 定向技术、移动端 IP

定向技术。

PC 端 IP 定向技术[①]。IP 是英文 Internet Protocol（网络之间互联的协议）的缩写，是为计算机网络相互连接进行通信而设计的协议，后随着移动互联网及物联网的发展，IP 扩展到只要遵守 IP 协议，除了计算机，其他设备也能相互连接和通信。IP 地址具有唯一性，就是给每个连接在 Internet 上的主机分配的一个 32bit 地址。IP 定向技术的基础协议则是 IPv4 和 IPv6。IPv4 是第一个被广泛使用，构成现今互联网技术的基础的协议。现在的 IP 网络使用 32 位地址，以点分十进制表示，如 192.168.0.1。目前基于 IPv4 的网络难以实现网络实名制，一个重要原因就是 IP 资源的共用，因为 IP 资源不够，所以不同的人在不同的时间段共用一个 IP，IP 和上网用户无法实现一一对应。IPv6 的普及将改变现状，IPv6 的一个重要应用是实现网络实名制下的互联网身份证/VIEID。IPv6 的出现可以从技术上解决实名制，因为 IP 资源将不再紧张，运营商有足够多的 IP 资源，届时运营商在受理入网申请的时候可以直接给用户分配一个固定的 IP 地址，这样实际就实现了实名制，也就是一个真实用户和一个 IP 地址的对应。

目前，PC 端的 IP 定向技术已经非常成熟，并广泛应用。定向原理非常简单，首先整理出一个完整的 IP 地址数据库，得到用户 IP 后到数据库中查找，就知道用户的位置，然后根据访客 IP 呈现其目标网址。比如主站网址是 aa.com，如果访客来源于北京，则自动引导进入 bj.aa.com；如果访客来源于上海，则自动引导进入 sh.aa.com。具体有三个关键点：一是数据库的完整性，二是如何得到真实的用户 IP，三是比对速度。国内相关的 IP 库比较多，各家企业的标准不一、版本众多。2012 年 4 月 18 日，我国第一个互联网 IP 地理信息标准库（试行版）由中国广告协会互动网络分会 IP 地理信息标准委员会（简称 IPB）主持发布。首批 IPB 成员包括

---

① 谢湖伟：《"互联网＋"时代：传播融合的嵌入性反思》，红旗出版社 2016 年版，第 46 页。

123cha、AdMaster、爱奇艺、艾瑞、百度、传漾、凤凰、互动通、好耶、华扬联众、MediaV、秒针、尼尔森、品友互动、汽车之家、盛大、淘宝、土豆、腾讯、网易、新浪、搜狐、易传媒、悠易互通、优酷。IPB率先开放了各参与成员的IP地理信息数据库,在历时半年的时间里对各家目前使用的IP地理信息进行了采集、整理、校准及相关算法和标准的反复探讨、研究,又经过成员单位实际校准操作,最终经过IP地理信息专家组算法和相关技术检验,完成了我国第一版IP地理信息行业数据库(试行版)校准工作,形成了相对统一的具有行业公信力的互联网IP地理信息标准库。

移动端定位技术①,即基于位置的服务(Location Based Service,LBS),是通过电信移动运营商的无线电通讯网络(如GSM网、CDMA网)或外部定位方式(如GPS)获取移动终端用户的位置信息(地理坐标或大地坐标),在GIS(Geographic Information System,地理信息系统)平台的支持下为用户提供相应服务。LBS需要移动通信网络和计算机网络结合,两个网络之间通过网关实现交互。移动终端通过移动通信网络发出请求,经过网关传递给LBS服务平台;服务平台根据用户请求和用户当前位置进行处理,并将结果通过网关返回给用户。其中,移动终端可以是移动电话、个人数字助理(Personal Digital Assistant,PDA)、手持计算机(Pocket PC),也可以是通过Internet通讯的台式计算机(Desktop PC)。服务平台主要包括WEB服务器(Web Server)、定位服务器(Location Server)、LDAP(Lightweight Directory Access Protocol)服务器。移动终端如手机,则天然形成了同一名用户同一个移动终端,那么对于移动端的精确定位,则使"互联网十"嵌入用户的个性行为,甚至嵌入用户与现实世界所处场景。

LBS的技术原理与GPS系统关联。GPS系统(英文Global Positioning

① 谢湖伟:《"互联网十"时代:传播融合的嵌入性反思》,红旗出版社2016年版,第49页。

System 全球定位系统的简称，20 世纪 70 年代由美国陆海空三军联合研制的新一代空间卫星导航定位系统）的目的，就是给用户提供位置服务。20 世纪 70 年代，美国颁布了 911 服务规范。基本的 911 业务（Basic 911）是要求 FCC 定义的移动和固定运营商实现的一种关系国家和生命安全的紧急处理业务。其大致原理为移动电话测量不同基站的下行导频信号，得到不同基站下行导频的 TOA（Time of Arrival，到达时刻）或 TDOA（Time Difference of Arrival，到达时间差），根据该测量结果并结合基站的坐标，一般采用三角公式估计算法，就能够计算出移动电话的位置。实际的位置估计算法需要考虑多基站（3 个或 3 个以上）定位的情况，因此算法要复杂很多。一般而言，移动台测量的基站数目越多，测量精度越高，定位性能改善越明显。移动端定位可以根据用户服务需求的不同，提供给用户选择精度的权利，如美国 FCC 推出的定位精度在 50 米以内的概率为 67%，定位精度在 150 米以内的概率为 95%。定位精度一方面与采用的定位技术有关，还取决于提供业务的外部环境，包括无线电传播环境、基站的密度和地理位置、定位所用设备等。

2. 连接技术

虚拟世界的"互联网＋"嵌入现实世界的场景，需要连接技术作为手段，即通过什么样的桥梁能让二者发生联系。物联网等是目前常用的主要连接技术。

物联网（Internet of Things）是通过装置在各类物体上的各种信息传感设备，如射频识别装置、二维码、红外感应器、全球定位系统、激光扫描器等，与互联网或无线网络连接而形成的一个巨大网络。[①] 这样的网络具备三个特征：一是全面感知；二是可靠传递；三是智能处理，利用云计算、模糊识别等各种智能计算技术对海量的数据和信息进行分析和处理，对物体进行智能化控制和实时动态管理。

---

① 杨正洪编著：《智慧城市——大数据、物联网和云计算之应用》，清华大学出版社 2014 年版，第 91 页。

物联网的核心和基础仍然是互联网，是在互联网基础上延伸和扩展的网络，但它和互联网有许多不同之处。首先，它是各种感知技术的广泛应用。物联网上部署了海量的多种类型传感器，每个传感器都是一个信息源，不同类别的传感器所捕获的信息内容和信息格式不同。传感器获得的数据具有实时性，按一定的频率周期性地采集环境信息，不断更新数据。其次，它是一种建立在互联网上的泛在网络。物联网技术的重要基础和核心仍旧是互联网，通过各种有线和无线网络与互联网融合，将物体的信息实时准确地传递出去。在物联网上的传感器定时采集的信息需要通过网络传输，由于数量极其庞大，形成了海量信息，在传输过程中为了保障数据的正确性和及时性，必须适应各种异构网络和协议。还有，物联网不仅仅提供了传感器的连接，其本身也具有智能处理的能力，能够对物体实施智能控制。物联网将传感器和智能处理相结合，利用云计算、模糊识别等各种智能技术，扩充其应用领域。从传感器获得的海量信息中分析、加工和处理出有意义的数据，以适应不同用户的不同需求，发现新的应用领域和应用模式。"物联网和互联网发展有一个最本质的不同点是两者发展的驱动力不同。互联网发展的驱动力是个人，互联网改变了人与人之间的交流方式，极大地激发了以个人为核心的创造力。而物联网概念下的服务平台的驱动力是来自政府和企业。物联网的实现首先需要改变的是企业的生产管理模式、物流管理模式、产品追溯机制和整体工作效率。"[1]

从技术架构上来看，物联网可分为三层：感知层、网络层和应用层。感知层由各种传感器以及传感器网关构成，包括二氧化碳浓度传感器、温度传感器、湿度传感器、二维码标签、RFID 标签和读写器、摄像头、GPS 等感知终端。感知层的作用相当于人的眼、耳、鼻、喉和皮肤等神经末梢，它是物联网识别物体、采集信息的来源，其主要功能是识别物体，采集信息。网络层由各种私有网络、互联网、有线和无线通信网、网络管

---

① 杨正洪编著：《智慧城市——大数据、物联网和云计算之应用》，清华大学出版社 2014 年版，第 98 页。

理系统和云计算平台等组成，相当于人的神经中枢和大脑，负责传递和处理感知层获取的信息。应用层是物联网和用户（包括人、组织和其他系统）的接口，与行业需求结合，实现物联网的智能应用。[①]

就物联网发展趋势看，物联网不仅仅极大地拓宽了互联网，也将升级互联网。美国权威咨询机构 FORRESTER 预测，到 2020 年世界上物物互联的业务，跟人与人通信的业务相比，将达到 30∶1。因此，"物联网"被称为下一代互联网的核心支持系统。

3. 互嵌技术

混合现实等虚实互嵌技术。与前者不同，后者对虚拟世界与现实世界的边界进一步模糊，实现了相互嵌入。混合现实包括虚拟现实（Virtual Reality，简称 VR）与增强现实（Augmented Reality，简称 AR）。

虚拟现实。利用电脑模拟产生一个三维空间的虚拟世界，提供使用者关于视觉、听觉、触觉等感官的模拟，使参与者获得与现实一样感觉的一个虚拟境界，让使用者如同身临其境一般，可以及时、没有限制地观察三度空间内的事物，用户可以如在现实世界一样体验和操纵这个环境。VR 是一项综合集成技术，涉及计算机图形学、人机交互技术、传感技术、人工智能等领域，用计算机生成逼真的三维视、听、嗅觉等感觉，使人作为参与者通过适当装置自然地对虚拟世界进行体验和交互作用。使用者进行位置移动时，电脑可以立即进行复杂的运算，将精确的 3D 世界影像传回产生临场感。该技术集成了计算机图形（CG）技术、计算机仿真技术、人工智能、传感技术、显示技术、网络并行处理等技术的最新发展成果，是一种由计算机技术辅助生成的高技术模拟系统。

虚拟现实的基本特征[②]如下：

多感知性（Multi-Sensory）。所谓多感知，是指除了一般计算机技术所具有的视觉感知之外，还有听觉感知、力觉感知、触觉感知、运动感

---

① 杨正洪编著：《智慧城市——大数据、物联网和云计算之应用》，清华大学出版社 2014 年版，第 91 页。

② 胡小强主编：《虚拟现实技术基础与应用》，北京邮电大学出版社 2009 年版，第 5—6 页。

知，甚至包括味觉感知、嗅觉感知等。理想的虚拟现实技术应该具有一切人所具有的感知功能。由于相关技术，特别是传感技术的限制，目前虚拟现实技术所具有的感知功能仅限于视觉、听觉、力觉、触觉、运动等几种。

浸没感（Immersion），又称临场感，指用户感到作为主角存在于模拟环境中的真实程度。理想的模拟环境应该使用户难以分辨真假，使用户全身心地投入到计算机创建的三维虚拟环境中，在该环境中的一切看上去是真的，听上去是真的，动起来是真的，甚至闻起来、尝起来等一切感觉都是真的，如同在现实世界中的感觉。

交互性（Interactivity），指用户对模拟环境内物体的可操作程度和从环境得到反馈的自然程度（包括实时性）。例如，用户可以用手直接抓取模拟环境中虚拟的物体，这时手有握着东西的感觉，并可以感觉物体的重量，视野中被抓的物体也能立刻随着手的移动而移动。

构想性（Imagination），强调虚拟现实技术应具有广阔的可想象空间，可拓宽人类的认知范围，不仅可再现真实存在的环境，也可以随意构想客观不存在的，甚至是不可能发生的环境。

由于浸没感、交互性和构想性三个特性的英文单词的第一个字母均为I，所以这三个特性又通常被统称为"3I"特性。

一般来说，一个完整的虚拟现实系统由虚拟环境，以高性能计算机为核心的虚拟环境处理器，以头盔显示器为核心的视觉系统，以语音识别、声音合成与声音定位为核心的听觉系统，以方位跟踪器、数据手套和数据衣为主体的身体方位姿态跟踪设备，以及味觉、嗅觉、触觉与力觉反馈系统等功能单元构成。

增强现实。利用计算机对使用者所看到的真实世界中的各类信息进行数字化景象增强的技术，它实时地将真实的世界和虚拟的世界结合在一起，为人们带来与数字信息的真正交互体验。

增强现实是近年来国外众多知名大学和研究机构的研究热点之一。AR 技术不仅在与 VR 技术相类似的应用领域，而且具有能够对真实环境进行增强显示输出的特性。增强现实将虚拟信息应用到真实世界，真实的环境和虚拟的物体实时地叠加到了同一个画面或空间同时存在，提供了在一般情况下不同于人类可以感知的信息。它不仅展现了真实世界的信息，而且将虚拟的信息同时显示出来，两种信息相互补充、叠加。在视觉化的增强现实中，用户利用视网膜眼镜，把真实世界与电脑图形多重合成在一起，便可以看到真实的世界围绕着它。

增强现实借助计算机图形技术和可视化技术产生现实环境中不存在的虚拟对象，并通过传感技术将虚拟对象准确"放置"在真实环境中，借助显示设备将虚拟对象与真实环境融为一体，并呈现给使用者一个感官效果真实的新环境，因此增强现实系统具有虚实结合、实时交互、三维注册的新特点。从虚拟现实（创建身临其境的计算机生成的环境）和真实世界之间的光谱来看，增强现实更接近真实世界。增强现实将图像、声音、触觉和气味按其存在形式添加到自然世界中，真正改变人们观察世界的方式。

2012 年 5 月，爱尔兰地铁先锋报推出全球首份增强现实报纸，读者可以利用 Blippar 手机应用软件，通过手机摄像头浏览报纸中的"编辑选择"以及广告版内容。在报纸上投放广告的品牌将以三维形式展现，同时读者在"编辑选择"部分会"看到"和"参与"更多的有趣内容，如报纸网站进行的调查、填字游戏等。这样，通过 Blippar 手机应用软件，报纸与报纸网站一实一虚，实现了互嵌。

4. 算法推荐技术

算法（Algorithm）是指解题方案的准确而完整的描述，是一系列解决问题的清晰指令，代表着用系统的方法描述解决问题的策略机制。也就是说，能够对一定规范的输入，在有限时间内获得所要求的输出。如果一个算法有缺陷或不适合于某个问题，执行这个算法将不会解决问题。不同的算法可能用不同的时间、空间或效率来完成同样的任务。一个算法的优劣可以用空间复杂度与时间复杂度来衡量。

算法技术正得到广泛应用。仅仅从新闻传播内容的小视角来看，在目前流行的资讯、视频客户端里，对于内容的分发和推荐中，机器算法的角色越来越重要。很多客户端为了吸收更多流量，让用户更多停留在 APP 内，通过机器算法来迎合用户的喜好。盘点整个行业，推荐机制和形式可以细分为三种情况：一种是全机器算法类。在目前所有的资讯客户端中，以今日头条为代表的单纯基于用户点击的算法推荐机制、去人工化干预等越来越流行。但是，这种推荐机制会大量迎合人性底层需求的内容，如热门的影视剧简单剪辑等内容，可以满足用户猎奇、窥私、幸灾乐祸等心理，却缺乏深度价值。技术力量的价值被过度高估和神话了。一种是机器算法＋部分干预。在一个体系里，部分 APP 用算法，部分 APP 可以人工推荐。腾讯目前采用的就是这种方式。在腾讯系的 APP 中，快报是算法系列，完全靠机器推荐，人工无法干预，同时在腾讯新闻等 APP 里，也引入了算法机制，但人工会对优质内容进行推荐和整合。第三种就是在同一个资讯客户端，机器算法＋人工的"人机结合"，一点资讯就是这样的代表。在不断优化的机器算法、深度学习基础之上，加入对内容有理解的人工和编辑的干预，两者之间相互融合，而不是一刀切地全部交给机器算法或者全部交给人工处理，大规模提升分发效率的同时，为用户带去更优质的价值内容。类似人物、GQ 等深度报道之所以在网络上流行，每次出来都是爆款，就是因为聚合了一批对深度内容有需求、同样能够理解内容的人。

如日中天的今日头条是基于机器算法的主动推荐分发体系，被称为"伪装成新闻客户端的用户行为数据收集器和分析器"。它持续优化机器算法，让用户的喜好与机器分发的内容深度匹配，持续提升内容分发效率。今日头条招聘启事上明确要求工作人员"对用机器学习算法解决现实问题有强烈的渴望和坚定的信仰"。其推荐算法分两个层次：上层为推荐模型，判断做推荐决策依据的维度。用户特征（如兴趣、职业、年龄），短期的点击行为，点击场景特征，文章自身的特征等都能够成为决策的维度。下层为推荐召回模型，辅助推荐模型负责判断哪些内容有资格进入排序候选，可以过滤掉 90％的无效信息。[①] 其算法的数据思维核心则包括三个工具。一是"归纳总结"。按照特定的维度进行排序，分析对象特性。这个可能反映出事物内在的一些规律，基于这个分析去引导决策。二是"A/B测试"。把实验对象随机分组，把一个或多个测试组的表现与对照组比较，进行测试，判定一个产品修改的效果。对线上流量进行分流，正常用户还是走正常的流量，一部分流量要保证样本无偏（不要样本全是女的或者全是 90 后），通过科学方法划分出一些流量做实验，还要进行分组，分出对照组和实践组，对照组和线上的策略完全一样，实验组做一些小小的改变。比如，头条网页版的首页新版加了一个链接，老版加了一个任务评论。通过 A/B 测试的方式，一部分人看到新版的结果，一部分是老版效果。事后统计分析，确定哪个版本效果好。三是"双盲交叉验证"。先让算法判断一个新闻的分类和推荐对象，然后让两个编辑分别检验，如果结果一样就通过，如果不一样就请第三人判断并汇报程序员，重新调整算法，引入争议复评机制。这是一种人工智能里常见的"半监督式学习"。为了处理信息，算法的初始诉求往往是对海量信息做分类聚合。人类眼中的词汇在它眼里都是参数（维度），一千个不同词汇组成的一篇文章就是一千个维度组成的一个向量。然后，机器在代数世界里衡量不同向量的相似度，如简单向量距离分类法、贝叶斯算法、KNN（K 最近邻居）算法、线性回归、逻辑回归等。

（二）智能传播技术的不断创新

智能传播技术就是在线社会信息传播系统作为智能传媒平台的技术系统集合。智能传播技术不同于其他简单的技术，一方面，它是大量相关技术有机结合构成的技术集群，"某种具有共性的外在形式，或者是可以使共同工作成为可能而共同固有的能力，可以定义为一个技术集群"[②]。另

① 曹欢欢：《3 亿用户每天头条各不一样，靠数据是怎样做到的》，数据分析网，http：//www.afenxi.com/post/2037。
② ［美］布莱恩·阿瑟：《技术的本质》，曹东溟、王健译，浙江人民出版社 2014 年版，第76 页。

一方面，这种技术系统集合又可以从不同的角度划分为不同的层次。从功能和作用的层面来讲，智能技术系统集合是以人工智能技术为核心技术，包括基础技术、核心技术、关联技术、应用技术在内的技术系统的集合。从更宽泛的意义来讲，智能技术系统集合是一种包含通信技术、网络传播技术、信息技术在内的技术集合。简而言之，但凡与智能平台相关联的技术，均在智能传播技术的范畴之内。

近年来，以人工智能为核心技术的智能传播技术进入了"爆炸"式创新的关键期。2017 年度的高德纳新兴技术成熟度曲线报告指出了智能新兴技术的三大发展趋势，即无处不在的人工智能（AI）、透明化的沉浸式体验和数字化平台。针对人工智能的发展，高德纳研究总监 Mike J. Walker 表示，"由于计算力的突飞猛进、接近无尽的具破坏性的技术类别，将使拥有 AI 技术的组织能够利用数据以适应新的情况并解决以前从未遇到过的任何问题"[①]。根据高德纳发布的 2017 年新兴技术成熟度曲线，可以看到智能传播技术集合体的不少技术正处于万众瞩目的焦点和巅峰。

根据图 4—1 我们发现，和传媒行业紧密相关的诸多技术正处于触发期和期望膨胀期，如通用人工智能、量子计算、脑机接口、智能机器人、虚拟助理、互联家庭、深度学习、机器学习、区块链等，而在前几年大火的虚拟现实正处于复苏期，有望在 2—5 年进入成熟期成为一种成熟的技术。

盘点中国 2017 年人工智能产业链的重大事件和技术突破，我们发现，智能传播技术正在基础层、技术层、应用层不断创生和拓展。

1. 基础层创新

天基互联网系统——虹云工程公布。在 2017 年 8 月 30 日召开的第三届中国（国际）商业航天高峰论坛上，中国航天科工集团公司透露，将正

---

① "Top Trends in the Gartner Hype Cycle for Emerging Technologies"，2017，https：//www.gartner.com/smarterwithgartner/top-trends-in-the-gartner-hype-cycle-for-emerging-technologies-2017/.

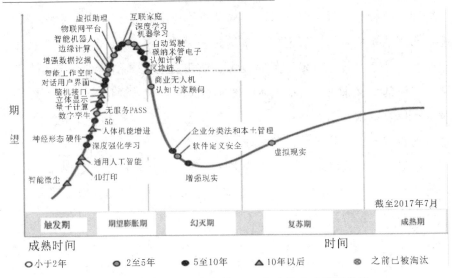

图 4—1　高德纳公司发布的 2017 年度技术成熟度曲线

在建设中的天基互联网系统命名为"虹云工程"。由于沙漠、山脉和海洋等环境因素，世界上还有将近一半的人口没有接入互联网，信息的匮乏必然会限制当地社会、经济、文化等方面的发展。"虹云工程"的目标就是为了解决上述问题。中国航天科工集团公司将建设的天基互联网系统由156 颗小卫星组成，实现全球无死角自由接入宽带互联网。瞄准"一带一路"国家战略部署，以天基互联网接入为主要目标，基于低轨通信星座及其地面系统，与现有通信系统相辅相成，为"互联网＋"战略的实施和产业化发展搭建信息交互平台。①

发射北斗卫星系统组网卫星。2017 年 11 月 5 日，西昌卫星发射中心以"一箭双星"方式成功发射第 24、25 颗北斗导航卫星。这两颗卫星属于中圆地球轨道卫星，是我国北斗三号第 1、2 颗组网卫星。北斗卫星导航系统总设计师杨长风对此评价说："此次北斗三号组网星首次发射将标志着北斗卫星导航系统开启全球组网新时代，全面打开北斗应用推广与产

---

① 《揭秘"天基互联网"》，https://www.sohu.com/a/168701570_684712。

业发展新局面，书写北斗国际合作新篇章，所以意义非常重大。"①

量子计算技术的重大突破。2017年5月3日，由中国科学技术大学潘建伟院士和陆朝阳教授等研制的世界首台光量子计算机在上海亮相，它已经比人类历史上第一台电子管计算机和第一台晶体管计算机的运行速度快10倍至100倍。量子计算将会成为未来重要的科技突破口，比起过去60年的传统的电子计算机，量子计算机拥有巨大的潜力。量子计算机强大的并行计算能力带来计算能力极限的大幅提升，意味着量子计算机可以分析更多数据。2017年9月29日，世界首条量子保密通信干线——"京沪干线"正式开通。当日，结合"京沪干线"与"墨子号"的天地链路，我国科学家成功实现了洲际量子保密通信。这标志着我国在全球已构建出首个天地一体化广域量子通信网络雏形，为未来实现覆盖全球的量子保密通信网络迈出了坚实的一步。② 量子计算、量子通信等技术发展成熟之后，对人工智能的发展会有更大的促进。

5G商用步伐提速。中国移动、中国电信、中国联通三大运营商相继公布了5G推进时间表，计划最早在2019年实现预商用，此举标志着我国5G商用过程开始提速。2017年6月，中国首个5G基站在广州开通。10月，由华为、中兴和烽火三大通信设备厂商联合研发的下一代5G传输系统SPN一阶段试验测试完成，这是5G传输领域的首次实验室新技术验证测试，标志着5G传输开始由技术研究转向技术实现。11月14日，工信部正式发布5G系统在中频段内的频率使用规划，明确了3300—3400MHz、3400—3600MHz、4800—5000MHz频段作为5G系统的工作频段。11月23日工信部宣布启动5G技术研发试验第三阶段工作，重点是面向5G商用前的产品研发、验证和产业协同，开展商用前的设备单站、组网、互操作，以及系统、芯片、仪表等产业链上下游的互联互通测试，全面推进产业链主要环节基本达到商用水平。

---

① 《中国首次发射北斗三号组网卫星 北斗卫星导航系统步入"全球时代"》，http://news. cri. cn/20171106/b5c9b373-2742-12dc-f62a-ae3b44b42ba7. html。

② 吴月辉：《我国开通全球首条量子通信干线》，《人民日报》2017年9月30日。

物联网技术稳步推进。2017 年中国物联网技术发展有三大要点。第一，在工信部政策引领下，NB-IoT（Narrow Band Internet of Things，即窄带物联网）技术标准确立，同时批准运营商申请，分配物联网号段。第二，三大电信运营商大力推进 NB-IoT 网络建设，基站建设已经完成，技术应用服务开发到位，用户数量井喷式增长。第三，互联网巨头打造以平台为核心的物联网生态圈，如百度的 AI 物联、阿里巴巴的 Link 物联网平台、京东的智能物联技术平台、小米物联网通信平台等。

云计算和云服务布局升级。云计算和云服务是互联网巨头的重点布局之一。2017 年 6 月 21 日，腾讯旗下的云计算公司腾讯云在深圳举行腾讯云＋未来峰会，发布战略产品"智能云"，宣布开放腾讯在计算机视觉、智能语音识别、自然语言处理的三大核心能力。这是腾讯云首度公布其 AI（人工智能）战略路线，"智能云"将在传统云计算的结构上建立起新的服务层：AI 即服务。为满足企业级客户对计算的高标准需求，2017 年 8 月阿里云正式发布云服务器 ECS 企业级产品家族，目前已推出面向 173 种企业应用场景的 19 款实例。该系列适合在复杂的企业计算环境下，满足对于高性能、高可靠的计算需求。目前，ECS 企业级产品家族包含 19 款实例，分为通用型（General Purpose Type）、计算型（Compute Type）、内存型（Memory Type）、高主频（High Frequency Compute Type）、本地 SSD 型（Local SSD Type）、大数据型（Big Data Network Enhancement Type）、GPU 计算（GPU Compute Type）、FPGA 计算（FPGA Compute Type）等类型，分别适用于包括 AI、医疗、视频直播、金融、电商、IoT 在内的 173 个应用场景。[①]

AI 芯片开始发力。智能芯片引领者"寒武纪"在 2017 年 11 月 6 日召开新闻发布会，发布了新一代智能处理器 IP 产品：面向低功耗场景视觉应用的寒武纪 1H8、拥有更广泛通用性和更高性能的寒武纪 1H16，以

---

① 《阿里云发布 ECS 企业级产品，19 款实例族涵盖 173 个应用场景》，https：∥www.leiphone.com/news/201708/Aumks9bcsw2CsJQx.html.

及面向智能驾驶领域的寒武纪1M。在此之前，寒武纪已于2016年发布了全球首款商用深度学习专用处理器IP——寒武纪1A处理器。寒武纪1A打破多项纪录，入选第三届世界互联网大会评选的十五项"世界互联网领先科技成果"。与寒武纪1A相比，2017年发布的三款新品在功耗、能效比、成本开销等方面进行了优化，性能功耗比再次提升，适用范围覆盖图像识别、安防监控、智能驾驶、无人机、语音识别、自然语言处理等多个重点应用领域。① 当年9月初，华为在德国IFA展上重磅发布了全球首款麒麟970，虽然没有公开宣布，但其背后的AI芯片搭载了寒武纪的嵌入式IP，集成了寒武纪的NPU（寒武纪1A处理器）作为神经网络专用处理单元，同时采用异构计算架构，最高可达到传统处理器25倍的速度、50倍能效，足以让很多无法在移动端使用的机器学习应用走向工程化和实用化。麒麟970也成为全球首款人工智能处理器，成为AI产业发展的一个里程碑。②

2. 技术层创新

语音识别愈加成熟。语音识别作为人工智能领域的一项关键技术，随着技术成熟度的不断提升，智能语音的应用场景层出不穷。2017年，百度开放了语音平台DuerOS，阿里补贴4亿元人民币销售百万智能音箱抢占语音入口。作为语音识别的领跑者，科大讯飞的一举一动都备受关注。当年，国家科技部印发通知，批准依托科大讯飞股份有限公司建设认知智能国家重点实验室。该实验室是我国在人工智能高级阶段——认知智能领域的第一个国家级重点实验室。在2017年国际语音合成大赛上，代表中国参赛的科大讯飞AI研究院、语音及语言信息处理国家工程实验室表现不俗，包揽了本次赛事核心指标的冠亚军。这是自2006年以来，科大讯飞连续第十二年夺得该项赛事桂冠，再次证明了科大讯飞在智能语音和人

---

① 《寒武纪发布新一代人工智能芯片 未来3年覆盖10亿台智能终端》，http：∥www. xinhuanet. com/local/2017-11/06/c_129734098. htm。

② 《寒武纪创始人陈云霁、陈天石，"双陈"连心塑造AI芯片里程碑》，http：∥www. elecfans. com/article/90/156/2017/1114578889. html。

工智能领域的全球领先地位。① 科大讯飞发布的飞鱼系统 2.0，融合了 Barge-in 全双工语音交互技术、窄波束定向识别技术、自然语义理解技术、免唤醒技术、多轮对话技术等科大讯飞核心技术。目前，科大讯飞已经为超过 200 款车型、累计超过 1000 万部车辆输出了语音交互产品。此外，在新零售领域，智能语音技术的应用也在不断扩展。同年 12 月 18 日，科大讯飞和红星美凯龙发布战略合作计划，未来由科大讯飞研发的智能导购机器人"美美"将在全国红星美凯龙门店上市。②

百度开源自动驾驶系统 Apollo。百度公司 CEO 李彦宏在 2017 年百度联盟峰会上表示，百度公司将不再是互联网公司，而是一家人工智能公司。同年 7 月，百度在 AI 开发者大会上推出语音平台 DuerOS 和无人驾驶平台 Apollo 两个开放平台，向外界宣示 All in AI 的决心。百度宣布其自动驾驶软件可供任何想下载的人使用，而且免费。此举旨在把用户吸引到百度的开源人工智能平台，并收集数据。百度新的"阿波罗（Apollo）"平台向任何公司（包括其竞争对手）免费提供自动驾驶软件，这些软件随后可被量身定制，开发他们自己的自动驾驶车辆。

"人脸识别"走红。图像识别技术和语音识别技术是人工智能领域最容易被普通大众感知的两项技术。人脸识别是图像识别技术的典型代表，2017 年人脸识别技术异常火爆。考勤是部门和公司管理工作中非常重要的一个环节，人脸识别技术为许多公司的考勤改革提供了新的方向，各类人脸识别考勤机、人脸识别打卡软件开始逐渐取代传统的指纹打卡。不少大学在新生入学报到时采用刷脸注册，学生只要对着摄像头刷刷脸，几秒钟就能完成注册。传统的网上注册和现场查证已经落伍，"刷脸"迎新成为大势所趋。2017 年，自武汉站采用人脸识别系统之后，国内不少高铁站、机场迅速跟进，"刷脸"进站进港。乘客只需在进站通道里通过实名

---

① 《科大讯飞 2017 年国际语音合成大赛夺魁实现"十二连冠"》，http：//news. sciencenet. cn/htmlnews/2017/7/381444. shtm。

② 《2017 年终解读：语音识别技术今年只走了一半的路》，http：//m. elecfans. com/article/629467. html。

制自助验证系统终端机，扫描车票、身份证，并且在系统终端"刷脸"，就能在 5 秒内完成进站进港身份验证。

区块链持续升温。区块链被认为将引领新一轮技术创新和新的产业发展，势头迅猛。区块链技术作为一种分布式数据存储、点对点传输、共识机制、加密算法等技术的新型集成应用，具有去中心化、开放性、防篡改、匿名性等特点。"其可应用在生产链、管理链、交易链，会给不同领域带来整个生命周期的重构，让生命周期可管理、可追溯。"① 在中国，区块链技术正在从概念验证转向实际应用。2016 年 10 月，工信部发布区块链第一个官方指导文件《中国区块链技术和应用发展白皮书》，首次提出区块链标准化路线图与标准框架体系之后，2017 年 5 月 16 日，国内首个区块链标准《区块链参考架构》正式发布，区块链的基础性标准确立。该架构重点在于解决四大问题：（1）达成共识，对区块链定义和术语给予明确解释说明；（2）明确组件集成，使得行业对技术组件运用有清晰认知；（3）规范行业，通过视图传递相关的功能信息规范行业标准；（4）生态整合，在用户视图中将不同视角的用户引入区块链生态中。区块链最初仅仅应用于金融、网络安全等领域，但从 2017 年开始扩展到了教育、物联网、供应链管理、云存储、能源管理、版权等领域应用。随着人工智能时代的到来，人工智能会成为最重要的生产力，但是各种智能体之间形成的生产关系有赖于区块链来调适和管理。

3. 应用层创新

"媒体大脑"问世。新华社于 2017 年 12 月 26 日正式发布了"媒体大脑"。这是我国传媒领域第一个真正意义上的"首个媒体人工智能平台"。媒体大脑提供基于云计算、物联网、大数据、人工智能（AI）等技术的八大功能，覆盖报道线索、策划、采访、生产、分发、反馈等全新闻链路。"媒体大脑"八大功能包括 2410（智能媒体生产平台）、新闻分发、采蜜、版权监测、人脸核查、用户画像、智能会话、语音合成。国内各媒体机构

---

① 《区块链技术国家标准将制定》，https：//www.sohu.com/a/231084542 _ 120228。

均可在认证后使用"媒体大脑"的各项功能和产品。在成都举行的第五届中国新兴媒体产业融合发展大会上，新华社还发布了首条 MGC（机器生产内容）视频新闻，这条时长 2 分 08 秒的视频由"媒体大脑"中的"2410（智能媒体生产平台）"系统制作，计算耗时只有 10.3 秒。①

　　机器人技术获得新突破。2017 年机器人技术的发展依然备受瞩目，在诸多形态的机器人中，对话机器人成长潜力巨大。基于会话式智能交互技术，对话机器人能够从海量数据中自我学习，开始实现大规模、复杂性场景的人机对话。采用智能语音交互技术研制的机器人，不仅能理解用户的问题并给出精准答案，还能在信息不全的情况下主动引导完成会话。在商业运用方面，对话机器人广泛应用于客服、营销、互动主持等。科大讯飞研发的人工智能机器人——讯飞智医助手通过了国家医师资格考试，这是全球第一个通过国家医师资格考试的机器人。阿里出品的天猫精灵机器人能够进行语音交互、肢体互动、主动识别。其主要功能有人脸识别、环境监测、商品推荐及下单支付、家庭设备控制、声纹识别及语意理解、内容娱乐等。当年 12 月，腾讯在用户开放日展出了腾讯叮当与优必选合作的新一代机器人 Alpha Ebot、腾讯云小微与华硕合作的 Zenbo Qrobot 小布机器人。两种机器人也为观众带来连场卖萌尬舞，现场展示了它们的聪明才智和炫舞技能。据了解，两款机器人均是腾讯提供"大脑"支持，使得更加智能。2017 年 3 月，搭载了 DuerOS 系统的百度小鱼在家视频对讲机器人，用户只需使用唤醒词"小鱼小鱼"，即可实现通过语音对话方式完成播放音乐、播报新闻、搜索图片、查找信息、设闹钟、叫外卖、闲聊天、控制家庭智能硬件设备等多种秘书功能。此外，纳米机器人领域，导航应用获得重大突破。哈尔滨工业大学教授李隆球带领团队发明了能够在复杂环境中精准导航的智能微纳机器人，可以助力实现精准医疗。除了强大的自主导航功能，这款微型智能机器人还可以对目标对象及时识别，如

────────────

　　① 《新华社发布国内首条 MGC 视频新闻，媒体大脑来了！》，http：//www. xinhuanet. com/2017-12/26/c_1122170364. htm。

可识别癌细胞和正常红细胞，并自主选择最佳路径追踪癌细胞。

腾讯智能生态圈得到拓展。腾讯云在计算机视觉、自然语言处理、语音识别等领域的三大核心人工智能能力，通过"AI 即服务（AI as a Service）"的方式向各行各业开放。对于腾讯的 AaaS 来说，要实现这一目标，腾讯云正在软件层面、算法框架服务、基础设施服务等多维度提供新的人工智能开放服务层。目前，腾讯云围绕这三大能力，已提供 25 种人工智能服务，包括应用服务 8 种、平台服务 15 种、框架服务 2 种。为了使人工智能技术更好地实现产品化落地，腾讯 AI Lab、腾讯优图实验室、微信智能语音团队和腾讯云等都参与到这场科研的竞赛中。腾讯云将诸多实验室的技术实力整合封装，结合相应的使用场景打造具有高针对性与实用性的解决方案，将 AI 技术能力服务化，输送给各行各业。[①]

百度生态圈探索人工智能升级。2017 年 7 月 5 日的百度 AI 开发者大会上，百度创始人、董事长兼首席执行官李彦宏通过视频直播展示了一段自己乘坐公司研发的无人驾驶汽车的情景。同时，百度还公布了阿波罗计划，百度 Apollo1.0 自动驾驶平台正式开放。此外，百度还携手德赛西威和联合电子推出了百度自动驾驶专用计算平台——BCU（Baidu Computing Unit），这也是国内首个可量产自动驾驶计算平台 BCU，成为百度自动驾驶"软硬结合"的优秀样本。同年 11 月 15 日，科技部在北京召开新一代人工智能发展规划暨重大科技项目启动会。百度公司凭借自身先进的自动驾驶技术，入选国家新一代人工智能开放创新平台。百度在这次人工智能浪潮中布局非常早，AI 技术从基础层（大数据、算法、大计算），感知层（语音、图像、视频、AR/VR），认知层（自然语言处理、知识图谱、用户画像），平台层（AI 开放平台与生态）四个层面布局。百度已经找到了一条搜索引擎的进化之路，将智能搜索、图谱构建、需求理解、智能问答、计算与推理应用到搜索中。

---

① 《从"互联网＋"到"智能＋"腾讯云将开启万物智联新时代》，http：//www.techweb.com.cn/news/2017-11-10/2604671.shtml。

阿里开拓智能之路。2017年3月29日，在年度首场阿里云栖大会深圳峰会上，阿里云总裁胡晓明宣布阿里云正在开启新的征途：通往智能之路。其实，阿里很早就开始人工智能的布局了。2017年2月21日，美国权威科学杂志《麻省理工科技评论》（MIT Technology Review）发布2017年全球十大突破性技术榜单。阿里巴巴分别入选"强化学习"和"刷脸支付"两大突破性技术榜单，同时列入榜单的还有Google、微软、IBM等科技巨头。阿里在人工智能方面的布局可以分为四个层面[①]：一是在自身业务场景中锻炼和孵化人工智能技术；二是通过阿里云对外输出以及获得企业使用阿里人工智能技术的反馈；三是通过合作伙伴的生态进一步扩大人工智能的应用场景与获取各类商业大数据；四是与科研机构合作更为前期的前瞻性人工智能技术，如与中科院合作的量子计算。在智能技术的研发和运用方面，阿里可谓全面开花，其创新布局：（1）阿里云人工智能"大脑"ET。ET的特色在于基于强大的云计算和大数据处理能力，具备了语音识别、图像/视频识别、交通预测、情感分析等技能，并朝着大数据AI的方向发展。（2）阿里云大数据平台（简称"数加"）。它以普惠大数据技术为使命，旗下包含一系列大数据产品及服务，助力相关企业在DT时代更敏捷、更智能、更具洞察力。阿里云数加平台由开发套件、解决方案和数据市场三大部分组成。（3）新零售技术。射频识别（RFID）、人脸识别、图像识别、数据匹配、智能供应与管理成为支撑新零售的技术新组合，开启了我国新零售争霸时代。（4）算法平台。阿里云2017年云栖大会深圳峰会上正式发布机器学习平台PAI2.0，以全面拥抱开源、更丰富的算法库、支持更大规模的数据训练为特征的平台化产品，使复杂的人工智能技术变成开发者只需要托拉拽就能可视化完成开发的普惠性技术。（5）智联网。阿里在2017年的杭州云栖大会上正式发布Link物联网平台，未来将借助阿里云在云计算、人工智能领域的积累，使物联网具备智

---

① 《阿里云+新实体经济数据，决战人工智能第二个60年》，https://www.sohu.com/a/131340888_122592。

能而成为智联网。阿里不仅宣布将人机交流系统 AliGenie 升级为语音开放平台，还宣布推出 AR 开放平台和天猫路由 M1，再结合之前的"天猫精灵"，阿里对智联网的布局已呈三"箭"齐发之势。

二、实现互联网化"转型升级"的逻辑

报业实现互联网化的转型升级，必须在产业重组中获得重生，构建在线社会信息传播系统。这样的升级转型强调的是铸造在互联网版图中的持续发展的核心竞争优势。重生并不是一个简单的数字化过程，而是顺应智能技术体的"域定"的全面革新。单纯的数字化，并不是纸媒的救命稻草。脱离了市场化的数字化是没有意义的。根据中国媒介生态环境，报业的互联网化"重生"，至少应经过基因重组、市场重定、组织重构、产品重生等多重变革。[①]

基因重组强调的是纸媒基因与互联网基因的重新组合。报纸的基因是什么？一是新闻内容的分享，二是文化上的"庙堂"式。从新闻内容的分享上说，报纸媒介是一种通过时间链条揭示世界发展与联系的媒介，并以逐行逐页的方式展示了一个严肃而有序的世界，促成了人的理性思维的建构。新闻报道的深度分析、解释能力，就是这种理性思维的传播呈现。另一方面，则是文化上的"庙堂"式。彭兰认为，传统的"专业媒体作为唯一的专业化大众传播主体，仿佛置身于庄严的'庙堂'之上，受到众人瞩目与膜拜。传统媒体也由于这种'庙堂'地位形成了自己的文化特质"。"庙堂"式基因，既具有居高临下的中心性、高门槛的封闭性，又具有突出权威性的"不容错"、用相对统一的社会价值体系整合社会各个阶层的统合性。互联网络的基因是什么？在彭兰看来，今天新媒体的核心要素是终端、内容、关系（人与人的关系的连接）与服务（包括电子商务、在线教育、在线医疗、在线金融等）。而在这其中，内容尤其是新闻内容也许

---

① 吕尚彬、孙志刚、兰霞：《重组中重生：报纸的转型生存逻辑》，《中国报业》2014 年第 7 期，人大报刊复印资料《新闻与传播》2014 年第 7 期。

是同质性最高、不可替代性最弱的一个要素，如果内容不能与其他要素打通、融合，而只是作为一个孤岛存在，那么它的影响力释放就会受到很大限制。换言之，新媒体是终端网络、内容网络、关系网络与服务网络四者的交织，传统媒体要在未来赢得自己的位置，需要在这四种网络的未来格局中进行战略思考与布局。[①] 因而，互联网媒体不再是神圣的、受人顶礼膜拜的"庙堂"，而是一个能容纳各色人等的"江湖"。作为"江湖"的新媒体的文化特质，具有面向所有人的开放性与多元性，结构上去中心化的分权性，内容上的共享性、容错性和戏谐性。所谓基因重组，需要将报纸的基因与互联网的基因移植、嫁接，以形成新的传媒基因。如果说新闻内容分享的重组，可能是同源重组的话，那么"庙堂"文化与"江湖"文化的重组则是异常重组，需要去庙堂而就江湖。以此为基础，形成基于互联网文化的新数字媒介文化。

市场重定强调的是改变对"读者满意"的追求为"用户体验"的拓展。所谓市场重定，就是要重新定义数字传媒的市场。传统报纸的市场是读者，其产品着力于报纸与读者之间的"一与多"的传播，追求的最高境界则是"读者满意"和发行量的不断提升。在规模读者的基础上，形成报纸自身的赢利模式。"用户第一"是互联网思维中的基石，规模用户构成传媒新产业模式的市场基础。因此，重新定义市场的第一层内涵，则是变读者为用户。而在报纸数字化转型的过程中，从最初的报网互动，到今天的 APP 客户端的开发，甚至微博、微信的应用，如果仅仅是将报纸的内容平行移植或变形移植到新媒体平台上，而不做市场的重新定位，就不可能形成新的赢利模式。无论是美国的《赫芬顿邮报》的全球扩张、《纽约时报》付费墙的成功，还是中国的"从纸媒里趟出来"的《杭州日报》"19楼"的发展、腾讯系网站的日新月异，以用户为中心，分析和理解用户的使用行为，了解和研究他们的心理活动，对用户体验的深度开发，都是其前提。重新定义市场的第二层内涵，则是市场的深度细分。细分用户

---

① 彭兰：《再论新媒体基因》，《新闻与写作》2014年第2期。

市场，完成传媒的市场再定位。例如，"19楼"的六大价值观念之首就是"用户第一，一切为了用户"。他们每个月都要组织和颁发全员参与的"用户体验精进奖"，用以表彰为用户提供了更优质服务的业务优异者。在"19楼"产品技术负责人的墙上，贴着两句醒目的标语"凡是用户一定遇到的情形，就必须精心设计，否则就是偷工减料。凡是用户不可能与能的情形，禁止设计，否则就是自欺欺人"。纽约时报公司则使用数字注册的方式，建立用户数据库，将一个一个单一客户的全部资料与订阅者数据库进行匹配，从而获得完整的读者资料。对客户的深度洞察，挖掘体验者的阅读需要，建立客户数据库，为目标市场提供对位的产品与服务，就是为客户提供高价值的、专业的、不可替代的和排他性的产品和服务，是吸引并黏着忠诚体验者的不二法宝。

组织重构，即按照互联网媒介企业的要求重新构建数字产品生产组织。我国数字报业所进行的多通道出版系统、手机报、新闻网站的开发，还属于数字报业发展的"优先变革点"。报社组织向融合新闻生产组织结构的转型，不仅是数字报业发展的现实"短板"，更是保障这些"优先变革点"走向"全面变革"的前提和基础。三网融合的推进，加大了网络运营商在数字传媒产业链上下游强势扩张的力度，激活了发展内容生产组织和推进内容融合的巨大空间。以生产文本、图片、音频和视频内容见长的报社组织需要在数字传媒产业链上游的融合新闻生产组织领域完成组织重构。数字报纸的组织重构有三条边界：第一，以用户为中心，导入互联网组织基因，以有利于终端网络、内容网络、关系网络与服务网络四者的交织。第二，构建扁平化、大跨度横向一体化的新型传媒组织结构类型。报社组织结构将由内容中心、技术中心、运营中心三大平台构成。其中，内容中心负责整个企业的内容原创采集、加工聚合、分配应用；技术中心负责整个企业组织系统的硬件和软件技术维护和升级，维护三大中心的正常有效运作；运营中心是决定企业发展全局的核心部门，也是统领内容中心和技术中心的战略指挥部。第三，实现组织的柔性化管理和无边界探索。数字媒体产业引发的传媒组织结构的创新，将促进传媒向松散的有机结构和分权化的无边界组织转型。可以通过柔性化的管理来打通组织内部各层级之间的垂直边界、职能部门之间的水平边界以及供应商、渠道商、管理者和目标受众之间的外部边界，通过彼此的资源交换与共享进行渗透。基于这样三条边界构建的新型媒介组织，将与传媒集团及其治理结构具有兼容性。而在新的结构模式主导数字媒体产业运行之后，将同时引发传媒集团整体组织结构的战略创新，促进传媒集团向有机结构、结构松散、工作专门化程度低、正规化程度低、分权化的无边界组织转型。

产品转型强调的是按照新的数字媒介的特质设计用户所需要的产品，站在数字传播的制高点上打造全新产品，追求具有独特价值产品的生产与聚合。产品作为传媒价值的承担者，虽然其内涵和构成要素发生了变化，但其地位没有变化。在今天的数字媒介生产过程中，媒介所提供的产品与提供方式同样重要，产品质量与服务质量同样重要，满足产品需求与满足服务要求同样重要，产品获知体验与服务全程体验同样重要。

数字报纸的产品转型有三个方面的内涵。

一是生产用户体验拓展所需要的完整的多层次的产品。传统报纸的内容重视新闻报道与观点的生产，并不错，但不够。这没有能够为用户提供完整的、多层次的产品。菲利普·科特勒在《市场管理：分析、计划、执行与控制》中将产品概念界定为五个层次结构，即包括核心利益（Core Benefit，指产品能够提供给消费者的基本效用或益处）、有形产品（Generic Product，指产品在市场上出现时的具体物质形态）、期望产品（Expected Product，用户在购买产品前对产品的特点、质量、使用便利程度等方面的期望值）、附加产品（Augmented Product，使产品与其竞争对手相区别的附加服务和利益）、潜在产品（Potential Product，产品可能产生的延伸或演变、增值服务）。事实上，数字媒介正是在多层次产品生产与体验拓展方面形成自己的竞争优势。新闻报道与观点产品当然首先是为用户提供了核心利益，甚至一些专业的、质量高的核心产品，也能够高强度地黏着用户。例如，《纽约时报》设计部在 2012 年 12 月 27 日制作的《雪崩》（Snow Fall），用视频、照片、图表等多媒体手段将内容展现变得非常自然，不仅能够黏着用户，还能够让用户获得独特的体验，让用户看后觉得新颖、有用和过瘾，心甘情愿地为质量支付相应的代价。不过，从数字媒介产品阅读体验的角度说，数字内容生产则应同时重视核心利益产品之外的其他四个"非功能层"产品，形成超过用户预期的独特体验。用户体验是用户在接触一个产品时的感知、情感与期望的总和。用户体验包括印象和感觉、忍受和质疑、期望和收益等不同方面。用户体验的拓展与产品的完整性、层次性密切关联。从有形产品层次看，数字媒介新闻产品需要通过标题与内容的"再包装"，以用户的视角揭示产品的核心利益点，增强内容的吸引力、阅读的便捷性和愉悦性。从期望产品层次看，数字媒介新闻产品更多地注意到了终端页面内容如何更吸引用户，追求一种引人入胜、出乎意料的体验。从附加产品层次上看，基于链接、开放、分享、互动的内容传播是数字媒介产品的重要特质。数字媒介中强调的"无评论、不新闻"或者"无分享、不新闻"，突显出用户的分享、评论、参与制作，已经成为数字媒介产品的构成要素之一。从潜在产品层次看，数字媒体能满足用户的不仅仅是产品需求与社交需求，还有产品与服务的关联。传媒已经深深地嵌入用户的生活圈层之中，相关的服务并不只是指围绕有形产品的服务，而且正扩展到与人们生活、工作相关的其他服务。个性化内容服务，也将是人们对于数字媒介产品提出的更高要求。尤其是今天的大数据理念与技术的导入，可以将用户现实、潜在需求与产品有形、无形功能精准地开发出来，必将极大地提升数字媒介产品的价值。因此，数字报业的产品转型需要考虑从核心的功能性利益到包括非功能性利益的有形产品、期望产品、附加产品、潜在产品等多个层面来提升产品的价值。

二是兼容用户内容生产。在数字媒介领域，信息消费也是信息生产，信息生产也是一种信息消费。促进用户的信息消费行动向信息生产活动延伸，或者促进其信息生产成果为更多用户共享，这是数字媒体信息生产的特点之一。[①]《赫芬顿邮报》被誉为"美国互联网第一大报纸"，事实上它

---

① 彭兰：《再论新媒体基因》，《新闻与写作》2014 年第 2 期。

开创了一种生产者与消费者之间的"共享事业",兼容用户内容生产(UGC)是它的产品生产的核心方面。其主页版面的博客新闻评论、每日新闻栏目以及广告、娱乐新闻等三个栏目,让用户能迅速了解新闻的主要内容,并自主决定是否要深入阅读,从而形成了全天候"读者自主头版"的特征。中国的腾讯公司先做关系构建平台,然后再推出门户和关系产品,实际上也是为用户内容的生产和分享提供了独特的平台。

三是产品的营销组合要素的重构。这里强调的是产品市场推广模式的重构。既要为目标用户提供高价值的、专业的、原创的、不可替代的、排他性的产品和服务,又需要采用融合型渠道实现产品的呈现,以实现产品与用户的有效连接,需要形成产品的定价与其价值匹配的合适价格,需要设计符合目标用户需要与习惯的固网、移动网一体化的网络整合营销传播沟通方式,以满足用户在搜索引擎、数据库检索、社交网络或者电子阅读器、手机、平板电脑等多种移动终端的接触。

如果不经过基因重组、市场重定、组织重构、产品转型等多重变革,仅仅依靠开发某种"数字化产品"是难以实现互联网化的。美国新闻集团《THE DAILY》的失败就是证明。《THE DAILY》是2011年1月新闻集团与苹果公司合作开发的iPad付费阅读产品,希望凭借iPad庞大的客户群体,赢得数字阅读时代的市场先机。开发方曾对《THE DAILY》寄予厚望。乔布斯称其为"iPad上最令人期待的新闻阅读产品",默多克称其为"未来的发展潮流",并想借此机会将自己的传媒帝国全面带入移动互联的新时代。到了2012年11月,默多克至少已经向《THE DAILY》投入了近3000万美元,但连续两年亏损不得不使其在2012年12月15日选择关闭。《THE DAILY》的失败,引起全世界对于采用平板电脑来实现报业数字化转型的恐慌,对于失败的解读和思考还在延续。

我们可以总结出一些经验和教训。

第一,缺乏互联网基因。互联网基因是什么?成功的互联网运营要突破三大壁垒:技术壁垒、市场壁垒和数据壁垒。而这三大壁垒围绕的核心就是如何获取用户、留住用户,而获取和留住用户的关键就是用户体验。

《THE DAILY》的编辑们将传统报纸的读者体验使用在 iPad 用户体验上，显然是表错了情。《THE DAILY》的编辑们依然用传统媒体的思维去运作一个完全数字化的产品，且它的主编队伍主要来自《纽约时报》，编辑来自《太阳报》《纽约客》等许多传统媒体。因此，虽然《THE DAILY》是一份完全数字化的报纸，但它的运作方式依然和传统的纸质媒体无太大区别，与不少网络化的纸质媒体大同小异，并未体现出一款全新的数字化的新闻产品独特的性能和价值。思维方式和内容定位的错误必然会导致其最终走向关闭的道路。在新闻集团的高层看来，他们对这种全新的数字业务的态度是摇摆不定的，这在极大程度上影响了数字媒体业务的执行和创新。作为全球第一份 iPad 电子报，《THE DAILY》缺少懂得数字化媒体运作的编辑团队和信任支持其发展的公司高层和决策层。

第二，缺乏品牌依托，没有"报魂"。《THE DAILY》是在没有品牌依托下产生的，尽管它的班底是由《纽约时报》组成的，但毕竟没有使用《纽约时报》的名字，且《纽约时报》的品牌效应也大不如前。《THE DAILY》的采编队伍有 100 多人，也是比较庞大的一支采编队伍。但是《THE DAILY》没有明确的报道范围和采编重点，特色不突出，在这种情况下很多读者实在不知道为什么每年需要花费 39.99 美元选择阅读该报。

第三，付费阅读。采用"付费墙"严格来说并不是直接导致其关闭的原因，但《THE DAILY》应用程序每周的订阅费为 99 美分，每年是 39.99 美元，这个价格虽然比印刷版要低很多，但在移动互联网的时代信息随处可得，这个价格对于一般的受众而言还是相对比较昂贵的。更为重要的是，作为没有任何品牌依托的《THE DAILY》，过早地采用付费墙，无疑就像两种相克的食物混在一起，导致致命的恶果。第四，目标市场定位不清。将一份新的数字报纸命名为《THE DAILY》，没有凸显任何地域上的定位，就算是原来《纽约邮报》的老读者知道，但也无济于事。邮报的老读者、受众不一定会使用 iPad 这种电子终端，就会造成读者群分散且很难界定，必然造成广告商特别是区域性比较强的零售商的疑虑。第五，发行平台过于单一，成本过高，用户数量不足。《THE DAILY》的发行平台只是定位于 iPad，现实却是用户已经越来越习惯在平板电脑、智能手机、个人电脑以及纸质出版物之间无缝转换消费新闻。这样的举动只会逼迫受众在一个平台上进行互动，严重地限制了用户数量的增长。

第五章 新型传媒业态：重构与"网生代"的连接

按照激进式变革路径，报业转型后将形成一种能够实现与"网生代"连接的新型传媒业态。这种新型传媒业态是一种"具有纸质出版物的互联网媒体"，或者称为"在线社会信息传播系统"。本章重点分析在线社会信息传播系统的初级形态的特征及其构建策略。

第一节 在线社会信息传播系统的初级形态及其特征

所谓"在线社会信息传播系统"，是基于互联网而生成的产消者实时在线的社会信息大规模、协同化分享的网络系统。在某种意义上，以腾讯、百度、阿里巴巴、新华社和谷歌、脸谱等机构为中心形成的一个巨型生态系统，实际上就是一个在线社会信息传播系统。

在线社会信息传播系统作为一种传媒发展的崭新形态，它既是网络媒体演化的新形态，也是包括报纸、电视、广播等传统媒体实现媒介融合、重组以后的传媒形态。

作为一种全新的传媒形态，在线社会信息传播系统自身正在传播新技术的引导下，不断地从初级形态向高级形态演进。

如果说基于传统互联网、移动互联网和报纸、电视、广播的"上线"而形成的社会信息传播系统是"在线社会信息传播系统"的初级形态的话，那么基于广域互联网（包括物联网、工业互联网、智能互联网）形成的则是其中级形态，可能体现为"无线""离线"社会信息传播系统，进而基于量子计算、区块链技术、人工智能技术而形成的社会信息传播系统，则是其高级形态，可能体现为"超线智能社会信息传播系统"。

三个层级的"在线社会信息传播系统"不仅仅是社会信息传播系统从"在线"到"无线""离线"，再到"超线"，更重要的是将呈现出迥然不同的接点系统、传输系统、生成系统、表达系统和经营系统，形成全新的系统特质。例如，在中级层面的在线社会信息系统可能呈现出自组织化、平台化、混质活力、边界模糊化等特征。高级层面的智能社会信息传播系统则可能表现出大脑化、个人化、全息化等特征。但是，作为社会信息传播系统，无论在哪个层级，其演化基因则主要是开放、学习、共生、颠覆。①

所谓"开放"，即指打破边界，释放能量。在线社会信息传播系统具有开放的体系架构、开放的平台边界、开放的输入/输出通道、开放的组织文化等多层次的开放。它的技术支撑是网络新技术。大数据、云计算、区块链等网络技术所具有的开源特性决定了平台媒体的体系架构是开放的。它的平台边界是开放的。在平台媒体上，不再有生产者和消费者、传播者和受众、制造者和用户的严格区隔，成员之间可以任意切换角色身份，他们既是参与者又是合作伙伴、既是多任务执行者更是"产—消—创"者。与此同时，平台媒体的准入/退出门槛非常低，根据市场趋势和用户需求，能够不断接入新的关联伙伴或随时分离出无关对象，所有成员只要遵循着基本的游戏规则，即可自由加入或脱离平台媒体组织。它的能源输入及产品/服务输出是开放的。对于平台媒体而言，数字化生产资料、数字化工具手段和数字化产品/服务使得其摆脱了对专业设备和专业技能的依赖，数据的采集、内容的产制、产品/服务的存储与输出以及反馈都是在多元开放的环境中完成的。在平台媒体与外界的物质、能量、信息的交流和交换过程中，原有的政府控制和市场调节的作用被大大弱化，取而

---

① 开放、共生、学习三个"基因"的概念及其阐释，引用了权玺的博士论文《基于自组织理论的平台媒体演化研究》（2017 年 6 月）的"平台媒体的 DNA 图谱"的观点。

代之的是自组织治理模式。它的组织文化也是开放的。"互联网＋"时代为在线社会信息系统孕育了新的劳动者，他们以数字化劳动工具发掘并作用于新的劳动对象，这些丰裕而非稀缺的新的物质生产力要素及其非零和博弈的运作规则要求与之相匹配的组织文化。这种文化具有包容而多元的特征，在鼓励交互和协作的同时，能够随着平台媒体演化而持续进化。从这种意义上来说，平台媒体的组织文化应是一种体现其 MTP（Massive Transformative Purpose，宏大变革目标）的开放式组织文化。

所谓"共生"，是指在线社会信息传播系统是一个参与分享、协同激励和价值共创并存的社会型平台化组织。首先，不同于传统的线性生产模式中倚重于资源占有而倡导的排他性竞争关系，在线社会信息传播系统的双边或多边结构、媒介生产的"硬件—软件范式"以及平台交叉网络的外部性都要求吸引尽可能多的参与者进入平台生态系统之中，通过合作者、利益相关者乃至竞争者之间网络化的参与和分享，所有成员都能够以直接互惠或间接互惠的方式获益于网络效应的外溢。其次，新技术催生了新的分工体系，大规模社会化协同成为主流。系统自身及其参与者之间的边界日益模糊，原有的差序格局被打破的直接结果就是平台媒体日益呈现出模块化组织结构形貌。用户需求的多元化要求平台媒体所提供的产品和服务必须能够灵活应对、敏捷响应，任务驱动下的工作组或小团队应运而生。硬性的竞争关系让位于柔性化的价值共创，每一个参与者的活力被激发出来，并通过与他者的协同而获得倍增效益。再次，平台媒体共生 DNA 的终极目标是实现增值。与生命体的各个器官有机结合一样，平台媒体所有参与者的共生是为了实现量化增值和价值增值。量化增值是指通过参与者内部和参与成员之间的协同完成绩效的指数型增长。众多被称为"独角兽公司"的创业公司正是在共生中觅得了量化增值的市场和动力。与之相对应，平台媒体的共生还表现为技术生态系、商业生态系和文化生态系的杂糅、渗透，通过"技术—经济""技术—文化""经济—社会"等不同属性的影响范式之间的振荡和共鸣，实现整个价值生态系统的增值。

所谓"学习"，指在线社会信息传播系统的自我改进与提高过程。作为一个人—机协同系统，其"学习"也有人和机器两个方面的学习。一方面，人的学习，即在线社会信息传播系统的参与主体的学习行为。通过参与者的学习，能够获得知识和技能、改善方法和途径、提升认知和思维，从而为在线社会信息传播系统的持续演化提供良好的人力资本价值准备。另一方面，作为在线社会信息传播系统演化的基础设施的数字化技术也正经历着被称为"人工智能浪潮"的持续学习行为，主要表现为现阶段占据主导地位的机器学习和更高阶段代表未来发展方向的深度学习。作为人工智能程序自身进行学习的机理[1]，机器学习一般被定义为一个系统自我改进的过程，它所关注的是计算机程序如何随着经验积累自动提高性能[2]。而深度学习则极大地突破了机器学习对人为特征量设计的依赖。深度学习以数据为基础，由计算机自动生成特征量。它不需要由人来设计特征量，而是由计算机自动获取高层特征量[3]。无论是机器学习还是深度学习，都保留着神经网络连接的精髓：非线性、分布式、自适应和自组织。而这些也恰恰构成了平台媒体的演化模式。在科学技术高速发展、社会环境瞬息万变的今天，学习的重要性空前凸显。对于平台媒体来说，学习DNA衍化出了允许试错、自主创生、持续迭代等运作机制，使之能够在未来的演化过程中通过人工智能学习，完成参与者对智能化媒体乃至智慧化媒体的价值加载。

所谓"颠覆"，是指在线社会信息传播系统演化的基本方式是具有新的系统功能的平台形成之后不仅替代旧的平台，而且将导致旧平台及其生态系统的全面崩溃。"颠覆"有三层内涵：一是新系统对旧系统的包围与覆盖；二是新技术体对传统技术体的更新与颠覆；三是市场环境的颠覆与重构。在整体的传媒演进过程中，从第一代互联网的商用，到传统媒体介质的上线从移动互联网的生成，再到社交媒介的崛起，以及算法媒体全面

---

① ［日］松尾丰：《人工智能狂潮：机器人会超越人类吗？》，机械工业出版社2016年版，第85页。

② ［美］汤姆·M.米歇尔：《机器学习》，机械工业出版社2003年版，第1页。

③ ［日］松尾丰：《人工智能狂潮：机器人会超越人类吗？》，机械工业出版社2016年版，第110页。

重构社交媒介，再到今天的智能媒介系统大行其道，新兴的媒介系统总是在包围覆盖旧的媒介系统功能与结构的过程中形成新的社会信息传播系统。后起的媒介系统总是在颠覆着既有的传媒系统。形成这种特质的根源在于新的传媒技术体对旧的技术体的全面更新，也即传媒技术体的进化。从传媒技术进化的层面看，尽管组合进化（之前的技术形式被作为现在原创技术的成分，新的技术成为建构更新技术的可能元素）的机制在发生作用，但"技术的建构不仅来自已有技术的组合，还来自对于自然现象的捕捉和征服"①。从这个意义上说，技术是被捕获并加以利用的现象的集合，是对已有现象的有目的的编程。作为有目的的系统，单个的技术聚集基于功能而成为技术集群。"某种具有共性的外在形式，或者是可以使共同工作成为可能而共同固有的能力，可以定义为一个技术集群。对于这种集群或技术体，我们称之为域。"② 一个域可能由任意一个不同要素构成，从中可以产生设备和方法的集群，以及产生这些设备和方法所必需的实践、知识、组合规则及思维方式的集合。技术域的选择过程，即域定（Domaining）。技术的进化即是一个不断域定、重新域定的过程。"重新域定是指以一套不同的内容来表达既定的目的。重新域定不仅提供了一套新的、更有效的实现目的的方法，还提供了新的可能性。这意味着技术的颠覆性改变。"③ 不仅如此，重新域定提供的新的可能性，还可能定义一个时期的风格、定义一个新时代的边界。因为"一个域就相当于一种语言，当某个域在产生一种新的艺术品时，就相当于在以某种语言进行表达"④。技术域语言自身的语法规则成为市场环境颠覆与重构的基石。事实上，在智能技术体重构社会生活的今天，指数级增长的新规则正在生成。"新与旧之

---

① ［美］布莱恩·阿瑟：《技术的本质》，曹东溟、王健译，浙江人民出版社 2014 年版，第 17—18 页。

② ［美］布莱恩·阿瑟：《技术的本质》，曹东溟、王健译，浙江人民出版社 2014 年版，第 76 页。

③ ［美］布莱恩·阿瑟：《技术的本质》，曹东溟、王健译，浙江人民出版社 2014 年版，第 79 页。

④ ［美］布莱恩·阿瑟：《技术的本质》，曹东溟、王健译，浙江人民出版社 2014 年版，第 83 页。

间不可避免的矛盾，可以用数字世界的第三个定律来解释：颠覆定律。它的含义是科技呈指数级增长，但社会、经济和法律制度却在逐渐变化。新世界逐渐领先于旧世界，社会制度必定崩溃。因此，为了更好地适应已经翻天覆地的新世界，只能彻底改造各种社会制度。"① 颠覆定律所表述的至少涉及私人生活、公共生活、信息生活的三重颠覆，即以市场为导向解决新旧两个世界的冲突、承认隐私权并建立隐私市场、制定数字公民自由权的私人生活的颠覆，支持公共设施的建设但不要过度控制、数字商业法规替代传统法规、发展技术防止犯罪的公共生活的颠覆，版权领域重置信息制作者与用户之间微妙的平衡关系、专利权设置保护发明者而不扼杀竞争、开放源代码的信息生活的颠覆。

开放、学习、共生、颠覆四个基因作为传媒进化的基本单元，对传媒编程组合，而形成无数的具体应用。

本书所强调的数字报纸2.0则仅仅是在线社会信息传播系统的初级形态。这一形态的形成有赖于传媒资源的线上聚集与整合，也即"互联网企业办报"。从过去的"报纸办互联网"升级为"互联网企业办报"不是一个简单的转型，而是报业在互联网线上的转型。"互联网企业办报"形成的"互联网＋报纸"的数字报纸新业态，实现了以用户为中心、以互联网为基础平台的"化蛹成蝶"的传媒重构。在传媒产业实践中，事实上一些取得了初步成效的传媒企业正在构建在线社会信息传播系统。

例如，2015年以来，上海报业集团调整了发展战略，要把传统报纸的品牌、理念、团队等生产要素从"纸"的载体向互联网和移动互联网的平台转移、延续，实施互联网化，追求互联网产品＋互联网机制＋互联网环境的"三位一体"。从互联网化的"三位一体"的角度来看，作为互联网企业的上报集团，"经过四年多发展……集团若干深层次问题仍未得到根本性解决，突出表现为'四个缺乏'：缺乏在影响力、体量上能够真正与商业性新闻客户端相抗衡的平台级项目；缺乏以大数据、云计算、机器

---

① ［美］拉里·唐斯：《颠覆定律》，刘睿译，浙江人民出版社2014年版，第14页。

学习、个性化推荐等互联网技术为驱动的项目；缺乏具有服务性、贴近性、及时性、互动性，将内容传播与社交、服务相融合的社交媒体平台项目；缺乏能够摆脱以广告为唯一收入来源的，具备新的成熟商业模式，能够通过嫁接媒体资源做到行业领先的细分领域产品”①。这是因为在线社会信息传播系统与过去的数字报业 1.0 比较起来，具有迥然不同的如下四个特征。

第一，全面融入互联网。

报纸不只是从内容、渠道、经营、管理、平台融入互联网，而且是企业的思维、操作系统等全面融入互联网。全面融入互联网，企业必须实现从报纸思维向互联网思维的变革。报纸思维是一种与工业时代密切关联的引导大众、教育大众的精英思维，但互联网思维则是一种大互联时代的“群众是真正英雄”的用户思维、草根思维。而在线社会信息传播系统是“互联网＋报纸”的新型业态，以互联网为基础设施和操作系统，重组包括报纸在内的传媒资源，实现传媒与网生代等年轻主流群体的有效连接。因此，“互联网＋”不能“＋”传统报纸思维，也不能“＋”自娱自乐的传统媒体的既得利益，也不能“＋”以报纸为中心的改版求变。互联网思维将成为数字报业 2.0 新常态的基础思考方式，互联网逻辑将成为数字报业 2.0 的操作系统。如何将思维方式、操作系统从工业时代迁移到大互联网时代，这是一大批资深报人和报纸经营者迫切需要解决的问题。全面融入互联网，是要把传统报纸的品牌、理念、团队等生产要素，从“纸”的载体向互联网和移动互联网平台转移、延续，因而具体产品形态的“去纸化”不可逆转。新的平台媒介不可能再以纸媒作为主体产品形态。在实际的传媒接触过程中，可能还会有部分 50 后、60 后用户，因其数字媒介素养的制约而钟情于纸质产品。新的平台媒介可以针对这部分老龄用户的需要生产一定数量的纸媒产品，但“去纸化”的总体趋势不会改变。事实

---

① 裴新：《潮来潮往，皆为光辉岁月》，搜狐财经，http：∥www.sohu.com/a/224570018_179501。

上，近年来大潮涌动的"内容创业"，在一定意义上也可以解读为以传统报人为代表的部分传媒人全面融入互联网，探索新的内容媒体。无论是徐达内的新榜、邱兵的"梨视频"，还是咪蒙、星空天文网、papi酱、石榴婆报告等，都在全面融入互联网方面具有一定的成长性。"内容创业将更欣欣向荣，因为这是通向新媒体世界的最快捷、便宜的通道，并为新媒体食物链提供最底层、最不可或缺的廉价（甚至免费）营养基。"①

第二，用户驱动发展。

在线社会信息传播系统的动力系统是用户驱动发展和创新。所谓用户驱动发展有多层含义。一是以用户为中心，聚集海量用户。这是互联网"核岛"。作为社会信息传播系统，满足用户的横向沟通社会信息需要，是传媒的首要功能。社会信息传播系统与传统媒体的区别首先是它以用户为中心，以用户需要为第一驱动力。系统的数据能量来源于由规模用户形成的互联网核岛。媒体平台能量的聚合、裂变与释放，需要海量用户的聚集。在线社会信息传播系统要通过各种互联网应用，做大用户规模，开发用户数据，精准捕捉用户需要。二是以用户为中心，实施媒介产品的创意、开发、推广，拓展用户体验。用户思维不仅仅要体现在传媒平台的品牌层面，还要体现在媒介的市场定位、品牌规划、产品研发、生产销售、售后服务、组织设计等各个环节。用户体验是媒介用户在接触一个产品时的感知、分享、评论、情感与期望的总和。"你关心的才是头条"的今日头条是典型的用户需要驱动的新型媒介。三是将众筹模式升级，构建将UGC（用户生产内容）兼容、转化的生产机制。用户参与，筹人、筹智、筹创、筹品、筹道、筹钱、筹资源、筹未来，这是用户驱动的重要方面。今天的传媒用户不仅具有社交化、本地化、移动化、个性化特点，而且是生产消费者，如《赫芬顿邮报》就开创了一种生产者与消费者之间的"共享事业"，兼容用户生产的内容是其核心。将分散的、多元的用户生产内

---

① 杰罗姆：《从内容生产、内容平台再到算法，一文看清新媒体"食物链"》，钛媒体，http：//www.tmtpost.com/。

容包装、聚合导入专业的产品框架，集结到关系媒体、内容媒体、服务媒体等不同序列，输出到各个终端。这将是升级媒介产品众筹模式的关键。

第三，参与构建新型平台媒体。

数字报业2.0的构建，需要传统报业颠覆自我，脱胎换骨，化蛹成蝶。经历过思维重组、市场重定、组织重构、产品转型的报业，将逐步成为互联网企业的一部分，与互联网企业其他业务模块一起，在互联网这个高效的自组织平台上重新定位为一个组织者，构建互联网新型平台媒体。"平台型媒体（Platisher）"是指既拥有媒体的专业编辑权威性，又拥有面向用户的平台所特有的开放性的数字内容实体。平台型媒体是互联网平台与媒体双向融合、双向进入的产物。互联网平台在寻求机遇进入媒体，媒体也在伺机进入互联网生态圈。互联网公司构建流量基础的需要，恰恰为传统媒体的融合提供了巨大的机遇。"驱使这种双向互动的一个更为重要的原因是快速变化的内容分发与广告收入结构。在移动互联时代，要把程序化的广告投放与手机小小的屏幕有机结合起来，需要巨大的流量基础，需要优质的广告载体，而广告的载体只能是内容，无论是传统的旗帜广告还是原生广告，都必须附着于多姿多彩的内容。平台型媒体恰好满足了对于巨大流量和优质内容这两个方面的需求。"百度百家就是平台型媒体之一。百度百家作为用户生成内容的 UGC 平台媒体，体现出众包机制与编辑"把关"的良好结合。作为一个内容出版平台，百度百家组织千百万用户生产、上传内容产品，向所有的内容提供者、服务者开放，但其内容生产除了合法外，还必须符合平台的标准，取得准入资格。"平台型媒体"的本质是一个开放性、社会性的服务平台，也正是目前互联网领域探索的重要走向。"平台型媒体"构建的关键词是双向进入，开放、激活、整合和服务。以此为基础，它可以让所有个体或组织在上面找到自己的通道，找到能够激发自己活力的资源，这是平台的基本特征。只有在互联网新型平台媒介上，数字报业2.0才可能"生产出让用户离不开的、改变生活方式的优秀互联网产品"。

第四，重新定义企业合作伙伴，构建新的协同经营模式。

传媒业的经营环境已发生巨大变化，传媒广告也正在被颠覆。尤其是电子商务和企业自媒体的不断发展，已经让曾经代表企业与用户沟通、消除信息不对称的传统广告业失去独立存在的价值。集成了品牌展示、公关客服、市场营销以及销售实现和物流交付为一体的电商模式，实现了广告、公关、销售的在线一体化，导致企业依托第三方代理人的营销传播需求极大地萎缩。与此同时，伴随企业自媒体平台的构建和不断发展，部分营销传播和品牌社交需求可以自我满足，无须通过专业代理机构来完成。因此，独立形态的广告和公关的存在不断被颠覆。这必然导致传统报纸所赖以生存的"双重出售"逻辑被逐步颠覆。因此，数字报业 2.0 必须在新的互联网平台上，重新定义企业合作伙伴，寻求新的良性经营模式。互联网逻辑的核心是以开放合作的精神扩大链接，构建自己的平台生态圈。新的平台媒体的经营重点将转化为对于能够与平台实现融合的产业资源的开放、服务与整合。这些产业资源当然也是数字报业 2.0 平台开放合作的领域。在相互合作开放的基础上，基于用户、内容、关系、场景数据挖掘与分析，实施个性化营销，将是构建新的经营模式的关键。数字报业 2.0 平台有三大重要特征：一是实现全天候多终端覆盖，不间断提供相应的信息服务；二是从传统的资讯服务拓展到生活方式服务；三是从大众营销转化为精准服务。因此，付费服务、在线交易、交互广告、社区服务（O2O）等不同方面，可能是新型平台媒体探索赢利模式的几个重要支点。

显然，具有这些"特征"的在线社会信息传播系统，不再是报业简单的"转型"，而是报业颠覆性转型。用户战略与平台化战略是构建在线社会信息传播系统、促进报业转型实现产业更新的支撑战略对策。

第二节 用户战略

在线社会信息传播系统的用户战略强调的是以用户为中心、用户驱动传媒发展的战略选择。用户战略及其实施涉及三个核心要点：构建互联网核岛，形成规模用户；以用户需求为中心，进行产品设计；根据用户需求的变化趋势，提供在线社会信息传播的"解决方案"。

一、构建互联网核岛

梅特卡夫定律（Metcalfe's Law）认为，网络的价值等于网络节点数的平方，网络价值与互联网用户数的平方成正比。互联网规模用户群被喻为"互联网核岛"，是因为海量用户群将为平台生态圈中的多边市场提供源源不断的需求和平台驱动力。聚合海量用户是构建平台内生驱动力的关键。无论中外，已建成的互联网生态圈都具有海量用户群体。腾讯、百度、阿里巴巴、谷歌、Facebook等均拥有数以亿计的海量用户群体，成为它们市场竞争的利器。如果平台用户达不到临界规模，可能导致平台无法生存。因此，平台的基本价值支点形成以后，依托价值支点的优势，短期内快速聚集规模用户，达到临界点，进而实现用户规模快速增长，并不断超过临界容量，形成大规模海量用户，才能构建平台企业的市场话语权。"平台企业本身话语权的提升常常取决于其能否使一方群体吸引到一定规模的另一方群体；能否为特定用户提供好的赢利机会，以鼓励用户参与。"① 构建互联网核岛，以便"挟用户以令诸侯"，这是平台经营的"秘诀"之一。如何构筑规模用户群体，形成互联网核岛？

（一）洞察用户需要，凭借平台的分享与服务优势免费聚集用户

创造用户想要的、记住用户曾经的偏好、猜想用户的偏好、改变用户的偏好等都是平台媒体聚集用户的利器。这是互联网平台构建其规模用户的"常规武器"。例如，亚马逊的日常运营目标只有一个，即做顾客最满意的公司。因此，他们致力于吸引用户、娇惯用户、留住用户、扩大用户。2007年，亚马逊的CEO贝佐斯访问中国。亚马逊中国做了很多准备以应对他的提问。结果，他只问了一个问题："中国的顾客对亚马逊中国满意吗？"而关于企业的增长速度、利润率或者销售额的问题，他一个也

---

① 陈威如、余卓轩：《平台战略》，中信出版社2013年版，第105页。

没有问。贝佐斯深谙互联网平台经营之道。再如，360 公司开创的免费杀毒和免费安全模式是一次"从 0 到 1"的实验，搅动了整个互联网安全行业，同时也完成了公司互联网核岛"从 0 到 1"的构建。虽然今天 360 公司已经成长为中国互联网产业中的"三巨头"和"两兄弟"之一，但实际上几年前它就形成了规模巨大的用户群，成为中国网络安全领域的领导者企业。资料表明，截止到 2012 年底，360 产品和服务的月度活跃用户人数为 4.56 亿，创下历史最高纪录；360 产品的用户渗透率为 96.5%，其中移动安全产品的智能手机用户总数约为 2.07 亿；安全浏览器的月度活跃用户人数为 3.10 亿，也创下历史最高纪录。

（二）创造引爆点，聚集用户资源

创造互联网传播的引爆点，是聚集海量用户和注意力资源的有效策略之一。用户"引爆点"实质是产品的功能触及互联网用户的"痛点"形成价值锚。价值锚就是用户理性的强价值点。心理学上有一个词"沉锚效应"，人在对某种人、某种事作判断的时候，易受到第一印象或第一信息支配，就像沉入海底的锚一样把人们的观念死死固定在某处。精准的价值锚能够把传媒产品的核心价值呈现出来，在特定的时点上引发"流量爆发"。例如，现实生活中的"11 月 11 日"，因这个日期里有四个阿拉伯数字"1"，形似四根光滑的棍子，好似"光棍"（单身人士），便被定为"光棍节"。而阿里巴巴的淘宝平台从 2009 年开始，瞄准"光棍"和"脱单"者，设定"双十一"为网络购物狂欢节，现在已经成为周期性网民狂欢的消费年度引爆点之一。一些优质"爆品"更能引发"流量革命"。自 2015 年 2 月 28 日 8 点上线以后，《穹顶之下》持续刷屏，瞬间聚合了巨量的注意力资源，形成了移动在线的"柴静现象"。仅仅在《穹顶之下》发布 12 个小时后，其点击量已经突破了 600 万次，评论超过 1.2 万条，并以每小时新播 50 万次的播放量迅速增长，创下严肃题材公益类长视频播出的新纪录。而截至当年 3 月 2 日上午 9 点 30 分，《穹顶之下》在国内各大视频网站的总播放量接近 2 亿次。

（三）平台重组整合、迁移用户资源

在整体的升级转型过程中，依托核心平台，整合、转化媒体的用户资源，将媒体所拥有的现实的和可能的、线上的和线下的、主业的和产业的用户互联互通，形成规模用户互联网核岛。例如，浙报集团自从 2013 年重新定位为"枢纽型互联网媒介集团"以后，重构新闻传媒、资讯服务、互动娱乐、O2O 商业服务四大产品线，自主建设和投资并购并举，做大用户规模。该集团 2014 年的用户规模大约 1500 万，2015 年的用户规模即突破 5000 万。

（四）嵌入巨型平台，依靠平台导流用户

这也是目前一大批由传统媒体主办或参办的新型媒介平台构建互联网核岛的策略。这一策略的实施关键在于将媒体平台嵌入拥有海量用户的互联网生态圈，成为巨型平台的主体之一，对接举行平台的互联网核岛，共享用户数据能量，如澎湃、并读、封面、界面等依托百度导流，"腾讯大×网"依托腾讯导流等。

二、以用户为中心进行产品生产

以用户为中心就是在线社会信息传播系统的产品和应用模式在设计中，把用户的需求和感受放在首位，将用户需要的满足作为产品设计的出发点、功能重点、核心需求。实现以用户为中心进行在线社会信息传播系统的产品设计有三大关键：一是需要将用户思维贯穿在传媒产品的创意、开发、推广各个环节，拓展用户体验；二是将内容众筹模式升级，构建将 UGC（用户生产内容）兼容、转化的生产机制；三是构建有效产品推荐机制。

将用户思维贯穿在传媒产品的创意、开发、推广各个环节，拓展用户体验，这是有效运用互联网核岛数据、形成传媒影响力的关键。用户思维的核心是用户体验，用户体验的核心则是用户需求。2017 年上半年在湖南卫视热播的电视剧《人民的名义》能够吸引从 20 世纪 40 年代到 21 世纪 00 年代出生的若干世代用户的注意力，关键在于它洞察了国人的共同需要，营造出了"跨世代"的独特用户体验。在媒介产品的创意阶段，既要紧紧抓住用户标签，更要找到用户需求的关键点。根据用户数据形成的目标用户群画像是传媒进行产品决策的起点。基于画像标签和高度精炼的特征标识，以目标用户最关心的"热点""难点""痛点""兴奋点"，以及用户没有意识到但涉及用户生存和发展核心利益的"冰点""黑点"作为形成媒介产品的创意来源和创想方案。在产品的开发阶段，关键是根据目标用户的媒介使用习惯和使用场景，开发出能够将用户体验与互联网平台及其内容有机统一的优质产品。这里的"统一"涉及两个层面：一是互联网平台层次的统一，二是具体内容产品层次的统一。就互联网平台层次，需要注意平台的五个要素与用户体验从内而外、从概念框架到界面视觉与用户实际体验的统一。在战略层，需要确定平台产品的范围，表明产品的目标，需要重点关注用户需求和产品目标，统一于"有没有好的产品"；在范围层，确定平台产品的特性和功能，主要关注功能组合和内容需求，统一于"产品能不能用"；在结构层，设计用户如何到达某个页面，主要关注信息架构和交互设计，统一于"产品好不好用"；在框架层，优化设计布局，使文字、图片、表格等元素达到最经济，主要关注信息设计和界面设计，统一于"产品用得好不好"；在表现层，界面设计功能及其呈现，主要关注是听觉设计，统一于"产品是否美观"。就内容产品层面的统一，主要谋求内容产品的五个层次与目标用户体验的满足。在核心利益层次，充分揭示产品与用户需求的契合度，高强度黏着用户；在有形产品层次，需要以用户的视角揭示产品的核心利益点，增强内容的吸引力、阅读的便捷性和愉悦性；在期望产品层次，让用户产生"解渴""管用""直击痛点"的极度满足感；在附加产品层次，需要突显用户的分享、评论、参与制作，提升用户的参与感；在潜在产品层次，需要挖掘用户的行为和需求，尽可能提供个性化服务的满足。

将内容众筹模式升级，构建能够将 UGC（用户生产内容）兼容、转化的生产机制，这是个人节点化的今天形成内容生产创新模式的关键点之一。UGC 既可以理解为用户创造的静态网络信息资源，也可以理解为用户生成创作的动态行为模式，还可以从生态层面诠释为一种秩序，这种秩序与用户群、社会网络、传播渠道、网络/虚拟社区密不可分。[①] 它充分体现出个人节点化的时代精神，每个用户都有潜力贡献出有价值的社会信息，且赋予了有机会接触网络的人自我表达的话语权。无论是娱乐型、社交型，还是商业型、兴趣型、舆论型的用户生成的内容，可能涉及活跃的创作者、评论者、收集者、观察者等用户的不同方式、不同程度的参与。正是他们的积极参与，形成了以开放、对等、共享及全球运作四个新法则作为基础的新兴模式，形成了开放式协作内容生产活动。将内容众筹模式升级，构建能够将用户生产内容兼容、转化的生产机制，就需要形成开放协作内容生产机制。这个机制有三个特点：一是形成开放、对等、共享、连接松散的虚拟组织，该社区的目标是生产社会信息类产品；二是社区协同创作过程体现为用户的多样性、内容更新快、系统开放性，其创作过程、用户反馈、质量评价同步进行；三是协作活动本身由生产子系统、消费子系统、交流子系统、协作子系统等构成。[②] 例如，今天作为传统媒体人转型的内容创业标杆的"梨视频"，就构建了自己的虚拟社区资讯短视频开放协作内容生产机制。梨视频不再沿袭媒体机构熟悉的资讯观和方法论，转而去关注那些能在社交平台上引发现象级讨论的话题或故事。在梨视频的战略布局中，拍客被视为近乎唯一的内容提供者。2017 年的目标是在现有 15000 名拍客的基础上扩充到 5 万人。与之配套的则是一套已经比较成熟的拍客运维系统和一个尚在研发的类似 UBER 的移动端 APP，将以此更大程度地激发拍客系统在内容供给上的势能。梨视频对 UGC 内容的要求与特点：选题判断上，重视那些能表现人性的复杂、能给人带来足够现场感、具有正向价值取向的内容；制作上，99.9％ 的视频控制在90 秒内，片头 7 秒迅速切入全片最精髓、背景优选、节奏感明亮的配乐，字幕简洁明了；叙事形态上，力求以故事的方式表达，反映人与人、人与

---

① 朱庆华、赵宇翔等：《新一代互联网环境下用户生成内容的研究与应用》，科学出版社2014 年版，第 6—7 页。

② 朱庆华、赵宇翔等：《新一代互联网环境下用户生成内容的研究与应用》，科学出版社2014 年版，第 86 页。

世界的关系，拒绝坐而论道式的说教。根据这样的要求，梨视频建立了全球拍客网络，设计了一套相对标准化的生产、包装、运营系统。该系统对拍客候选人设有一定的准入门槛；各辖区专设一两名专职运营人员协调拍客资源；入选的拍客还有定期的业务培训等。整体的运营系统重视与拍客之间的有效互动，不仅有拍客自发上传的内容，也有平台策划大型专题后向拍客征集的内容；从多个维度记录和分析拍客的相关数据指标，实现拍客运营的档案化；借助大数据技术，提升对拍客生态的运维效能。

构建有效的产品推荐机制。符合用户需要的产品，还需要与用户的媒介接触行为实现无缝对接，进入用户在线分享视野。尤其是在今天这个信息过载的时代，建立与用户需要连接的算法推荐机制非常必要。算法推荐系统通过对形成与用户当前需要关联而用户不熟悉的新产品进行指引，而解决信息超载问题。对于用户清晰表达的请求，根据不同推荐方法和用户所处的环境及其需求，推荐系统利用存储在自定义数据库的关于用户、物品、历史交易数据和各种类型的其他知识，产生推荐内容。然后，推荐内容被推送到用户浏览界面，以供浏览和反馈。用户行为及其反馈数据，则被储存进入推荐数据库。根据目前的推荐技术，在线社会信息传播系统的算法推荐系统的具体推荐方法可能多种多样。可以基于内容（系统为用户推荐与他过去的兴趣类似的物品），可以基于协同过滤（找到与用户有相同品味、相似偏好的用户，然后将相似用户过去喜欢的物品推荐给用户），可以基于人口统计学（推荐系统推荐物品时是根据人口统计信息的静态数据），可以基于知识（根据特定的领域知识推荐物品，这些知识是关于如何确定物品的哪些特征能够满足用户需要和偏好，以及最终如何确定物品对用户有用），可以基于社区（依赖用户的在线社会关系和朋友的偏好等信息建模，实施社会化推荐），也可以是混合推荐系统（推荐系统综合了上面提到的技术）。[①] 但不管哪一类推荐方法和技术，也不管用户位于 PC

---

① ［美］弗朗西斯科·里奇、利奥·罗卡奇等：《推荐系统：技术、评估及高效算法》，李艳民、胡聪等译，机械工业出版社 2016 年版，第 8—9 页。

端、移动端的传媒环境，有效的产品推荐机制都需要系统与用户的需求做到适时、适地、适景的精准连接。

三、根据用户需要的变化趋势，提供在线社会信息传播的"解决方案"

在与互联网互动互构的过程中，用户的需要也在不断地变化。"随着每年互联网应用的变化，可以看出用户需求的变化。（1）信息：用户获取信息的需求越来越快。（2）关系：微博、微信等应用，用户的关系越来越真实、紧密。（3）内容：从文字图片到视频，内容形式多媒体化。（4）功能：互联网越来越实用，无障碍渗透于日常生活，出现各种上门、各种智能硬件。"[①] 因此，这需要传媒公司不断适应用户需要的变化，实现以用户为中心的管理，不断为用户提供在线社会信息传播的"解决方案"。

所谓以用户为中心的管理，就是树立用户至上的理念，打造最具易用性的数字化社会信息及服务产品，能够通过不断改进或灵感闪现，实现用户目的、企业目标和技术可行性之间的平衡。同心圆组织、可抛式技术、TCPF策略等是实现用户中心型管理、推进用户战略的非常重要的具体策略。

同心圆组织策略强调的是在线社会信息传播系统的内容生产机构要打造同心圆组织，在机构范围内实现数字业务的核心化管理。通过数字途径交流沟通是公司在未来商务环境中制胜的法宝。打造同心圆组织，即组建一支数字核心团队，构建一个覆盖全公司的、易于使用的数字架构，为公司包上一个与用户互动的软件层，这是实施用户战略的关键。在这种同心圆的组织架构里，才能呈现出在线社会信息传播系统的三个重要特性。第一，新闻从业者转型为"产品经理"。"产品总监"或"产品经理"已经成了在线社会信息传播系统相较于传统媒体新设立的基本岗位。新闻从业者转型为"产品经理"，不仅仅是职位名称的变化，而且意味着很多新闻从

[①] 郝志中：《用户力》，机械工业出版社2016年版，第11页。

业者的工作重心从专注内容生产调整为更加专注市场拓展和用户维护，更加注重研究内容产生的市场价值。第二，强调"用户驱动"的生产原则。既然是产品，用户是使用者和消费者合一，用户体验和共同参与生产成为移动互联媒体产品开发和制作的重要环节。互联网时代的信息产品，不仅需要写作、需要编辑，还需要运营。吸引用户参与、贡献内容、加强黏性、实现围绕新闻内容的弱社交，就是信息运营的实质。第三，走向超高细分内容订制。①

可抛式技术策略，即采用灵活技术以应对实时变化的需求。用户和公司需求变化迅速，公司必须学会轻装上阵，采用高度灵活、能够迅速调整甚至摒弃的技术，这样才能跟上需求的变化，跟上时代的潮流。那种需要一大批编程人员打造大型笨重的系统的做法，显然已经过时了。在线社会信息传播系统同样需要吸收和运用这样的技术，一些成功的互联网媒体已经表现出这样的特点。在互联网思维的土壤中成长的《赫芬顿邮报》是当今世界最为知名的网络原生报，据互联网流量统计机构 ComScore 的数据显示，早在 2011 年 5 月，《赫芬顿邮报》网站的月独立访问用户数量为 3560 万，而具有百年历史的《纽约时报》的网站当月独立访问用户数量为 3360 万。这是《赫芬顿邮报》网站流量首次超过《纽约时报》网站，被新闻业界称为"用 6 年战胜 100 年"。它成功的秘诀之一即是自己的核心团队专注于对信息用户需求的挖掘，掌握好新闻产品的生产方向，而对传统媒体的主要职责内容生产采取"抛弃"的策略，通过众包将新闻生产与传播都让渡出去来实现新闻真正丰富、优质的生产和高效的传播，这样的策略也保证了《赫芬顿邮报》的应变灵活。最初，其创始人阿里安娜·赫芬顿邀请了一些美国文化界的著名人士来网站开博客，如曾获普利策奖的历史学家小阿瑟·施莱辛格、名主播沃尔特·克朗凯特、著名记者诺曼·梅勒等人，名人的多元化身份也确立了《赫芬顿邮报》相对公正和

---

① 林晖：《从"新闻人"到"产品经理"，从"受众中心"到"用户驱动"：网络时代的媒体转型与"大众新闻"危机——兼谈财经新闻教育改革》，《新闻大学》2015 年第 2 期。

多元的价值观和立场；紧接着吸引了一大批高质量的博主，现在《赫芬顿邮报》有 3000 多位优质的博主源源不断地生产优质内容；《赫芬顿邮报》还采取聚合新闻的方式来整合新闻，打造"新闻中的新闻"，实现聚合发布。[①]

TCPF 策略。互联网用户的需要典型地体现为"更便捷、更快、更好玩、更多"，互联网产品不仅仅满足用户的需求，而是更好地满足用户的需求。用户在决定何时、何地选择产品和服务时，会权衡四个要素：信誉（Trust）、便利度（Convenience）、价格（Price）、趣味性（Fun）。信誉是企业在长期经营的过程中给用户的一种信心与保障，一贯高质量的产品和服务是其建立的基础。信誉一旦建立，这笔无形资产将给企业的发展带来便利。在线社会信息传播系统之所以能实现转型，很重要的基础便是作为转型前身的传统媒体长期积累的信誉。南方报系的前掌门人范以锦认为：传统媒体转型成功必须将自身打造成品牌。在线社会信息传播系统在竞争激烈的市场环境中需更加注重信誉。声誉的建立可以通过媒体社会责任的体现与专业、贴心的信息服务来实现。便利度前文已经详细阐释，移动化、全天候、友好呈现、全方位已较好地提升了接受在线社会信息传播系统产品与服务的便利度，以后将依据用户习惯的变化与媒介科技的发展，随时采取措施来保障便利度。价格要素的实质是新型报业的赢利模式问题，是新型报业能否成功的关键因素。在中国互联网免费思维盛行的情况下，要实现提升用户体验（内容免费）与自身利益的兼顾是艰难的，很多传统媒体之所以转型失败就是因为在两者间顾此失彼。从中国报业转型的情况来看，大多数还尚未解决这一问题，上海报业集团和南方报业集团均未取得较好的市场效应，只有浙江报业集团一枝独秀。虽然这个问题一直困扰报业转型，但是在国外《纽约时报》《华尔街日报》付费墙的成功，在国内浙江报业集团的转型思路和经营方针都有值得其他媒体转型借鉴的

---

① 郭全中：《〈赫芬顿邮报〉的启示：第一份互联网报纸如何打造》，新华网，http：//news. xinhuanet. com/newmedia/2013-09/10/c＿125360686. htm。

有益经验。趣味是生活在当下激烈与压抑的生活中不可缺少的调味品。以趣味为主打的娱乐行业现已成为产值与热度都甚高的行业。

第三节 平台化战略

实施用户战略打造的在线社会信息传播系统是一个平台媒体。实施平台化战略，打造互联网平台生态圈是其另一个重要的战略走向。平台化战略及其实施，需要从以下几个方面持续推进，即构建内容生产平台，形成连接用户的价值支点；整合产业资源，形成实现用户商业价值的产业平台；实施跨位战略，拓展产业平台；构建协同网络，完善互联网生态圈。

一、构建内容生产平台，形成连接用户的价值支点

实现用户与传媒产品的有效连接，必须形成能够充分满足用户需要、适配用户数据能量的价值支点。构建内容生产平台就是要形成传媒生态圈的核心价值支点。

为了充分满足互联网用户的社会信息传播与分享需要，内容生产平台的基本结构一般包括以下部分：

中央协作指挥平台。协调、整合集团媒介资源，统筹新闻和内容生产资源，建立融合架构的组织引擎和平台神经中枢。打破集团内部各个媒体采编系统相互独立的格局，形成大数据分析应用平台、全媒体内容生产平台、传统媒体和新媒体集约平台、数字娱乐出版平台等协调连通的指挥中心。

大数据分析应用平台。充分利用大数据分析手段，收集、存储、分析、处理集团资源，建立读者信息数据库、客户信息数据库、媒体资源数据库、产品数据库，建立文字数据库、图片数据库、音频数据库、影视数据库和其他分类数据库，构建数据挖掘、回归分析、类聚分析、情感分析的数据系统，为中央协作指挥平台、内容生产平台等提供支撑。不断提高数据加工、处理、分析能力，将数据和内容进行聚合、加工、再传播，既

为集团媒体和公司提供决策依据，又为其他产业或市场主体服务。

内容采编发布平台。依据"融合文化导向""重定向""链条＋平台"的原则，导入全媒体复合出版系统，构建全媒体采编平台：一是建立统一调度的多媒体采编平台，再造新闻线索获取、策划、采集、编审、发布、传播流程，建立集团采编信息汇聚分发通道，重构内容生产链条；二是优化原创互动系统，激活用户内容生产力，兼容用户内容生产，不断加强内部采编关系与外部用户关系网络建设，构建互动社交平台，实现新闻信息一次采集、多种生成、多元传播、立体覆盖和用户的适时消费。

移动媒体集约平台。适应移动互联网发展潮流，以 PC 网、移动网、"两微一端"等新媒体为基础，构建多介质统一的移动媒体集约平台。在统一规划、有序管理的基础上，大力发展手持终端、APP 产品、微信、微博、LED 屏联播网等，积极拓展手机平台、地铁平台等业务，升级开发移动客户端和移动增值服务。

数字娱乐出版平台。构建包括数字视听、网络游戏、网络文学、数字动漫和衍生数字出版物在内的数字娱乐出版平台，进军数字娱乐和数字出版市场，积极孵化高水平创业团队，开发具有市场价值的原创产品。利用股权投资或并购方式，引进数字娱乐产品开发团队，探索与电信运营商合作开发数字娱乐市场。

数据化、移动化、智能化的云技术平台。通过这样的技术平台，让所有的新闻线索、选题策划、传播效果、运营效果都有数据支撑。有了全网抓取的实时数据，全国各地发生的热点事件就能即时地图式呈现；传播效果评估、新媒体运营、新媒体追踪和用户画像，每篇稿件就有了实实在在的效果评估与反馈，媒体可以实时深度了解用户的阅读习惯和行为特征。让所有技术产品的所有功能都实现移动化，从内容分发、舆情监测、用户行为分析、可视化制作等一系列技术工具，前后方采编人员时刻在线连接，各终端渠道一体策划，逐步形成新媒体优先发布、报纸深度挖掘、全媒体覆盖的工作模式。内容生产平台还可以根据评论信息，对用户进行情感分析，得出用户对新闻的喜好，进行个性化推荐，从而实现精准推送和营销。

二、整合产业资源，构建产业平台

内容生产平台系统所沉淀的规模用户的商业价值，需要系统的产业资源系统来实现。产业平台是指能为这些集合或系统生产经营活动提供一定功能服务的开放共用系统的统称。在线社会信息传播系统的产业资源平台是一个以信息产业为核心的资源开放的产业平台。相对于传统信息生产和传播的封闭，平台化最大的特征即是开放。开放的产业平台，意味着平台允许从事信息生产、信息增值、信息咨询、电子商务、网络游戏、文化会展、影视生产、文化旅游推广等业务的企业自由进入，媒介产业要向平台协作相关方开放自己的资源，包括内容资源、用户资源、媒介资源等。这个平台是一个利益共享的平台。利益共享是平台经济基本的利益分配逻辑。传统工业化生产时代，企业靠对某项技术或产品的垄断来独占利益，对其他相关企业具有利益排他性，但是这种利益分配模式会由于企业的规模和资源有限，独占利益达到一定规模便到达瓶颈，甚至新技术的应用等因素引起产业变迁，企业可能因为垄断利润固守传统而有被淘汰的风险。当产业平台以利益共享为分配机制，平台相关各方都取得了协同发展的效果，整个行业景气程度高，创新能力强，这也从根本上增强了作为平台的企业规避风险的能力。这个平台还是一个协作的平台。平台上的工作以协作方式来完成，这种先进的工作方式会带来许多变化。首先，协作的各方在地位上是平等的，各方通过协商彻底打破了传统信息生产行业由一个媒介或企业完成整个信息的采集、处理、发布等各环节的工作流程，有利于企业从烦琐而复杂的全生产流程和环节中解放出来，只专注于某一个生产环节或内容，可以提高相应的专业水准和效益。其次，协作的各方地位平等，都基于自身的利益进行生产，因此更有利于企业发挥自己的主动精神。协作的组织模式可以更加有效地利用人的技能、天赋和智力，可以联合更多的外部力量形成集体能力，从而应对未来无限丰裕和复杂多变的碎片化环境所带来的挑战。最后，协作式组织模式意味着松散和自由，企业之间不再处于传统行业的关系紧密的产业链的不同位置，而是处于动态合作的网状结构中。

打造基于互联网的在线社会信息传播系统产业平台，需要采取如下对策。

（一）构建"1＋N"大产业平台

从经营层面看，需要采取"固本强基、拓宽思路、孵化创新、多元跨界"的产业发展路径，不断优化产业布局，以传媒主业为核心，促进信息服务产业、互动娱乐产业、大文化产业、泛文化产业等形成产业集聚效应，构建"1＋N"大产业平台，做大做实集团经济底盘。这里的"1"就是传媒主业，基于内容生产系统的各层次传媒公司。这里的"N"，即是多元跨界而形成的产业集群与生态圈。就中外传媒业的实践来看，需要着重构建五个产业集群，形成基于互联网＋的产业大平台，推动多元产业布局优化、规模扩大、效益提升。其一，文化相关产业集群。利用企业所拥有的土地资源、IP资源和产业基础，发挥企业文化创意人才密集、内容创业便捷的优势，整合资源，重点在文化创意、文化艺术、文化旅游、影视院线、数字出版、移动媒体等新兴产业和相关领域寻找机会，引进战略投资者，形成文化相关产业集群。其二，信息服务产业集群。将企业的大数据云平台、移动媒体平台等建成产品和服务最优、集群效应最好的大数据公司、云媒体企业，并以此为种子企业，以点带面、滚动发展；重点创设、打造"企业信息化解决方案服务商"系列企业，全力融入社会保障、健康医疗、优质教育、养老服务、就业服务、食药安全、公共安全、社区服务、家庭服务等"信息惠民"服务计划；物色成长性较好的互联网游戏、视音频、大数据、新型网站等新兴企业，采取风险投资、股权投资或并购重组等方式，完善数字产业布局。其三，文化"走出去"产业集群。鼓励企业拥有的品牌媒体"走出去"，在境外及国内的珠三角、长三角、京津冀等地积极拓展；推进相关文化企业、新媒体企业拓展目标市场，整合、吸纳、开发媒体产业及其他产业资源；在目标市场实施"沉下去""社区化""智慧化"策略，打造社区网络媒体方阵和信息服务网络。其四，泛文化产业集群。继续巩固企业在证券、金融、房地产等领域的投资布局，在强调投资效率、投资回报和风险控制的基础上，科学论证与决策，积极稳妥地推进地产、金融、酒店、电商、物流、健康等产业项目，促进集团文化相关产业、信息服务产业与其他产业融合发展，加快构建集团泛文化产业集群。其五，拓展企业与国内外互联网平台、企业的合作。持续加强与国内主要媒体的新闻合作，重点推进与巨型数字媒介平台的战略合作，大力拓展与国内外有影响的各类企业、机构、市场中介合作，构建有利于核心产业链不断拓展的企业产业集群发展的生态圈。

（二）吸纳多重组织资源，构建产业技术支持系统

产业平台就像一个大市场，厂商、消费者都可以自由进入，并在这一场域按照市场规则进行商品生产和交换互动，但是这一市场需要具有吸引力才能聚集平台所需的各方，这种吸引力可被视为平台的组织资源。这一市场需要多重组织资源来形成。首先，硬件上，由企业发起形成的产业平台需要由数字技术来构建一个物理形态的平台，这个物理平台类似于市场交易的场地。诚然，其在网络世界中以虚拟的方式存在。这一物理平台的搭建需要众多数字技术——内容管理技术、搜索技术、数据库和内容挖掘技术、定位技术、智能信息处理技术，来支撑其"在合适的场合、合适的时间把合适的信息与其他服务传达给合适的人"功能的实现。这个平台以统一的信息分类标准、交换接口、传输协议以及元数据加工处理技术、智能信息处理技术等为基础，实现内部各业务板块之间资源共享和互联互通，支撑内容产品模块之间的快速组装和集成，还保障外部资源进行双向交互，与第三方内容生产商以及其他平台实现轻松对接，解决不同内容产品在不同生产平台、传输网络和信息终端的通用性和兼容性问题。① 其次，以新闻业和内容生产平台为根基的媒介产业平台的政策、内容、渠道、用户等资源也构成了产业平台的组织资源。从 20 世纪 70 年代末中国传媒开始"事业单位，企业化管理"的政策开始，中国传媒已经没有经济

---

① 谷虹：《全媒体转型必须以平台化再造为核心》，《媒体时代》2012 年第 4 期。

补贴，但是在政策上会有便利和倾斜，如允许和鼓励传媒成立各种形式的集团，并将其中的经营部分剥离，通过上市进行融资。因此，政策上的扶持与倾斜对那些民资企业来说，是以报业和媒介平台为根基的媒介产业平台最大的资源优势。再次，传统媒体新闻生产能力是其核心竞争力，可以与其他的信息生产商分享内容处理能力，多年积累和保存的新闻报道也是价值颇高的内容资源，可为其他内容生产提供重要素材。最后，互联网时代是一个用户至上的时代，媒介平台通过多年的经营已经聚集规模巨大的用户群体，有的是忠诚度甚高的用户。这是吸引平台协作企业的核心资源。

（三）构建企业家精神

通过系统化的创新，构建和实践企业家精神，激活和整合企业现有和潜在的所有资源，开展"创造性破坏"的管理创新，开拓自己的细分市场，明确市场定位，为报刊阅读者、使用者创造出独特的价值。只有这样，才能构建传媒经营生生不息的内在生命，才能促其脱胎换骨、化蛹成蝶，转型成为具有自我发展能力的市场主体，由过去的"他动机"变成"自动机"，甚至"永动机"。这里的核心是构建企业家精神。现代管理科学的"创新"者彼得·德鲁克在《创新与企业家精神》一书中系统地分析了市场经济体制中社会商业机构、公共服务机构等社会组织自主运行、独立发展的最重要的特质，积极应对社会的政治、经济、文化、技术等决定社会发展的核心要素的变化，对组织的资源进行整合重组，实现大幅度资源产出，开拓自己的新市场和顾客群体，为他们创造价值。德鲁克称之为"创新与企业家精神"。[①]

（四）构建资本运作平台

结合传媒产业进入资本运营新阶段的特点，着力构建资本平台，对接资本市场，推进投融资项目健康运转，确保平台宽广、融资有力、投资规

---

① 吕尚彬：《中国报业：市场与互联网视阈下的转型》，社会科学文献出版社 2014 年版，第 105—108 页。

范、资产增值，取得社会效益、经济效益双赢。其一，打造一流的资本运作平台。要充分发挥企业的产品优势、资源优势、品牌优势，在更广阔的范围寻找、链接有利于企业发展的各种资源资本，明确并理顺产权、资产关系，盘活存量资产，激活无形资产和品牌价值，着力构建以资本为纽带的母子公司体系，提高规模效益和市场竞争力。强力推动智能生产与推荐系统及其关联媒体机构等二级公司改制重组，并在资本市场挂牌上市。通过资本市场、借助资本手段激活企业产业群，构建由母公司、上市公司、产业基金等组成的运营平台。运用股份合作、股权投资、并购重组、培育上市、资产管理等办法，围绕文化传媒产业链、价值链，国际国内并举，用活资本杠杆，深化企业投融资的深度与广度，打造一流的资本运作平台。其二，不断拓宽投融资渠道。利用改革政策拓展融资空间，加快推进下属企业股份制改造和市场化运作。重视融资过程中自身体制机制的培育，通过优化内部环境吸引资本进入；混合运用股权融资和债权融资等多种直接融资工具，降低资金使用成本；发挥主流媒体的权威性和社会影响力等无形资产优势，谋求外部合作，提高外部资本利用效率。充分利用金融创新、互联网金融等手段，破解资金要素制约，优化资金来源结构，从自筹资金为主向市场融资转变，从善于利用传统投融资模式向综合利用各种现代金融工具转变，为产业平台发展提供持续的资本支持。其三，完善投融资管理体系。利用资本运作平台的力量，实现经营媒体向投资媒体转变，运用资本手段，大力实施跨行业、跨地区、跨所有制资源整合。针对母公司、上市公司、产业基金的不同属性和投资偏好，重点选择具有全国或区域市场、细分行业有明显优势且成长性好的文化传媒类企业进行战略投资，条件成熟时再实施并购改造。跟踪研究资本市场政策取向和发展趋势，并结合集团实际投资与集团发展战略相一致的信息服务、文化产业集群等，以及包括报纸、期刊、大数据平台、移动互联网、数字视听、数字娱乐、数字出版等在内的全媒体产业链，推动投资主体多元化。

三、实施跨位战略，拓展产业平台

跨位就是企业进军新的产业领域，从事本业以外的业务。根据跨位理论，该战略一般在企业面临困境或亟须发展壮大的情况下实施。前者是因为本行业所经营的产品已进入成熟期，甚至衰退期，需要寻求新的业务及其利润；后者往往是大型联合公司为获得更大发展，通过开发或收购进入新的有较高收益的行业。跨位一般通过内部开发和外部并购两条路径来实施，具体可以采取以下四种思路：一是关联性跨位，即向"上游"行业、"下游"行业或向其他相关配套领域延伸。二是补缺性跨位，即根据竞争对手或市场的变化寻找"市场空隙"，乘虚而入。这种空隙体现在产品质量、数量和功能上，推出时间、市场空间、应用范围、支付手段和对服务的需求上。三是创新性跨位，即可通过市场的改进、产品的改进或营销组合的改进等延长产品的生命周期。四是收购性跨位。大企业通过购买上市公司的股票或签订战略联盟合约实现跨位经营。

实施跨位战略，需要遵守的原则如下：

（一）利用自身的核心能力和优质资源进行跨界

自身的核心能力和优质资源是成功跨界、重构核心竞争力的基础。例如，浙报集团是我国报业转型过程中实施跨位战略的代表。2013年下半年，浙报传媒调整了战略思路，实施崭新的发展定位，要将浙报传媒建设成为国内一流的传媒集团和文化产业战略投资者，构建互联网枢纽型传媒集团。此后，它利用自身的核心能力和优质资源进行跨界，致力于实现"三个转变"，建设"四大产品线"，完成"三大工程"，推动互联网枢纽型传媒集团的转型升级。所谓"三个转变"，就是由报纸读者向多元用户转变，由大众化传播向分众化传播转变，由提供单一新闻资讯向以综合文化服务为主的互联网枢纽型传媒集团转变。通过这三个转变，初步确立互联网枢纽型平台的方向。所谓"四大产品线"，是指新闻传媒，即推进媒体集群建设，打造现代数字媒体产品矩阵，实现用户的全媒体覆盖，逐渐形成若干具有全国影响力的传媒新产品；资讯服务，即加快垂直性、专业性的资讯类媒体的科学合理布局，实现分众化的精准营销，如财经、体育、健康等；互动娱乐，即以边锋平台作为休闲、娱乐、游戏的核心平台，以资本为纽带，加快布局网络阅读、影视、动漫、游戏和视频项目，全力打造数字娱乐产业链；O2O商业服务，即突破传统媒体单一的广告赢利模式，探索符合互联网特质的新型传媒运营模式。为了回报公司的核心用户，O2O商业服务布局了社区电商、网络医院、网上挂号平台、远程会诊、数据库的建设，延伸发展养老产业。所谓"三大工程"，就是以下三个工程：⑴用户工程。自主建设和投资并购并举，发展一批集PC、移动、互联网电视三位一体的新媒体集群。⑵转型工程。重点推进传统媒体和新兴媒体的融合发展，开展边锋网络平台整合发展和创新提升，加快建设全媒体产品矩阵和地方生活门户；搭建社区电商平台，启动建设老年服务产业平台、美术产业平台和网络医院，推进地方文化产业布局和建设；着力推进数字体育发展项目、网络彩票项目等。⑶数字娱乐工程。提升和发展边锋休闲娱乐产业；加快布局影视、互联网视频和动漫产业；建设完整的数字娱乐产业链。

（二）文化产业将是传媒业跨位的重要领域

根据国家统计局颁布的新修订的《文化及相关产业分类（2012）》标准，文化及相关产业被分为10个大类，包括新闻出版服务、广播电视电影服务、文化艺术服务、文化信息传输服务、文化创意和设计服务、文化休闲娱乐服务、工艺美术品生产、文化产品的辅助生产、文化用品的生产、文化专业设备生产。文化产业可以为传媒业跨位提供巨大的施展空间。优质的印刷产业资源可用于数字出版；强大的融资能力、与演艺界良好的关系以及媒介推广和播出资源可迁移至市场前景广阔的影视行业；专业的信息处理能力、丰富的报道素材、庞大的用户群体可以用来开办特定行业的研究机构，为多方提供信息咨询服务，如南方报业成立的房地产研究院和汽车研究院；广告资源与用户资源联合利用，通过并购或者合作平移到包括网络游戏在内的文化休闲娱乐服务领域；报业通过报道对文化动态前沿和发展趋势的洞悉，可以用于工艺美术和文化用品的创意与生产。

（三）"互联网＋"是跨位战略的核心思维

在 2015 年的政府工作报告中，李克强提出制定"互联网＋"行动计划，推动移动互联网、云计算、大数据、物联网等与现代制造业结合，促进电子商务、工业互联网和互联网金融健康发展，引导互联网企业拓展国际市场。通过互联网＋来释放和提升传统行业的能量，利用包括大数据技术、云技术、物联网技术等互联网新技术更新适应市场的产品和服务、提升生产效率，如在传媒业跨位出版、研究院、电商甚至房地产等行业时，都可以通过大数据技术对市场状况、用户行为等展开细致的分析，使产品和服务更有针对性，避免盲目；互联网＋更重要的是用互联网思维来重塑生产和产品，互联网思维的核心是用户思维，因此传媒业在跨位的过程中应该摒弃报业本位的思维，以用户为中心打造产品和服务，注重提升用户体验。在跨位出版业时应该选择最受用户欢迎的作品；跨位研究院时，应该选择用户最关心的产品和议题进行分析、研究，在可视化呈现的过程中坚持对用户友好的原则，利用文字、视频、声音、图标等多媒体的方式呈现，并发布于不同的终端，增强用户获取的便利性；进军电商领域时，要根据用户的消费习惯推送个性化的商品和服务，完善售后反馈机制，通过与诸如社交平台的联合，为和消费者具有强人际关系的潜在用户提供信息。

四、构建协同网络，完善互联网生态圈

从工业时代到数据时代，基本逻辑、基本思想都在发生变化。工业时代要解决供给不足的问题，让大家都能用得起，所以它的核心是标准化。标准化才能流水线生产、实现大规模和低成本。随着中产阶级的扩大、消费需求的增加，再进一步扩大产能。其整个逻辑都是线性的，是以控制为核心的。工业时代精确的系统一定要有控制，失控就乱了，整个系统就会崩溃。到了互联网时代，一切以客户为中心，以 C 为中心，C2B 模式是一个基本变化。它强调个性化、差异化，强调的是价值而不是成本。由于供给过剩，商家必须强调给客户带来了什么额外价值，客户才会买单，因此

强调的是网络和社会化协同，是自组织生长。互联网时代是生态思路、网络思路、演化思路。

如果说内容生产系统为生态圈提供了基本的价值支点，那么产业大平台为生态圈提供了商业价网的核心结构块，多种市场主体的社会化协同网络，为生态圈系统提供了生生不息的市场能量，促进生态圈以协同为核心的不断演化。例如，阿里巴巴的淘宝是怎么变成平台的？不是淘宝去发展关系，而是大家之间发生关系。除了最开始的买家、卖家，绝大部分角色不是我们按计划写出来的。又如，从窄带到宽带之后，出现了模特需求，就有一批人变成了模特；随后有一部分没有货源的卖家提供运营服务，就出现了一个新的物种，叫代运营商。大家逐渐发现对快递服务的要求越来越高，于是几家快递公司都来自桐庐小镇。生态圈新物种是一个不断演化的过程，以协同为核心让整个网络不断扩张。

构建社会化协同网络的核心对策如下：

其一，确立内容生产平台在生态圈中的功能。以信息产品生产为核心的内容平台在整个生态圈提供全天候、多终端覆盖、不间断的互动社会信息服务；服务范围从核心的资讯服务拓展到生活方式服务；传播方式转化为多机构联合精准服务。新的媒介平台的核心逻辑是以开放合作的精神扩大连接，构建自己的生态圈，体现相应功能。新的平台媒体的经营重点，将转化为对能够与平台实现融合的产业资源的开放、服务与整合。这些产业资源当然也是社会信息传播平台开放合作的领域。在相互合作开放的基础上，基于用户、内容、关系、场景数据挖掘与分析，实施个性化营销，将是构建新的经营模式的关键。因此，基于自身的产业能力，报道资讯，挖掘事实，提供优质深度报道，向目标用户精准推送资讯和深度报道；向第三方开放，作为数字技术应用的平台，作为内容生产和发布内容的平台，作为用户获取个性化的全方位的生活服务信息的平台，这些便是其在生态圈中可实现的功能。功能实现就能通过付费服务、在线交易、交互广告、社区服务（O2O）等不同方面取得赢利。

其二，寻找新的利益相关者。媒介平台生态圈的相关利益者就是以用户为中心而吸纳整合的"智能生产与推荐"系统的协同者、产业平台的参与者、跨界经营的合作者、开放系统的参加者。意欲构建互联网报业的生态圈，需以互联网报业的功能为基准，便可以寻找完美匹配的利益相关者，也即合作伙伴。第一，技术公司。技术公司对于整个互联网产业的意义是决定性的。从技术史可以看出，基于 XHTML 语言的网站设计语言的 Web2.0 产生了博客（BLOG）、RSS、百科全书（Wiki）、网摘、社会网络（SNS）、P2P、即时信息（IM）等大量应用技术，每一项新的数字技术的发明都意味着一个新的产业的崛起。当前，大数据技术是对用户进行分析，实现精准推送的基础，也是处理大量素材、写作深度报道的技术基础；定位技术是基于用户位置实现全方位生活服务的基础；而云技术和数据库技术是构建互联网报纸平台的基础。虽然现在互联网报纸基本都设立自己的技术部门，但远不能替代与技术公司的合作，只能作为技术应用的维护以及简单应用的开放。究其原因，首先，与媒介产业相关的信息技术、数字技术等发展速度很快，这是研发能力强劲的专业技术公司才能实现的，报业自设技术部门并不具备先进技术的开发能力；其次，在平台型的生产模式下，利益共享的企业尽力避免全产业链的布局，而是各司其职，基于专长实现专门化与精细化的生产，报业的专长并不在技术开放，而在信息处理能力，最多可相应增强平台的管理和运营能力。第二，第三方应用开发公司。这是决定互联网报业平台影响力的重要因素。互联网报纸作为平台，可聚合包括开发新闻资讯服务、生活方式服务、游戏娱乐、音乐影视服务等应用的公司，作为赢利的来源以及黏合用户的力量。第三，用户。用户是互联网的核岛，是整个互联网报业生态圈的基础，生态圈内的各组成部分都应该以用户为核心，联合协作，以提升用户的体验为使命。互联网报业生态圈内的用户与传统报业时代的读者不同，他们不仅是信息和服务的接受者，也是信息服务的生产者，部分用户甚至是信息服务的专职生产者，如《赫芬顿邮报》和百度百家上签约的博客专栏作家。第四，广告商。互联网报业作为新生态圈的组织力量，因为具有大规模的目标消费者、规模经营的效应和较为低廉的接入成本，有的甚至免费接入，只依靠流量进行分成等原因，对广告商具有很大的吸引力，他们可以不请自来。

其三，"互联网＋"协同技术成为寻找合作伙伴的核心力量。互联网本身是一个技术工具，是一种传输管道。"互联网＋"协同技术代表一种新的经济形态，即充分发挥互联网在生产要素配置中的优化和集成作用，将互联网的创新成果深度融合于经济社会的各领域之中，提升实体经济的创新力和生产力，形成更广泛的以互联网为基础设施和实现工具的经济发展新形态。近几年，由于互联网与移动互联网高速发展，极大地提升了网民规模。《第 36 次中国互联网络发展状况统计报告》的数据表明，截至 2015 年 6 月，我国网民规模达 6.68 亿，互联网普及率为 48.8％；手机网民规模达 5.94 亿，使用手机上网的人群占比达 88.9％。存在这样一个巨大的用户基础，才有可能形成超过 5.6 亿人 24 小时不间断地和周边的传统行业实时连接，奠定了"互联网＋"的基础。"互联网＋"不是中心控制式的、吸收聚集数据的一个节点，而是要"催化数据流通运转激活信息能源"，成为"连接一切能源的发动机"；"互联网＋"如同电的发明，是一种新能源的普遍应用，彻底改变了人类的生产生活方式，提升了人类改变世界的能力。"互联网＋"的核心是"连接"——连接一切，才能彻底引爆和激发信息能源的力量。"互联网＋"因"＋"而激活"信息能源"，形成推动社会、生产发展的主要动能。尤其是 2015 年 3 月 5 日李克强在政府工作报告中提出，在制定"互联网＋"行动计划之后，方兴未艾的"互联网＋"与传统产业不断融合，已经在民生、医疗、教育、交通、金融等领域形成新的业态。传统的第一产业、第二产业、第三产业和信息服务业，不断被"互联网＋"浪潮所改变、重组和提升。"互联网＋"形成的新业态，将是在线社会信息系统的连接、开放、整合、服务，开拓发展基础、构建赢利模式的崭新领域。

其四，建立生态圈内协同关系与生态圈新结构。传统企业都处于某一特定的产业链中产生价值。产业链是指各个产业部门之间基于一定的技术经济关联，并依据特定的逻辑关系和时空布局关系客观形成的链条式关联关系形态。这种产业链咬合紧密，生产固定化。互联网报业生态圈因为有作为平台的互联网媒体的存在，与技术公司、第三方应用开发公司、用户之间具有独立、平等的协同关系，符合平台标准的公司以及用户都可以自由进入和应用平台，他们与平台开展灵活协作。这使得生态圈内平等、自由的各方不再是链式结构，而是处于松散、自由且相互关联的企业价值网络中。企业价值网络是指通过数字网络聚集在一起的企业集合。这些企业可能属于不同产业范畴且都保持独立，经过共同协同创造着比原来单独运作时更多的财富。“企业价值网络”与“产业链”不同，它没有处于统治地位的企业，合作方之间是动态、松散、平等的。产业价值链是线性的、固定的，它的目的是通过不同的内部程序进行有利润的产品交付和服务。在一个企业价值网络中，小的企业可以获得自己无法得到的好处。作为回报，这些小企业为集成商提供了灵活性，这是在单一的、封闭的产业价值链中所无法得到的。企业价值网络的竞争力在于营造了一个互相依存而又具有多样性的商业生态系统。生态系统越大越丰富就越好，因为庞大的生态系统会提供更多的原始智慧和多样化。①

---

① 谷虹、黄升民：《融合产业没有王者只有盟主——互联网平台运行机制的四个基本向度》，《现代传播》2012 年第 4 期。

第六章 2011 年以来发达国家报业发展状况及分析

基于传媒技术从"数字域"到"智能域"的发展而进行的传媒产业的"重新域定",这是中国和西方发达国家的共性背景。尤其是 2011 年以来,美国、日本、英国等西方发达国家报业在应对"重新域定"、实施转型战略中获得了一些经验与教训。

第一节 美国报业发展及其付费墙战略

一、美国报业发展的特点

美国的科技创新领先世界,新近出现的互联网理念、技术、媒介产品改变了传统传媒生态,传统报业受到极大冲击,经营面临深刻危机,继而裁减采编岗位,纸媒关停大量出现。到了 2016 年,一直充当美国报纸数字化转型排头兵的《华尔街日报》《纽约时报》等也难以避免裁员过冬。例如,2015 年《纽约时报》加入 Facebook,迁移到社交媒体平台,推出 Instant Articles(即时文汇),但在 2016 年第一季度《纽约时报》的数字广告同比不增反减,下跌 1%。Facebook 承诺,即时文汇广告投放可以由 Facebook 负责,三七分成;也可以由入驻媒体自理,收入全部归媒体所有。如果"即时文汇"对广告有贡献,贡献微不足道。当然,数字广告的减少,不是《纽约时报》一家面对的。默多克新闻集团总收入连续第五季下跌,当季下跌 7.3%,其中广告总收入跌幅高达两位数,远比《纽约时报》惨烈。①

实际上，自 2008 年国际金融危机爆发以来，美国报业持续低迷。美国第二大报业集团"论坛报业集团"先后在 2008 年和 2014 年申请破产，《新闻周刊》停止纸质版发行，转向数字出版。美国报业危机具体而言，在报纸广告层面，从美国报业协会（Newspaper Association of America）发布的数据来看，2008 年美国报纸的广告收入为 378 亿美元，比 2007 年下降 16.7％，2009 年美国报纸广告收入的下降幅度达到 27％，创下近十年之最（见图 6—1）。除了在 2012 年稍有回升，总体上处于不断下滑的趋势。民众的媒体接触习惯发生重大变化，据 2010 年的调查显示，超过 3 成的受访者首选移动终端阅读新闻，PC 端也占到 29％，而报纸仅占 3％。② 据皮尤中心 2016 年发布的数据，38％的美国成年人通过数字来源获取新闻，其中社交网站成为重要入口。在集团经营方面，以《今日美国

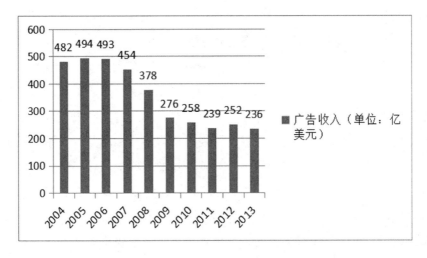

图 6—1 2004—2013 年十年间美国报纸的广告收入

数据来源：2014 年中国传媒产业发展报告和 NAA 发布数据（美国报纸协会网站）。

---

① 崔裕仁：《拿什么拯救〈纽约时报〉？"灰贵妇"放下身段送外卖》，搜狐传媒，http://media.sohu.com/20160513/n449263757.shtml。

② 王君超：《"报纸消亡论"：十年论争与思考——兼论报业转型与媒介融合的研究成果》，《新闻与写作》2014 年第 3 期。

报》为旗舰的甘耐特集团为了不拖累公司整体业绩，将报纸业务与赢利能力强的广播电视和数字业务相剥离，这是继新闻集团、时代华纳集团、论坛集团和华盛顿邮报集团后，最后一个正式解体的同时拥有报业资产与电视资产的大型媒体集团。①

面对数字新媒体和金融危机的双重挑战，美国报业纷纷寻求转型。其转型特点如下：

（一）转型路径选择呈多样化趋势

盖洛普民意测验中心调查结果显示，为应对互联网和新媒体对传统新闻行业的冲击，据研究，美国纸媒转型已有八种方式：一是延伸和拓展数字化传播渠道，如 THE DAILY 为苹果 iPad 推出的 APP；二是重构包括采编和分发在内的新闻生产方式，适应互联网场景下的传播，如借鉴 Twitter 利用手机快速发布信息、多名记者协同报道一个新闻事件、采集网民发布的信息等新闻生产的新手段；三是依赖各种新兴的互联网技术转型，如通过 Google Glass 发布第三方的新闻应用；四是实现传统媒体的脱纸化和数字化，将传统报纸打造成或转化成为互联网企业，如 2012 年 12 月 31 日《新闻周刊》纸质版停刊，只生产网络版；五是赢利模式以付费墙、增加数字发行和售卖数据库，如《纽约时报》构建"篱笆墙"，《华尔街日报》售卖数据库且基于数据库实现了广告的精准投放；六是收购新媒体公司，以此为基础来实现转型，如默多克的新闻集团曾经试图通过收购 Myspace 来实现数字新闻业务的突破；七是赢利能力较低的业务被剥离甚至出售，仅在 2014 年包括甘耐特、E. W. Scripps、Journal Communications 和论坛报在内的几家媒体公司，就出售了 100 多项报纸资产；八是跨行发展，借力扩大自身的媒介功能，提升竞争力，如《福布斯》杂志和葡萄酒电商合作成立俱乐部，将俱乐部专业资深人士的建议整理成资讯，为消费者服务。②

---

① 陶凤：《传媒巨头剥离报纸业务 美国传统报业加速转型》，《北京商报》2015 年 6 月 30 日第 008 版。

② 盖洛普：《国外纸媒转型的 8 种模式》，梅花网，http://www.meihua.info/a/47390。

报业危机出现以前，美国报业繁荣，广告收入以及发行整体规模在世界范围内居于前列，不同市场定位的报纸都得到充分的发展。面对下滑，不同的报纸也都根据自身情况，制定多样化的转型策略。

作为全国性综合大报，《纽约时报》利用其百年、综合性、严肃、高级大报的权威力和品牌价值，几经挫折，顺应媒体数字化变革的逻辑，改造内容生产，构筑较为科学、合理的"付费墙"，实现赢利模式的再造，将纸质报业的读者较好地平移到了数字版上，以此实现转型。传统的报纸内容生产需要经过采写、编辑以及版面编排，整个过程都是封闭的，内容的发布对于新闻机构的从业人员基本意味着工作结束。转型后的《纽约时报》变先前的报纸本位为读者本位，吸引读者参与到新闻的生产与传播，增强读者的黏性。现在，《纽约时报》数字化报纸通常先将一个新闻信息点发布出去，通过自媒体读者们的点击率和互动程度筛选重要新闻、补充信息细节，实现内容生产流程的革新。内容生产的变化是转型的根本，《纽约时报》付费墙的构建则是其转型成功的关键。《纽约时报》通过构筑"计数制"的付费墙（Pay Wall）模式，规定读者每月可免费阅读 20 篇文章（后因数字订户增加改为 10 篇），阅读其他内容则需缴费。但是，这种付费墙是一种"篱笆墙"[1]，读者还可以通过其他时报所特定预留的一些漏洞去阅读内容，从而使得有一定兴趣阅读该报内容却又不想付费的读者能够轻松如愿地阅读，实现经济收益与读者利益的兼顾。

作为财经类行业性报纸，《华尔街日报》以用户理念为核心重塑传播的各环节进行转型。具体而言，在内容生产上，对目标用户实行差异化、高品质、定制为导向的精细化服务。《华尔街日报》拥有道·琼斯指数的优先发布权，用户能够在第一时间通过其资讯了解股市行情，这是其他媒体不可比拟的。另外，《华尔街日报》非常强调深度报道，这些报道由强大的内容生产团队策划专题并进行独家采访，每天产出 1000 多篇高质量稿件，内容涉及数千家公司的深层背景介绍、特写和其他特色报道。专

---

① 范东升、易东明：《"付费墙"能否拯救报业》，《新闻与写作》2014 年第 7 期。

业、独家的内容对用户具有很强的黏性。在传播方式上,《华尔街日报》通过社交网络聚合用户、以移动终端为核心打造传播新形态。《华尔街日报》利用社交平台引导用户参与信息生产与传播,以采集信息和提升报道覆盖率。其网络版文章都与用户众多的社交网站脸谱、推特实现链接,文章可以直接分享到 Instagram 和谷歌社交网站。视频也可以分享至视频分享网站 Youtube、播客 Podcast 以及苹果的应用移动商店。① 基于人际"强关系"来实现传播,可以从根本上解决渠道失灵的问题。此外,内容挖掘紧密结合呈现形式的创新,《华尔街日报》成立了人员规模庞大的数据挖掘和视觉呈现团队,从海量的经济数据中挖掘事实和规律,再用简单直观的图、表的形式呈现给用户。

美国的一些地方性日报通过盘整和坚持本土化方针来留存空间,实现转型。目前的报业危机很核心的因素是新兴传媒出现后,新闻信息生产能力增强,导致新闻产品严重过剩,而报业面临跨界竞争,生存空间萎缩,盘整乃至死亡成为必然。首先是地方性报业的自我盘整,很多地方性日报开始减少出版期数,将日报变成周三刊。自然,报纸的资讯减少,独家和深度内容增加。2012 年 5 月,新奥尔良市的《皮卡尤恩时报》宣称,将削减印刷版数量,一周只发行三天。另外三家姊妹出版物《伯明翰新闻》《亨茨维尔时报》《新闻记录报》也做出了同样调整,新奥尔良成为美国第一个没有日报的城市。之后,《卡格瑞前锋论坛报》、《埃德蒙顿日报》和《渥太华公民报》也取消了周日印刷版。② 另外一个层面,地方性报纸坚持其社区化和专业化的新闻定位,本地新闻难以被其他媒体取代,因此受到新兴媒体的影响相对较小。因在体育、政治等方面富有社区精神,与社区居民形成强有力的纽带关系,在报业整体不断下行的局面下,地区报得到投资者的重点关注,巴菲特逆势收购报业正是以地区报纸为主。③

----

① 马锋、王毓:《"多王共存"用户为大——〈华尔街日报〉数字化转型路径》,《中国出版》2015 年第 4 期。

② 刘晓博:《从美国报业新特点看转型路径选择与误区规避》,《中国记者》2014 年第 4 期。

③ 王全兴:《美国报业的网络时代生产战略》,人民论坛,http://www.rmlt.com.cn/2014/0603/274775.shtml。

社区报报道社区中的新闻，扮演社区领导者的角色。社区报一般每周一期，单期发行量一般少于 5 万份，大多数在 8000 份至 10000 份之间，但其总发行量庞大，约 1.09 亿份，是大型日报总发行量的 3 倍。在日报面临危机之时，社区报坚持既定方针，牢牢扎根社区。社区报具有的"亲密性、关怀性、私人性"，表现在它允许社区居民自己采写社区新闻并进行投稿，积极刊登来自社区居民的言论，刊登社区居民结婚生子、斩获奖项，以及讣告等消息。[①] 因此，社区报具备内容的用户中心取向、浓浓的人情味和社区"公共领域"的品质，具有较强的不可替代性，也是获取较为稳固的利基市场的原因。有学者认为，与大众传媒不同，社区新闻是一个远离激烈竞争和痴迷于边际利润的集团化新闻的宁静的小港湾。[②] 因此，在新兴媒体崛起时社区报所受影响相对较小。

（二）转型的数字互联网化倾向明显

报业的危机是在互联网和移动互联网的狂飙突进下到来的，报业的转型也是以追随互联网和移动互联网发展的轨迹和步伐来进行的。美国报业转型的互联网化体现在技术和思维的双重维度。

在技术维度，美国报业转型的主线是从新闻网站向移动终端和移动应用转移。数字化远远超出了传统互联网设备的范畴，包含一系列移动智能终端，如平板电脑、电子阅读器、智能手机等，以及安装在移动智能终端上的移动应用。随着报业数字化新媒体的逐步成熟，越来越多的用户开始转向移动终端和移动应用，逐渐放弃了对纸质报纸的依赖。

2012—2013 年，美国受众结构发生重大变化，核心原因是智能终端的普及率提升。据 2013 年皮尤研究中心发布的美国新媒体研究报告，超过 3 成的成年人拥有平板电脑，是 2011 年的 4 倍。智能手机的普及更为迅速，2013 年 5 月达到 60%。（见图 6—2）

美国报业瞄准了移动终端市场份额的快速增长，纷纷推行平板、电子

---

① 李欣人、李莎：《社区报：回归传播的本质》，《新闻记者》2014 年第 8 期。
② Hatcher, J., "Community Journalism: Nowhere to Hide", 2004, http://www.poynter.org/uncategorized/21223/community-journalism-nowhere-to-hide/.

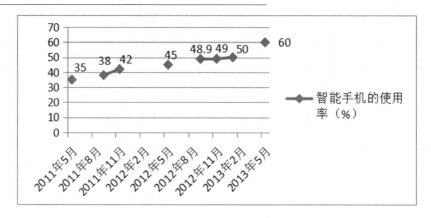

图 6—2　2011 年 5 月—2013 年 5 月美国智能手机的使用率

数据来源：comScore，July 2013，http：//eMarketer.com。

阅读器、智能手机等移动终端上的移动应用，而通过移动终端阅读数字报纸内容的用户也呈现出爆炸式增长的趋势。从表 6—1 可以看出，在 5 个年龄段中，除了 55 岁以上这一年龄段，其他年龄段中仅用台式机或手提电脑阅读数字报纸内容的比例均呈下降趋势，而且越年轻的人群下降的幅度越大。相反，仅使用移动终端阅读数字报纸的比例在 5 个年龄段中均呈现上升趋势，而且越年轻的人群上升的幅度越大，18—24 岁的人群在这一年中仅仅使用移动终端阅读数字报纸内容的比例上升了 146％。

表 6—1　2013 年 4 月—2014 年 3 月不同年龄段使用不同终端阅读报纸的变化情况

年龄	仅用台式机或手提电脑	仅用移动终端
18—24	−30％	146％
25—34	−24％	103％
35—44	−18％	82％
45—54	−3％	59％
55＋	2％	37％

http：//www.naa.org/Trends-and-Numbers/Newspaper-Websites/Newspaper-Web-Audience.aspx。

　　用户向移动终端的转移也带动了移动订阅收入和移动广告收入的增

加。虽然目前移动用户的订阅量仍不及网站订阅用户，但是美国各大报业纷纷出台措施刺激移动用户的订阅。2013 年 6 月 27 日，《纽约时报》将限制手机端上没有订阅的用户，每天免费阅读的文章数量减至 3 篇，同时也提高了用户在各个板块间选择新闻的权利和质量，订阅用户在移动端上可以无限阅读所有内容，而 PC 端上非订阅用户每月可以免费阅读的文章数量为 10 篇。在移动广告收入方面，根据市场营销者（eMarketer）的统计数据，2012 年美国数字广告总收入增加 17％，达到 373 亿美元，占整个广告市场的 23％，其中移动广告的增幅则高达三位数。移动广告的明显增幅成为移动数字时代最重要的市场趋势之一，尤其是移动视频广告模式增幅将达到三位数，而数字广告中最重要的两种模式——桌面广告和搜索性广告，也都明显表现出向移动端迁移的动向。[①]

与技术层面的传播形式和介质的转型相比，思维的转型才是报业互联网转型的灵魂。传统的以大众传媒为本位的单线传播形态基于传统媒体为王的时代，新兴媒体出现后，传统的传播思维也基本失效。《纽约时报》变之前的报纸本位为读者本位，吸引读者参与到新闻的生产与传播，增强读者的黏性。现在，《纽约时报》数字化报纸通常先推出简单的新闻线索，通过在线用户的点击热度和反馈情况再进行选题筛选和跟进报道。

在内容传播的策略上，美国报业开始精准推送。精准推送是一种定制营销。所谓"定制营销"，是指企业在大规模生产的基础上，进行市场极限细分，将每一位顾客都视为一个单独的细分市场，根据个人的特定需求进行市场营销组合，以满足每位顾客的特定需求。2011 年美国《华尔街日报》推出个人版，提供全天的新闻剪报服务。通过对用户先前阅读内容的分析，推送的报道在新闻标题、题材、风格等方面都与用户的习惯高度相似，并且对阅读时间越长的用户该应用越能掌握其习惯和需求，推送的报道也越精准。《华尔街日报》网站上"通过搜索 personalized（个性化）

---

① 胡正荣、李继东、唐晓芬主编：《全球传媒发展报告 2013》，社会科学文献出版社 2013 年版，第 36 页。

呈现的文章和板块是根据你过去在这个网站上读过的文章来选择的。我们重视你的隐私，这种个性化功能使用 cookies，它无法将你的 WSJ. com 阅读史连接到你的姓名或其他个人身份信息上"。除了定制营销、精准推送外，《华尔街日报》跨界联合，建立与读者的有效联系渠道。《华尔街日报》注重通过社交网络来聚合大规模用户。其网络版的文章都与用户众多的社交网站脸谱、推特实现链接，有些文章甚至可以链接到照片分享的移动应用网站和谷歌社交网站。视频也可以分享至视频分享网站、播客以及苹果的应用移动商店。[①] 此外，基于"强关系"来实现传播，可以从根本上解决渠道失灵的问题。社交网站作为渠道的重要性已被整个报业所觉悟，报业传媒集团都希望借助社交媒介与用户建立更加稳定和紧密的关系，在社交媒体的营销看成是"报纸传播网络新闻和继续生存下去的一个必要战略"[②]。数据表明了显著变化，接入 Twitter 一年之后，纽约时报新闻网站的单月访问量从 1460 万上升到 2000 万，波士顿环球报新闻网站（Boston. com）和洛杉矶时报新闻网站（Los Angeles. com）的访问量都翻番。[③]

（三）转型表现出战略收缩的态势

美国的传媒所有制以私有化为主，只有涉及对外宣传的媒体，如"美国之音"，由政府开办，享受政府补贴，其他绝大多数都为私人所有。于是，与欧洲公共新闻事业较注重公共服务不一样，美国的新闻事业在奉行自由主义经济原则的市场中对利润极为敏感，面对处于下行和衰退周期的报业，传媒集团壁虎断尾，表现出极为明显的战略收缩态势。

在管理学视阈内，战略收缩是收割战略的体现，是衰退期行业中企业紧缩技术的应用之一，是产业走向衰退阶段时某些公司会选择实施的有计

---

① 马锋、王毓：《"多王共存"用户为大——〈华尔街日报〉数字化转型路径》，《中国出版》2015 年第 4 期。

② Jennifer D. Greer，"Yan Yan：Newspapers Connect with Readers Through Multiple Digital Tools"，*Newspaper Research Journal*，Vol. 32，No. 4，Fall 2011.

③ Jennifer D. Greer，"Yan Yan：Newspapers Connect with Readers Through Multiple Digital Tools"，*Newspaper Research Journal*，Vol. 32，No. 4，Fall 2011.

划、有控制的退出战略。[①] 而自 20 世纪 90 年代至今，美国报业的总收入体量下降 4 成，还有大量多余产能以及遗留成本需要处理。[②] 收割战略的目标一般在于控制成本，提高现金流量。对于美国报业市场来说，其成本类型中占最大比例的是人力开支，平均占整个报业公司总支出的 60%—70%，原材料如新闻纸成本约占 20%—35%。[③] 因此，美国报业的收缩体现在上述各相关因素上。

收缩战略首先体现在报业从业人员规模的缩减。据美国报纸编辑协会（American Society of News Editors）统计，至 2012 年美国的新闻岗位已从 10 年前的 5.4 万个减少到 3.8 万个。根据美国报纸编辑协会公布的年度调查，新闻编辑部门人数从 2013 年的 36700 人减至 2014 年的 32900 人。"报社记者"在美国就业指导网站 Career Cast 发布的 2014 年"美国最差十大职业"中排第二，美国劳工统计局称该职业在 2012 年和 2022 年期间的就业前景下滑了 13%。传媒集团也通过对报业的拆分与出售来实施收缩战略。新闻集团、时代华纳集团、华盛顿邮报集团、甘耐特集团均解体同时拥有报业资产与电视资产的大型媒体集团，剥离纸媒，力保赢利能力较强的数字电视和影视娱乐等公司的业绩。其中，论坛报集团于 2013 年剥离旗下亏损的报纸，将《洛杉矶时报》、《芝加哥论坛报》和《巴尔的摩太阳报》设为独立公司，战略重点转向旗下赢利的电视台；时报公司出售《波士顿环球报》，专营《纽约时报》；华盛顿邮报公司把主报转售给贝索斯，发力教育产业。战略收缩还体现在纸媒版面和印数的减少。《新闻周刊》去而复返，但印数已经与当年不可同日而语，仅印发几万份"精品杂志"。新奥尔良市《皮卡尤恩时报》、《伯明翰新闻》、《亨茨维尔时报》和《新闻记录报》实行一周发行三天的计划，以致新奥尔良市再无日报。

---

① Ghemawat, Nalebuff., "Exit", *Rand Journal of Economics*, 1985（16）.

② Rick Edmonds, Emily Guskin, Amy Mitchell, Mark Jurkowitz,"Stabilizing, but Still Threatened", *An Annual Report on American Journalism*, The Pew Research Center's Project for Excellence in Journalism, 2013, http：//stateofthemedia. org.

③ Robert G. Picard, Brody, Jeffrey H, *The Newspaper Publishing Industry*, Boston：Allyn & Bacon, 1997.

在报业大规模收缩背景下，哥伦比亚大学教授迈克尔·舒德森与《华盛顿邮报》前主编莱昂纳德·唐尼在《美国新闻业的重构》中提出：如果能够将一个新闻机构从这种商业化模式中解脱出来，就像美国的大学一样，成为一种社会组织而不是赢利组织，新闻还会有美好的未来。这一观点意味着报纸商业功能的消逝。

二、美国报业的付费墙战略

（一）美国付费墙的发展历程与模式

"付费墙"（Pay Walls 或者 Paid Content Model），是传统报纸对其在线内容实行有价阅读而建立的支付模式，是报纸提供商对在线内容实行付费阅读的"准入"系统。[①] "付费墙"的核心使命是通过对内容的收费来弥补报业在发行和广告上的亏损和下滑，重构继续生存的经济基础。在美国付费墙的构建过程中，《华尔街日报》《纽约时报》等报纸的探索具有样本价值，对美国其他报业和整个世界范围内报业"付费墙"的建立都有借鉴意义。

1997年《华尔街日报》网络版设立付费墙，且采用阅读任何内容都需要付费的"硬付费墙"模式，在一年多的时间内用户超过 20 万，2007年《华尔街日报》数字内容的订户超过 100 万，成为美国主流大报在第一波付费墙设立风潮中唯一实现赢利的报纸。究其原因，内容的不可或缺和独特性是根本。[②]

纽约时报公司网站 NYTimes.com 在 1996 年 1 月建立，开始为读者提供报纸内容的在线阅读。2001 年 10 月，《纽约时报》推出时报电子版，在网站 NYTimes.com 和 Newsstand.com 提供收费订阅，这是其"付费墙"的最初尝试。不过，付费墙的正式"实验"是 2005 年 9 月"时代精选"（Times Select）上线。仅仅到该年的 11 月中旬，有 27 万人注册，其

---

① 孙志刚、吕尚彬：《〈纽约时报〉付费墙对中国报纸的启示》，《新闻大学》2013 年第 3 期。

② 余婷：《美国报纸网站付费墙的发展历程及模式探析》，《新闻记者》2012 年第 7 期。

中一半为非《纽约时报》印刷版订户。至 2006 年 7 月，"时代精选"拥有 46 万 5 千订户，其中 38％ 为非印刷版订户。当时，美国媒体认为 Times Select 网站取得了成功，在相当短的时间内有了近 50 万订户，给《纽约时报》公司每年增加 1000 万美元的收入。至 2007 年 9 月，Times Select 共有 22 万 7 千付费订户，客户总量为 787400 人。但到了 2007 年 7 月，还是因为收费导致了访问量的大幅度下滑，《纽约时报》停止 Times Select 的收费（除获取 1923—1986 年的文章仍然收费外）。直到 2011 年 3 月 17 日，《纽约时报》付费墙再次启动。[①]《纽约时报》网站上每月可以免费阅读 20 篇文章，超出部分就需要花费 15 美元到 35 美元不等的价格订阅包月套餐。在 APP 方面，2013 年 6 月《纽约时报》宣布对旗下移动端的 APP 实行收费，非缴费订户虽然可以浏览首页以及新闻摘要，但最多只能免费阅读 3 篇文章。2013 年，《纽约时报》的数字内容订阅用户达到 76 万，比 2012 年增长 18.75％。根据彭博社发布的数据，2012 年底《纽约时报》线上、线下的总订阅收入达到 7.683 亿美元，比广告收入多出 5290 万美元，成为该报的第一大收入来源。在 2013 年，美国境内 1380 家日报中的 450 家已经开通数字订阅支付业务[②]，通过计时、计数等方式实施在线内容收费，开通数字订阅支付业务的比例突破 30％。《纽约时报》的"付费墙"可视为"篱笆墙"（Porous Wall），是相对于最早的《华尔街日报》对所有内容收费的"硬付费墙"而言的一种"软付费墙"。根据时报的设定，通过 Facebook、Twitter 等社交网站链接到纽约时报网站不收费，在一定限量内还可以通过搜索引擎免费链接到纽约时报网站。此外，还有不少方法可以相当容易地利用其他技术"漏洞"穿过其"付费墙"。其留下的一些"漏洞"，从而使得有一定阅读该报内容兴趣却又不想

---

① 孙志刚、吕尚彬：《〈纽约时报〉付费墙对中国报纸的启示》，《新闻大学》2013 年第 3 期。

② 崔保国主编：《中国传媒产业发展报告 2014》，社会科学文献出版社 2014 年版，第 348 页。

付费的读者能够轻松如愿地阅读。[①]

此外，美国的一些地方性中小型报纸在付费墙上的实践也取得了一些成效。《阿肯色民主公报》、佛罗里达州基维斯特《公民报》、俄亥俄州《诺沃克反映者报》、俄勒冈《本德公告报》都因为给用户提供了大型新闻类综合门户网站和主流大报所不能提供的本地新闻而取得成功。[②]

（二）付费墙的实现

传媒经济学家肯·多克特（Ken Doctor）考察了包括芬兰 Sanoma 传媒公司、德国 Axel Springer 传媒公司、伦敦《泰晤士报》，以及《纽约时报》等多家报纸的付费墙之后，提出了报纸"付费墙"经营的 5P 原则[③]，即用户（People）、产品（Product）、呈现（Presentation）、价格（Price）、促销（Promotion）。近五年来，用户中心主义逐步回归。提供不相关的内容和服务将会导致消费者远离网站。据调查，当网站大量提供用户不感兴趣的和不相关的内容、广告和促销活动时，74％的受访者会感到失望，甚至离开。[④] 美国报业的付费墙战略也是基于用户战略，无论是产品、呈现，还是价格、促销都是围绕用户来进行。

1. 找准目标用户是实现收费的前提

用户是付费墙业务的目标受众，然而互联网提高了媒介消费者的期望值，希望信息持续更新并链接所有相关信息和观点。[⑤] 要想为用户提供有价值的新闻信息就必须依托对用户数据资料和信息资料的挖掘和聚合，这也是付费墙业务能否成功的关键。充分抓取用户在终端的行为数据，建立用户数据库。根据数据库的比对，为用户提供定制化的服务，满足用户个性化的需求。《纽约时报》《明星论坛报》《商业诉求报》等，都用数字注册数据库将单一客户的全部资料与订阅者数据库进行匹配，从而获得完整

---

① 崔保国主编：《中国传媒产业发展报告 2014》，社会科学文献出版社 2014 年版，第 348 页。

② 范东升、易东明：《"付费墙"能否拯救报业》，《新闻与写作》2014 年第 7 期。

③ 余婷：《美国报纸网站付费墙的发展历程及模式探析》，《新闻记者》2012 年第 7 期。

④ 吕尚彬：《谁能够成为构建付费墙的中国报纸》，《中国报业》2012 年第 12 期。

⑤ Janrain，Harris Interactive，http：//www. Marketing charts. com.

的读者资料。对客户的资料掌握越多，通过数据的挖掘和聚合，服务就能越周到，就越能获得规模化的忠诚读者群体。

2. 提供用户需要的产品是实现收费的基础

在数字化时代，用户的需求呈现出个性化和碎片化的趋势。美国报业在逆境中迅速调整新闻产品的生产方式，从以"内容为王"转换为以"用户为王"。高质量的新闻产品是实现收费的基础。随着数字技术和网络技术的发展，用户的新闻阅读行为发生根本性变化，用户已经不满足于千人一面的内容，内容产品的同质化和模糊定位是没有出路的。用户需要的是个性化、专业化、生动化的独具价值的新闻产品。因此，个性化新闻、用户生产新闻、独家新闻是基本方向。

首先，个性化新闻服务的实现，可以从两个方面着手：一是打造在线的新闻平台，聚合海量内容并根据内容类别的差异，设置不同频道，用户根据自己的需要和兴趣手动定制，并在页面上的优先位置呈现，规避无效内容；二是利用算法系统，以对用户阅读习惯的把握和内容的分类为基础，实现用户与内容的精准匹配，如《华尔街日报》推出新型个人化报纸——《华尔街日报》个人版，依托数据库和算法，根据用户的偏好进行内容的推送。

其次，搭建用户生产新闻平台。用户生产新闻是 UGC（用户生产内容）的具体应用之一。用户生产新闻是指来自普通用户的非专业新闻报道。他们通常身在新闻现场，利用移动终端，把自己的见闻转发给大众媒体或利用互联网平台自主传播而形成的新闻生产和传播现象。用户生产新闻的优点主要表现在两个方面：一方面，弥补专业生产机构由于不在场的完全缺席、重要细节的缺失和观念上的偏差，保证整个新闻报道的真实、完整和平衡；另一方面，用户生产新闻可以激发平台普通用户参与新闻传播的积极性，实现用户价值，增强用户和平台之间的关系纽带。

再次，新闻信息品质的保证。只有能够足够优质，读者才会放弃"免费午餐"。如果读者能够通过其他网站或途径免费获取可替代性新闻，那么他们就不会再为此新闻买单。独家新闻成为用户是否愿意为付费墙买单的关键因素。

3. 采用融合性渠道呈现产品是实现收费的重要条件

以方便用户的体验与接触为基础，基于媒介融合与读者的媒介接触方式进行内容的有效呈现，形成与用户直接互动的渠道及体验接点，这是付费墙体系中有价值产品呈现的特点。美国报业开始意识到即时性与深度性之间的平衡，新闻产品在呈现上联动效应不断增强。根据报纸、电脑、手机、平板电脑等不同传播渠道的不同特点进行内容的深度加工和二次组合，各渠道之间相互配合，网络媒体实现新闻信息的第一时间传递，而纸媒则实现新闻信息的深度挖掘，满足用户在速度和深度上的双重需求，实现共同提升新闻服务的协同。美国媒介综合集团的坦帕新闻中心实行报纸、网站，甚至电视台的协作。在一起飞机坠毁事件的协同报道中，一员工在目睹整个事件后首先将现场新闻报道提供给网站，用快讯的形式即时发布。报纸的商业记者以及档案、研究办公室立刻掌握银行承租人的文件档案、飞机的主人等详细信息，并且积极寻找事件的其他目击者收集线索，在报纸上进行后续的详细报道。如果是具有直播价值的新闻事件，电视媒体也会进行相应协同。

新闻产品呈现的多媒体化趋势为报纸争取了一批忠实的年轻订户。从过去以文字为主的平面传播转变为集文字、图片、音频、视频于一体的立体传播，通过这些媒介手段增强"浸入感"，使用户全方位感知事实。2013年获得普利策奖的《纽约时报》"雪崩"（Snow Fall）报道，记者John Branch对滑雪场上的高死亡率高度关注，通过展现滑雪圣地的3D地图、追踪知名滑雪者的第一手图片、知名滑雪者的视频访谈等，历时6个月，制作了6部分扣人心弦的故事，集文字、图片、视频、三维地图为一体，使新闻报道以生动立体的形式呈现，发表6天内获得了290万次访问和350万次页面浏览。融合型的产品呈现系统可以真正实现产品的全介质传播，实现对用户的信息全覆盖，让用户在任何地点、任何时间获得想要的内容产品，满足用户对信息规模化、多样化、个性化以及互动性等多种需求。

4. 合适的付费模式是报纸获得规模利益的关键

合适的付费模式强调产品的定价与其价值匹配。目前，美国报业采取的付费墙收费模式有两种，即硬付费墙和软付费墙。硬付费墙要求用户对阅读的所有内容支付费用，用户在未缴纳订阅费之前不能阅读任何新闻信息。硬付费墙的风险最高，一旦网站不能用足够多的独特内容来吸引足够多的订户，报纸网站就面临着失去大部分受众和广告商的危险。比如《泰晤士报》，采取了硬付费墙之后，虽然订阅收入增加了，但是网站的访问量锐减 60％。2007 年之前的《华尔街日报》网站也采取了这种方式，是为数不多的能够取得成功的案例。分析《华尔街日报》采取硬付费墙模式能够取得成功的原因，主要有两点。一是《华尔街日报》能够提供极强的专业化新闻信息。《华尔街日报》网站上的每一篇分析都是金融界摸爬滚打几十年的老手的心血，精辟的分析，字字珠玑，重在"分析"，而不是一般的"报道"，能够透过现象看到本质，让用户觉得超值，愿意付费阅读。二是《华尔街日报》拥有一批忠实且不属于价格敏感型的高端用户群体。《华尔街日报》的受众读者都是高精尖的投资人，他们对《华尔街日报》本来就有着很好的黏性，即使付费也不会对他们的阅读产生过多影响。

因为硬付费墙对报纸内容的要求过高、风险过大，越来越多的报纸采取的是软付费墙方式。软付费墙为用户提供一部分免费内容，但是还有一部分内容是需要付费的。目前，软付费墙的收费模式主要有三种。第一种是计量付费，它允许用户免费浏览一定数量的内容，超过限定数量的浏览需要付费。例如，《纽约时报》网站提供每月 20 篇文章的免费阅读量，2012 年之后每月限量从 20 篇改为 10 篇。第二种是部分付费（混合付费），即报纸网站的大部分新闻内容免费供用户阅读，但是对本报纸最具竞争力的独家新闻采取收费模式。比如《达拉斯晨报》的网站可供用户免费阅读头条新闻、突发新闻、博客、讣告、分类广告及非专有新闻，而其他新闻内容则需要付费。第三种剥离式付费，即将报纸网站剥离成收费网站和免费网站。比如《波士顿环球报》就设立了免费网站 Boston.com 和付费网站 Boston Globe.com，免费网站不再提供报纸的所有新闻内容。除了以上三种最主要的软付费模式之外，还有捆绑收费模式，即纸质订户只需支付少量的费用就可以阅读网站上的付费内容；微支付模式是用户可以为一首音乐、一篇文章、一段视频等微内容进行微支付。多种不同的付费方式可以满足用户不同的需求，不同的报业也需要根据自身的情况选择适当的付费墙。

5. 利用促销手段推动用户付费

符合目标体验者需要的促销手段，其关键是提高用户的心理感受。除了常规的广告、公关活动、SP 促销等内容促销途径之外，论坛、圈子、推特、部分免费阅读等网络推销途径，常常与付费墙的市场推广相配套，特别是展示产品魅力的"部分免费阅读"，成为一些大报屡试不爽的"付费诱饵"。有效的促销手段可以扩大用户群体，使报纸的触角成功地延伸至年轻群体，维持甚至提升报纸的影响力和知名度。比如《纽约时报》注意紧紧抓住"网生代"用户的媒介接触行为及其对于付费墙准入模式的心理，成功地使用了固网、移动网一体化促销的网络整合营销传播，如博客、Twitter、Facebook、APP 应用、部分免费阅读等手段，在书籍、艺术、娱乐、汽车、意见、就业和其他部门都建立了单独的 Twitter 渠道，以及支持个性化互动的分渠道，挖掘用户真正关心、感兴趣的话题，成功地吸引了大量的年轻用户。有效的促销手段可以实现报纸与用户之间的互动，增强用户黏性。现在社交媒体的用户数量十分可观，只要报纸积极参与其中，就能够倾听用户需求，进而了解用户需求、满足用户需求，实现新闻采集工作及业务运营的改善。

美国报业的付费墙战略，能否成为拯救报业的最后一根稻草，还需要拭目以待。即使是以专业内容生产著称并大力探索付费墙的《纽约时报》和《华尔街日报》，事实上还在不断寻求"好内容"带来的流量用户如何变现的商业模式，包括试图整体迁移到移动互联网、"不务正业"开展电子商务等思路。2016 年初开始，《纽约时报》正与食材速递公司进行合作，开展外卖业务，让读者通过该报网站或者 APP，从菜单上挑选菜式和种类，订购生鲜食材送货上门，再根据网站提供的食谱烹调美食。这被一些媒体观察人士认为，昔日的"灰贵妇"正在为五斗米折腰，放下了矜持的身段。《纽约时报》送"外卖"这一招到底能给《纽约时报》的财报增添多少亮点还有待观察，不过该报的美食专栏一向颇受好评，大有潜力可挖，开辟了一条将流量变现的可行道路。另外，《纽约时报》还推出了在线购票、地图和珠宝等业务。这些探索不断取得实效，推动纽约时报公司用户呈现持续可观增长。仅仅在 2017 年第四季度的网络版纯数字订阅增加了 15.7 万份，全年订阅总营收超过 10 亿美元，占公司总营收的 6 成。受数字订阅增长的推动，2017 年的总营收增长了 8%，达到 17 亿美元，第四季度增长了 10%，达到 4.84 亿美元。[①]

第二节 日本报业发展及其多元化跨位战略

从 20 世纪 80 年代开始，日本报纸的发行量和普及率就雄踞发达国家之首，日本是世界上报纸普及率最高的国家之一。日本的传统报纸分为四大类型：第一类是全国发行的综合性大报，如《朝日新闻》《读卖新闻》；第二类是跨区域发行的报纸，如《北海道新闻》；第三类是地方性报纸，如《神户新闻》；第四类是专业类报纸，如《日本农业新闻》。其中，规模和影响最大的是全国性发行的报纸。日本最著名的全国性报纸被称为五大报系，指的是《朝日新闻》《读卖新闻》《每日新闻》《产经新闻》《日本经济新闻》五家报纸。[②]世界新闻协会 2012 年发布的数据显示，2011 年全球发行量最大的 10 份报纸中有 5 份在日本，分别是第 1 位的《读卖新闻》（1000 万份）、第 2 位的《朝日新闻》（750 万份）、第 4 位的《每日新闻》（350 万份）、第 6 位的《日本经济新闻》（300 万份）、第 9 位的《中日新

[①] ［美］威廉·E. 卡斯多夫主编：《哥伦比亚数字出版导论》，徐丽芳、刘萍译，苏州大学出版社 2007 年版，第 376 页。

[②] 斯眉：《纽约时报 2017 年总营收增长 8% 订阅收入占比六成》，新浪科技，http：//tech. sina. com. cn/it/2018-02-09/doc-ifyrkuxs6813961. shtml。

闻》（280万份）。① 在新媒体和"数字域"技术体的冲击和金融危机的影响之下，全球报纸产业都面临着巨大的挑战。作为"报业帝国"的日本，虽然依旧占据着全球发行量十大报纸排行榜的半壁江山，但是我们可以从日本报业协会发布的近五年的数据清晰地看到，无论是报纸的发行总量，还是平均每户订阅报纸的份数，都呈现出持续明显下滑的趋势。（见图6—3）

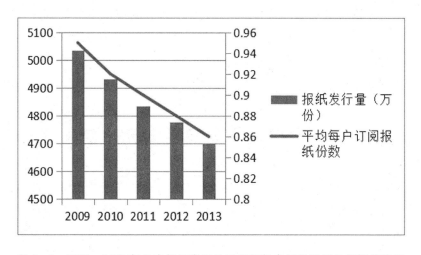

图6—3　2009—2013年日本报纸发行量及平均每户订阅报纸份数变化情况

　　日本报纸的发行量和广告收入持续减少已经使日本报业意识到报纸作为单一媒介发展的局限性。它们一方面采取共同利用销售网点及印刷等资源，相互提供新闻消息、照片以降低编辑费用，甚至裁员等方式来达到节流的目的，以弥补不断下滑的广告收入和发行收入；另一方面不断探索新的商业模式以达到开源的目的，开始探索借助多元化跨位发展路径来维持甚至壮大报业集团的发展。

---

　　① 　崔保国：《日本报业的数字化转型》，《中国报业》2009年第8期。

一、日本报业发展的特点

（一）温和而保守的转型

从图 6—3 可以看出，2009 年以来日本报业不管是发行总量还是平均每户订阅报纸份数都呈下降的趋势，但是这种下滑与英美等报业发达国家的状况以及中国的"断崖式"下滑相比相对温和一些，《读卖新闻》甚至通过狠抓自己的发行店系统扩大零售渠道（如 JR 的 KIOKS 等为代表），还在近几年实现了零售上的显著增长。[①] 这种相对稳定的发行量导致了日本整个报业相对温和与保守的转型。面对数字化趋势，一些报纸策略消极，在内容和用户群上严重依赖传统报纸，即开发相对较少的数字业务，即便有数字业务，也是对传统报纸及其读者服务的延伸和补充。发行量最大的《读卖新闻》为此种消极举措的典型代表。其消极的数字化举措，主要表现为以网站在线提供信息为主，而主要受众群依然定位在其传统报纸客户上。该报 1995 年开通新闻网站"读卖在线"（Yomiuri Online），报纸刊登的报道进行简要化、压缩式上载，重要新闻配以新闻图片，完全免费阅读。2006 年，《读卖新闻》推出在线网络服务"yomimo"，但只面向其订阅客户，以会员制的方式，按照订购报纸年限的长短分为三个等级，免费提供相应层次的服务。2009 年，该报推出收费会员制的医疗·看护·健康信息专业网站"yomi Dr"，分为提供全日本 8000 余家医院详细信息数据的"医院的实力"、被称为读卖版医疗百科全书的"医疗大全"两个部分。该网站的会员制度也是"内外有别"，非"yomimo"网站会员月额420 日元，而"yomimo"网站会员仅为 210 日元。2012 年 5 月，面对日益庞大的移动阅读用户群，《读卖新闻》推出面向智能手机、平板电脑等移动阅读终端的收费服务"Yomiuri Premium"。同样，该服务仍然只对《读卖新闻》报纸订购用户开放，订购用户只需在每月订购费基础上加

[①]　蒋丰：《日本传统媒体如何突破新媒体重围?》，中国新闻网，http：//www.gedahk.com/2014/industry_0625/1285.html.

175 日元便可享受全部服务。① 这样相对消极与温和的转型并不只是体现在《读卖新闻》上，这种较为特殊的现象在日本有着深厚的土壤。

传统的发行模式、日本民众的阅读习惯、报业的收入结构、日本的年龄结构间接导致了日本报业的温和、保守的转型之路。

首先，日本报业的巨大发行量，与其发行制度直接相关。欧美以及中国的传统媒体出现生存危机，很重要的原因在于渠道失灵，即再好的内容无法顺利地到达读者，日本的发行制度在一定程度上避免了这一问题。日本报业发行采用宅配制度，由各报纸销售点的投递员直接送报到户。宅配制度下，日本报纸投递的核心渠道是营业所，而非邮政。报社与营业所通过签约缔结合作关系，并无所有权关系。读者通过电话随时订阅报纸，营业所即刻负责配送，并上门收取订费。营业所通过诸如小生活用品、电影票等礼物回馈订户，以此建立紧密关系。日本报纸营业所有约 2 万家，网点遍布城乡。充满浓浓人情味的宅配制度效果显著，日本报纸 95％的发行量依靠订阅，零售渠道销售只占 5％。②（见图 6—4）

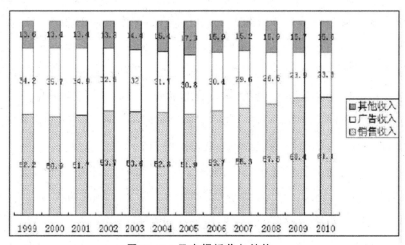

图 6—4 日本报纸收入结构

资料来源：据日本报业协会发表的 1999 年度（1999 年 4 月—2000 年 3 月）至 2010 年度

---

① 刘怡祥：《新媒体崛起时，日本五大报纸如何应对电子化》，虎嗅网，http：//www. huxiu. com/article/812/1. html。

② 薛宝琴、高昊：《日本报纸数字化发展战略及启示》，《新闻界》2015 年第 5 期。

（2010 年 4 月—2011 年 3 月）的收入数据整理。①

　　其次，日本报业的收入结构决定了其相对温和而保守的转型。当代报业，在世界范围内，广告收入普遍是报业收入的核心支柱。以中国为例，在进入 21 世纪以后，广告收入长时间占报纸经营收入的 70％—80％，近年广告流失较为严重，报业开始另辟财源，但是广告收入依然占总收入的 50％左右。② 日本的情况有所不同，发行收入所占比例较高，是核心收入，广告相对较低。据日本报业协会发表的报纸发行量相关数据，可以看出自 1999 年以来收入结构的变动状况。从销售收入占比看，1999 年为 52.2％，此后虽有些年度下降，但几乎是持续增高的，到 2010 年已达到 61.1％，12 年间增长了 17％以上；而从广告收入占比看，1999 年为 34.2％，到 2010 年已经下滑至 23.3％，12 年间减少了 31.8％；而非主营的"其他收入"占比，则从 1999 年的 13.6％缓慢增至 2010 年的 15.6％。（见表 6—2）

表 6—2　2001—2010 年日本报业收入变化　　　　（单位：亿日元）

年度	总收入	增长率（％）	销售收入	增长率（％）	广告收入	增长率（％）	其他收入	增长率（％）
2001	24，890	−1.3	12，858	0.1	8，687	−3.6	3，345	−0.8
2002	23，721	−4.7	12，747	−0.9	7，709	−11.3	3，265	−2.4
2003	23，576	−0.6	12，640	−0.8	7，544	−2.1	3，392	3.9
2004	23，797	0.9	12，573	−0.5	7，550	0.1	3，674	8.3
2005	24，188	1.6	12，560	−0.1	7，438	−1.5	4，191	14.1
2006	23，323	−3.6	12，521	−0.3	7，082	−4.8	3，720	−11.2
2007	22，490	−3.6	12，428	−0.7	6，646	−6.2	3，416	−8.2
2008	21，387	−4.9	12，317	−0.9	5，674	−14.6	3，396	−0.6
2009	20，024	−6.4	12，087	−1.9	4，785	−15.7	3，152	−7.2
2010	19，323	−3.5	11，814	−2.3	4，496	−6.0	3，013	−4.4

资料来源：据日本报业协会发表的数据整理。③

---

① 钱铮、孙巍：《日本报业：新媒体时代的生存之道》，《中国报业》2012 年第 9 期。

② 尹良富：《近十年来日本报业经营状况及其转型分析》，《新闻记者》2012 年第 10 期。

③ 中广协刊分会：《中国报纸广告市场 2014 年度报告》，中国广告网 http://news. cnad. com/html/Article/2015/0206/20150206093339477. shtml。

而从发行收入的绝对数额来看，自 2001 年至 2010 年的 10 年间，销售收入虽然处于不断下滑的趋势，但是下滑的幅度并不大，基本呈现企稳的态势。由此可以看出，日本报业对销售收入的依赖逐年增大，而广告收入在逐年萎缩，销售收入继续充当日本报业经营的最大稳定器。①

再次，日本国民有良好而持久的读报习惯使日本报业不会轻易转型。日本读者对特定媒体的"黏性"很强，日本读者一旦订阅某一份报纸，一家几代人就"从一而终"地订阅这份报纸的情形非常普遍。第三方调查机构中央调查社所做《2011 年全国媒介接触与评价调查》表明，日本读者订阅报纸的平均年限为 14.3 年，超过 15 年以上的为 66.4%，超过 10 年以上的为 9.5%，两者合计高达 75.9%。忠诚的读者与日本传统报业休戚与共，日本报业本身对读者负责任的态度更加固化了这种关系。这使得日本报业不像很多其他国家那样面临严重的生存危机，亟须转型脱困。

最后，日本社会的年龄结构也保证了日本报业在较长的时间内无生存之虞。原因在于日本属于老龄化社会，老年人口比例高，且有深厚的报纸阅读习惯，因此，短时间内报纸依然有大量的忠实读者，并且日本的低人口出生率使老龄化社会的形态依旧。据日本政府的粗略计算，2040 年日本 65 岁以上人口将达到 14 岁以下人口的近 4 倍，可以判断日本报纸在一定时期内依然具有生存空间。②

（二）发力青少年市场和深耕老年人市场

在数字媒体环境下，传统报业面临着严重的青少年读者缺乏的问题。从长远考虑，近年来日本报业调整产品定位，将目光投向青少年市场。日本借鉴美国《华尔街日报》和《今日美国》的经验，大力推行"NIE"（Newspaper in Education）计划，将报纸带入课堂，由老师指导阅读国内外重大新闻事件，以及在报纸上介绍教师的创意和成果、辅助教材与指南，培养青少年的读报习惯。此外，朝日新闻社、每日新闻社开办专供中

---

① 尹良富：《近十年来日本报业经营状况及其转型分析》，《新闻记者》2012 年第 10 期。
② 尹良富：《近十年来日本报业经营状况及其转型分析》，《新闻记者》2012 年第 10 期。

小学生的报纸，读卖新闻社在晚报中增设面向小学生的专栏和孩子们喜欢的四格漫画来吸引中小学生阅读。[①]

为了稳固老年读者，一些报社在内容及其呈现上作出有针对性的调整，提高用户体验。从 2000 年开始，以《朝日新闻》为首的日本几大报纸纷纷改版，加大字号方便老年人阅读。此外，朝日新闻社还增设了生活栏目，满足老年人的特定内容需求，《朝日退休时代》也是定期面向老年人发行的信息特刊。读卖新闻业开启了超老龄化时代，报纸上的医疗健康与护理报道明显增多，包括医疗与健康版块、健康生活版块、护理版块、老年人生活档案和护理学入门栏目等，不只留住和吸引老年读者，还因其精准的定位吸引了众多高质量的医药厂商成为自己的广告客户。

（三）实行信息资源的多次开发

日本报业的数字化转型呈现出重视信息资源，从一次开发转变为多次开发的趋势。

首先是建立新闻网站，将报纸上的内容平移到互联网上。例如《朝日新闻》网站创建于 1995 年，是日本最大的新闻网站之一；1996 年日本经济新闻社创建日经网等，借助网络平台的海量、即时、互动等特点，为用户提供集文字、图片、音频、视频于一体的新闻信息。

其次是手机报的建立。据联合早报网报道，据日本政府 2008 年发表的调查报告显示，日本 7—12 岁学童有大约 1/3 使用手机，到了中学更激增到 96％。日本青少年对手机的依赖已经到了"无机不欢"的着魔地步，把手机排在仅次于生命的地位。[②]《朝日新闻》看准机遇，推出移动电话发短新闻业务吸引年轻人。《朝日新闻》2004 年推出月费只需 100 日元的短新闻下载服务，受到欢迎。登记使用该项服务的订户很快就超过了 100 万。从 2002 年起，《每日新闻》开始向手机用户发送"每日看点"的新闻短信。发送时间为每天下午 7 时左右，内容包括金融经济、体育、娱乐

---

① 钱铮、孙巍：《日本报业：新媒体时代的生存之道》，《中国报业》2012 年第 9 期。
② 尹良富：《日本报业集团研究》，南方日报出版社 2005 年版，第 13 页。

等。日本经济新闻社旗下日经网现约有 3 万的注册订户，约 17 万的手机订户。他们通过付费的方式获得日经网的新闻服务。

再次是数据库服务的开展。日经的数字媒体已经有 30 年历史，可以说是一个综合性的数据库事业，具有数据下载和检索的服务。《日本经济新闻》很早就开始建构数据库业务，从 20 世纪 70 年代到现在，已经拥有二三十年的数据库信息，销售额每年高达 300 亿日元。[①]《朝日新闻》网站创建于 1995 年，是日本最大的新闻网站之一，在硅谷设有"媒介开发中心"，专门收集硅谷最新发展动向。除了进行新闻速报外，这家网站还建立了囊括新闻、图片、人物、团体等综合信息的新闻数据库，读者可以付费注册网上查阅系统，获得所需资料。

（四）以合作的姿态进行转型

日本全国性报纸与电视、广播有深厚的渊源。《读卖新闻》属于日本电视网 4 频道，《朝日新闻》隶属于 10 频道。在日本，绝大多数媒体之间都有坚实的合作基础，报纸、电台、电视、网络等媒体在面对生存危机时，它们与美国实现拆分不同，大多会抱在一起集体取暖。这种战略，一是保证日本媒体可以形成合力，共度难关；二是保证对整个媒介生态的把握以调整策略。[②]

从竞争走向合作的趋势主要体现在三个方面。第一种是传统报纸之间合作，抱团取暖，共同对抗新媒体的挑战。原本为竞争对手的《读卖新闻》和《朝日新闻》联合《日经新闻》，于 2008 年推出了三家联合运营的新闻网站（http：//allatanys.jp/）。该网站设立的"比较新闻"栏目，将三家报社的报道展示在同一个版面上，方便读者对三家报社的报道角度和立场进行比较。"三社评论高峰鼎谈"栏目中三家报社的资深评论员会展开论战。读者通过网站提供的链接可以到各报网站阅读相关报道的详细情况。虽然这家联合新闻网站在 2011 年底只获得了 27 万用户以及 560 万的

---

① 中国新闻网：《日本青少年对手机"走火入魔"视手机仅次于生命》，转引自新华网，ht-tp：//news. xinhuanet. com/world/2008-01/12/content _ 7409642. htm。
② 崔保国：《日本报业的数字化转型》，《中国报业》2009 年第 8 期。

网页浏览量，不得不在 2012 年初关闭，但是通过这次网站的合作开启了三家报社在印刷、销售网络和信息使用上进一步合作，也为削减成本打下了基础。第二种是传统报纸与新媒体合作，借助新媒体的优势扩大传统报纸的影响力。2010 年 6 月，《每日新闻》与 Twitter 合作，推出名为 "Mainichi RT" 的 8 开日刊小报。该报将其官方网站阅读排行榜上的热点新闻和在 Twitter 上收集到的话题印在这张报纸上，一周发行 6 期，每期 24 版，目标读者就是那些不愿意阅读纸报的年轻人。还有一些日本大报打包重头新闻稿件，在亚马逊的 Kindle、乐天的 Kobo、苹果的 iBook 上以较低价格出售，方便读者随时购买。第三种是传统报纸与其他高科技企业合作，共同开发适用于新媒体的新闻内容。《读卖新闻》《朝日新闻》《每日新闻》与奥林巴斯合作推出 "M-Studio"，开发各大语音版新闻。这些报社在移动终端上对新闻二次利用获得了较大收益。其中，《读卖新闻》该项业务开发所创造的年利润能达到 1 亿日元以上。

二、日本报业的多元化跨位发展战略

日本报业虽然同样面临衰退危机，广告收入下降显著，但相对而言，日本报业及其从业人员依旧是"温室"里的花朵。[①] 在这座孤岛上，日本报业的转型润物无声，很多传统得以保留和延续，为日本报业的稳定提供了一个较为隔绝的小环境。报业实施多元化的发展在各国都不鲜见，但就规模和程度而言，多元化跨位发展已经成为日本报业的传统特色。为了直接创收、增加赢利，扩大影响、增加发行，服务民众、有益社会，吸收劳动力以及实行综合利用，充分发挥和挖掘人力、物力、财力以及平衡收入、稳定经营，日本报业在 1888 年便开始了多元化经营的尝试。当年，《东京朝日新闻》买下东京唯一的交通工具铁道马车，让读者免费乘坐以此吸引读者。20 世纪初，日本报业通过举办体育相关活动增加发行。《中央》免费邀请读者观看国技馆的摔跤比赛，因此发行量激增 1/6；明治末

---

① 部书锴：《探寻〈朝日新闻〉亏损的原因》，《新闻实践》2010 年第 9 期。

年，朝日邀请美国航空家驾驶最早期的飞机在日本各地举行飞行大会，普及航空知识。1921年，开始搞中等棒球活动。大正十二年，朝日开设了日本最早的定期邮政飞行，是报社早期开办非报业经营活动的一大壮举。与此同时，以出版期刊为主的附带性出版业也开始兴盛起来。昭和二十年代，美术、纪念、科学等方面的事业活动开始活跃、引人注目，如读卖办的"毕加索画展"、"讲和条约缔结纪念"活动、"原子能和平博览会"、"学生科学奖"等。20世纪60年代，一些大报社开始自办或联合办大规模音乐团体，著名的以读卖新闻、日本电视、读卖电视为母体的财团法人——"读卖日本交响乐团"，就是这时办起来的。经过长期的发展，当代日本报业多种经营的项目已极为复杂，综合起来看，主要包括以下一些方面：杂志、书籍的编辑、出版；从外单位承接来的各种印刷业务；广播、电视业；电影制作、照相、录音业；文学、艺术、体育活动及各种文、体团体；教育事业、学术活动；各种展览会、博览会；观光旅游、旅店服务业；交通运输业；保险代理业。[①] 1999—2010年期间，多种经营的收入占报业总收入的13%—16%，且总体呈上升趋势。迄今为止，多元化跨位发展战略依旧是日本报纸企业的主要发展战略。

多元化跨位发展战略是指报业通过战略性资产重组以及人、才、物等资源的整合，将内部资源向外部其他媒体或非媒体行业渗透和扩张，同时生产和提供两种以上不同用途的产品或服务，达到以报业产业为主业、涉及多行业的态势。报业实施多元化跨位发展战略，既有外部动因，又有内部动因。从外部动因来讲，数字媒体强势发展，报业面对挑战的同时也看到了新的市场机会，积极与数字媒体寻求融合，一是规避风险，二是向数字媒体转型。从内部动因来讲，首先，由于生产成本不断上涨，报业集团希望通过"范围经济"来降低生产成本，即以核心产品为圆点，以相关产品为半径，涵盖多种产品或服务，通过经营范围的扩大来降低单位成本。其次，报业集团希望通过不同产品和业务之间在生产管理、市场营销、人

---

① 野岛刚：《日本媒体面临安乐死》，《商周刊》2015年第13期。

才技术等方面的联系产生协调效应，引起节约成本、提高效率、改进工艺、合理避税等效果。[①] 此外，报业集团还希望通过多元化跨位发展战略提升竞争能力和企业的市场地位。最后，经营者的动机也是实施多元化跨位发展战略的动因之一。通过多元化跨位发展经营，经营者可以获得更广范围的管理特权和资源支配权，报业集团规模的扩大有利于提升经营者的社会影响力，因此，经营者在很多情况下寻求多元化动机。[②] 日本报业的多元化跨位发展战略主要体现为同心多元化跨位发展战略、纵向多元化跨位发展战略、跨媒介多元化跨位发展战略和跨行业多元化跨位发展战略。

（一）同心多元化跨位发展战略

同心多元化跨位发展战略是指报业利用原有的生产技术条件，开发与报纸业务相关但用途不同的新产品，如报纸与其他专业机构合作，创办杂志、电台等相关产品。以日本经济新闻社为例，其核心业务是出版和发行报刊，旗下有报纸《日本经济新闻》《日经 MJ》《日经产业新闻》《日经金融新闻》《The Nikkei Weekly》等。然而，在报业市场饱和之后，还设有广播事业部，经营东京电视台、大阪电视台、北海道广播电视台等；有出版事业部，经营日经出版社、日经商业出版社和日经科学出版社；新闻事业部经营日经大阪广告公司、日经媒体推广公司、印刷中心和 Henshu 广告制作公司等。又如《朝日新闻》，每年发行超过 700 多种杂志和书籍，旗下拥有广播电视集团公司，它包括 12 个联播电视台、9 个交叉网电视台、1 个普通电视台和 12 个调频广播电台。采取同心多元化跨位发展对于报社来说可以驾轻就熟地扩大经营范围，发挥自己的核心竞争力，规避市场风险，降低经营成本，扬长避短，以降低的风险吸引新用户，以提供信息资源作为多元化跨位发展的平台向其他产业延伸的战略，扩大自身的影响力和知名度，成为媒介资本寻求突破和保值增值的基本战略。

（二）纵向多元化跨位发展战略

纵向多元化跨位发展战略是指报业集团按照报纸生产流程及流通方

---

① 许青：《日本报业的多种经营》，《国际新闻界》1986 年第 3 期。

② 刘友金：《企业可持续多元化经营战略》，中国经济出版社 2008 年版，第 47 页。

向，深度开发生产链上除报刊以外的关联产品，从事与自身业务范围有关的多元化经营活动。① 在日本，有众多报社利用自身的物资与人才优势成立印刷公司、广告公司和出版、发行公司，以降低信息生产成本和交易成本，形成范围经济和规模经济。日本报业瞄准数据库建设，通过延长产业链，建立内容数据库，供用户在网上查询数据和信息。任何报纸，经过多年的发展，都会拥有巨大的信息资源，而如何将这些"沉睡"的信息唤醒，实现二次利用，扩大报社或集团收入成为当前的重要思考课题。内容数据库的目标是在存储数字化过刊的基础上，通过将过刊的内容进行归类、整理和挖掘，形成专业性的特色数据库，不但可以为自身后续的专题性报道提供素材，还可以对政府、企业和个人用户开放，提供有偿数据库服务。

以《日本经济新闻》为例，它拥有日经 NIKKEI Telecom、NIKKEI NEEDS 和 NIKKEI NET 三个主要数据库。从数据库内容而言，Telecom 汇总了多类经济类报刊的新闻信息，各大企业的财务数据、业绩预测和人事信息，股票、债券、期货和商品在内的市场信息，企业调查公司提供的外部信息，零售店铺 POS 数据信息，JOIS TKC 法律信息，NRI CYBER PATENT 网络知识产权等专业信息等。NEEDS 数据库包含企业财务数据库、市场信息数据库、宏观经济数据库和 POS 数据库等四个子数据库，包括政府统计公报、企业财务报表、商品销售数据近 500 万条信息。另一项服务是经过精确的分析，发布景气预测、各种指数和排名以及调查数据。NET 日经网提供新闻速报、股价等数据信息服务。从数据库的访问量和营收来看，Telecom 数据库提供的付费新闻与商业信息检索服务在三大数据库中收益最高，占比超过一半，每天有 1500 万次的点击率。NET 日经网的页面浏览量每天也达到 1500 万到 2000 万。②

此外，一些大型的报社还通过与金融机构联姻，进行融资和寻求资本

---

① 刘友金：《企业可持续多元化经营战略》，中国经济出版社 2008 年版，第 49 页。
② 宋建武主编：《2010 年中国报业年鉴》，中华工商联合出版社 2010 年版，第 292 页。

支撑。纵向多元化跨位发展战略保证了报业在上、中、下游产业链上的每个环节形成完整的产业链条，将原材料供应、产品生产、销售渠道、资本运作等业务纵向整合，使其处于报社的内部控制之中。

（三）跨行业多元化跨位发展战略

跨行业多元化跨位发展战略是指报业集团利用自身的优势，凭借资金、设备、人才、市场等方面的优势，进入与主业不相同或不相干的新行业经营，以拓展报纸产业的利润和发展空间，实现资本的更大扩张。读卖集团作为日本最大的传媒集团，旗下拥有 180 个子公司，经营范围除了涵盖广播、电视、报纸、图书之外，还包括旅游、教育、音乐制作、博物馆、房地产等其他行业。旗下的旅行公司读卖旅行，年营业额超过 100 亿日元；读卖理工学院设有 IT、汽车整备等专科学校，报考者为高中毕业以上学历者；读卖日本电视文化中心，在首都圈为中心的 24 个地区经营包括外语、绘画、书法、舞蹈等各种讲座业务；读卖日本交响乐团，成为与 NHK 并列的两大交响乐团。特别值得一提的是《读卖新闻》组建的职业棒球俱乐部——读卖巨人军。《读卖新闻》将报纸的发行促销与职业棒球赛的经营捆绑在一起，利用报纸版面宣传推广巨人俱乐部，反过来，巨人俱乐部又为报纸提供了丰富的体育报道素材，培养了一批忠实的固定读者。《读卖新闻》还为巨人俱乐部开设了专门的体育网站，内容包含详细的比赛介绍、运动员数据库、精彩的比赛片段等，还经常会赠送小礼品，成为整合营销传播的典范。这些跨行业的多元化都支持着《读卖新闻》的发展。

日本报纸在 20 世纪就开始涉足文化体育事业，各大报社每年都要举办各种展览会、体育比赛、文艺演出活动，并参与其他团体主办的文化体育活动，如棒球赛事、棋类赛事等，成为推动日本文体事业的主要力量。这些大型活动曾经为报纸带来了人气，增加了发行量。近年来，日本报业界提出了"向文化要收益"的口号，开始借助报纸资源开拓电影产业。报社作为电影制作委员会的成员与电影公司、发行公司、广告公司共同投资电影，采取"共同出资共担风险"的方式，并且取得了成功，投资拍摄电影几乎囊括了日本本土获得高票房收入的所有电影。

实施多元化跨位发展战略可以改变报纸单一依赖广告作为收入来源的现状，可以扩大经营范围，分散风险，提高经营的安全性，还有利于报业向其他新兴行业转移。反过来，其他经营领域的成功也有利于报纸产业的发展。日本报业这种多元化跨位发展的战略实现了其赢利渠道的多元化，广告收入一般只占报业总收入的40%左右，跨位发展的业务利润为整个报业提供了稳定性支撑。这样一来，既能让报纸摆脱广告商的控制，保证报纸的独立性和公正性，又能让报业融进新鲜血液，吸收新兴行业，特别是新媒体在经营和管理等方面的长处。但是，在实施多元化战略的同时，要保证报业组织的核心竞争力，避免进入陌生行业和过度扩张，造成企业资源分散、运作费用提高、管理难度加大、资金链断裂。

日本多元化跨位发展战略的实施具有三项基本条件。首先，具备前期基础。日本报业在前期投入巨额资金和精力，如平台的搭建，数据的收集、挖掘和分析以及读者关系的维护。其次，重新定义合作伙伴。多元化的跨位战略成功的基本要件是协作，仅仅依靠报业自身的力量是远远不能实现的，日本报业与技术运营商、数据提供方、数据管理商、资讯服务商、娱乐公司、体育公司等开展了广泛的协作。最后，坚持用户需求导向。这是数字化时代产品和组织转型的核心观念，日本报业跨位发展的新业务都是基于用户需求打造具有不可替代性的服务。

第三节 英国报业发展及其平台战略

英国是现代报业的故乡，300多年的发展，不仅建立了与美国不同的公共新闻体制，留下了具有百年历史的《泰晤士报》《每日电讯报》《卫报》等一批有世界影响力和专业声誉的大报，更有深厚的民众读报传统。英国15岁以上人口中有超过2/3的人至少阅读一份全国性日报，报纸的人均销量为发达国家之首。新兴媒体也给英国传统报业带来了巨大的冲击，新世纪以来英国的报纸发行量下降1/5，英国报业以"数字优先"的策略进行转型，取得了成效。其转型本身因为传统、理念、地理、人口结构等因素不同而具有自己的特点。

一、英国报业发展的特点

（一）开放式新闻生产模式的实践

英国报业在面临新媒体的挑战下，利用社会化媒体，积极探索开放式新闻生产模式。以英国的《卫报》为例，2011 年《卫报》打破在编辑部内部进行的传统封闭式新闻生产，实践"开放编辑部（Open News）"，主要的操作变化是将编辑部策划的选题放在社交媒体上，根据用户的交流和反馈情况确定最后的选题，用户对新闻的评论也作为《卫报》网络版新闻的重要来源，在报道过程中也完全向公众开放，用户通过对社交平台上的新闻的评论，影响甚至决定后续的报道方向。由此，《卫报》拓展了新闻素材的来源，节约了新闻采集的成本，还与用户进行了充分的信息交流、沟通，增强了用户在新闻报道中的参与感和对《卫报》的归属感、认同感。另外，开放式的新闻报道可以帮助自身在很大程度上摆脱了在漫长的从业经历中形成的固有立场和观念对新闻报道的制约，重新塑造了全面、客观、公正的形象。[①]

在数字媒体时代，开放式的生产的实质是实现新闻生产的社会化，在实施数字化转型的过程中，对提升新闻产品的品质和聚合海量的用户都是必需的。例如，对于那些难以独立完成的调查性报道，选题的环节的开放可以确保新闻价值；在新闻采集环节，发起者可以不断得到来自海量的节点化用户在信源、数据或观点上的支持，在协作中完成新闻报道，用户广泛、深入的参与也可以提高新闻传播的覆盖率。[②]

[①] 崔保国、何丹嵋：《〈日本经济新闻〉的数字化转型模式》，搜狐传媒，http：//media. sohu. com/20130529/n377387906. shtml。

[②] 屈国超：《社会化媒体助力中国报业转型——英国〈卫报〉〈金融时报〉改革对中国报业的启示》，《视听》2014 年第 12 期。

（二）大数据技术的深度应用

在英国报业的数字化转型过程中，用大数据引领新闻生产成为普遍趋势。[①] 英国报业协会培训部主任托尼·约翰斯顿表示："在英国，数据新闻成新宠，数字记者最抢手。"现在，英国的每家媒介机构基本都拥有自己的专业数据分析团队，数据分析师占有相当的比例。《泰晤士报》建立了自己名为"新视觉新闻团队"的数字新闻队伍。其成员包括数据记者、信息编辑、内容设计编辑、效果展现程序员、数据挖掘员和设计总监。这个团队的核心任务是提炼新闻并对数据进行整合，用简单的可视化的形式来阐释时事新闻。在具体的能力要求和职责上，数字记者需要具备搜索、写作、调查、提炼观点、制图等能力，职责是选题、挖掘和编辑数据；数据挖掘员要具有数据深度研究、数据运算、从多种渠道快速调出数据等能力；信息编辑和内容设计编辑负责制图、信息沟通，要具备图标设计、信息设计、初级 HTML 编程、插图绘画、后期制作等能力；视觉总监是项目负责人，负责确定选题、编辑数据、制图和成品出稿等。在新闻生产中，英国报业对于大数据的应用也不乏成功案例。2014 年 9 月，苏格兰国家公投前夕，《太阳报》利用大数据进行分析，告知苏格兰脱离英国独立后可能产生的全面不利影响，影响苏格兰民众。另外，《卫报》在 2010年 10 月刊载一则有关伊拉克的战争日志，该报使用来源于维基百科的数据，利用谷歌地图免费提供的 Google Fusion 制作了一幅点图（Dot Map）将伊战中所有的人员伤亡情况显示出来，数据多达 39.1 万条。这则新闻引起了英国各界的巨大反响，在一定程度上促成了英国撤军。大数据不仅能生产新闻，还能前所未有地深入了解目标读者，《金融时报》网页设计的计量模式能收集和建立用户及其网上行为的海量数据库。其团队可以利用三角法测量数据，记录其使用的终端设备、访问时间、停留时间、所做事件及阅读的内容。[②] 这样的数据库的建立，极有利于对用户实行精准化的传播。

---

① 喻国明、李慧娟：《大数据时代传媒业的转型进路》，《现代传播》2014 年第 12 期。
② 甘毅：《英国媒体大数据应用初探》，《新闻战线》2015 年第 2 期。

二、英国报业的平台战略

"平台"的核心功能是在报业与用户失联的情况下，重新实现双边（或多边）主体之间的连接。具体而言，报业构建的信息平台是要实现报业与用户之间、报业与第三方机构之间、用户与用户之间的连接。信息平台是"建立在海量端点和通用介质基础上的交互空间，它通过一定的规则和机制促进海量端点之间的协作与交互"[①]。实施平台战略，构建信息平台是实现报业数字化转型的重要路径。

纵观英国报业的转型历程，平台战略的实施核心举措是通过内部整合与外部吸纳，聚合平台资源和服务；完善配套机制，打造平台"生态圈"；重视平台技术的应用与开发。

（一）通过内部整合与外部吸引，聚集平台资源

首先，通过组织变革和生产流程变革整合内部资源。服务与内容资源的聚集是构建平台的基础，英国报业通过集团内部组织机构和生产流程的再造，"摒弃一班人马、一个媒体、一个平台、一个市场的竖井式生产模式"，在组织内部设置"智能生产与推荐"式的控制中心，实现对内容的聚合。

以英国的《每日电讯报》为例，在 2006 年以前，报纸各个版面的工作人员在不同区域区隔办公，编前会独立进行，部门与部门之间、记者与编辑之间缺乏沟通，无论是人力资源，还是内容资源的共享率都处于低水平，赢利受到工作方式的负面影响。2006 年，《每日电讯报》开创"中央辐射型"办公区，通过空间的聚集实现组织变革和生产流程变革，达到内容聚集。新的办公场域中心是核心区域和决策区，报纸总编辑、网络总编辑和其他部门的主任在此一起办公；围绕中间圆心区的不同媒体办公区呈辐射状依次在四周排开，各媒介的记者和编辑放在同一区域办公，打破了先前组织内部的刚性部门边界，因此内容实现了在中央核心平台上的聚

[①] 甘毅：《英国媒体大数据应用初探》，《新闻战线》2015 年第 2 期。

集。同时，总编辑们在中央决策区整合不同媒体生产的初始形态内容，并依据不同媒体形式及其用户的特征进行内容的二次加工和媒介形式与产品的匹配。在实现内容平台化整合的同时，"中央辐射型"办公室还使以前分散的人力资源、内容资源和设备资源形成聚集，有利于媒体与媒体之间、部门与部门之间、媒体与部门之间等多方的沟通，提升整体工作效率。

其次，采取拉式战略，吸纳外部资源。传统媒体固有的转型思维是将内容产品通过多层次的媒体矩阵传播以实现到达率的提升来稳定或建构新、旧赢利模式。平台思维作为高阶思维，其运行的基本机制是通过"连接两个（或多个）特定群体，为他们提供互动机制，满足所有群体的需求"[1]，因此在实现内部内容资源整合的基础上，聚合用户需要的外部资源和服务更为重要。第一，与政府、企业、第三方咨询机构等生产、汇总和传播高价值、多样化的政治、社会、经济信息的机构建立合作关系，作为信息平台的"边"。第二，吸引技术商的入驻。信息平台期望合作的技术商包括平台系统技术支持商和程序服务应用商，前者能够保障平台系统在计算机与网络技术不断迭代的情况下平台系统不被淘汰以及通过关键词、标签等技术手段整合与应用内容资源。例如，在信息平台上，通过引入数据分析商，充分利用用户在信息平台上产生的行为数据，进行用户画像，直接销售数据库资源，或生产满足用户个性化需求的产品进行精准销售。后者则是平台系统的子模块供应商，满足用户不断变化的需求的关键。第三，连接社交媒体资源，导入内容。在互联网和移动互联网的传播背景下，社交媒体是用户行为的重要场景，是用户新闻接触的第一入口，从内容价值的角度来说，经过海量用户协同选择的高热度内容最能够代表用户的需求与口味。因此，与社交媒体连接在一定程度上意味着用户和流量的导入。《每日邮报》不专设视频制作团队，仅有专门的流媒体编辑或

---

[1] 谷虹：《信息平台的概念、结构及其三大要素》，《中国地质大学学报（社会科学版）》2012年第3期。

视频编辑，通过对 You Tube 等社交媒体上的内容进行二次编辑的方式来生产，每天在网上推出100个视频。这些视频或作为独立的视频新闻，或作为深度新闻报道的补充。这种依靠社交媒体增强内容建设的方式，不仅可以节省人力、物力和财力，还可以增加点击率以及广告收入。

（二）完善配套机制，打造平台"生态圈"

"生态圈"的构建是打造报业主导的信息平台的重要环节，其中配套机制的完善程度关系平台的活性。近年来，英国报业明显更加重视平台"生态圈"的建设，体现在以下三个方面。

第一，建立多样化的激励机制。对于平台生态圈中的各方而言，实现特定目的是根本性动机；对于服务提供商而言，利益的分配是核心。而对平台中最终的用户来说，其利益点更为多元，需要建立多样化的激励机制，但其起点是"用户本位"。对于报业而言，要激励用户阅读数字报业的新闻产品，仅仅靠订阅价格折扣的激励机制是不够的，应该深入分析用户需求，提供更多附加值。以《泰晤士报》为例，在其网站上除了《泰晤士报》和《星期日泰晤士报》之外，还有 Times＋的内容。《泰晤士报》和《星期日泰晤士报》的订户，可以享受 Times＋的会员服务，内容包括私人博物馆之旅、半价看电影、赢取环球旅行、参加偶像见面会等活动，而且活动每周更新。因此，很多年轻人会为了享受 Times＋提供的会员服务而订阅《泰晤士报》《星期日泰晤士报》。

第二，趣味性与易得性的设计逻辑。信息平台中的用户以年轻人为主，尤其是"网生代"成为最活跃和最有商业价值的群体。他们在自主性选择信息服务的过程中，趣味性作为用户体验的重要方面越来越被重视。而在过往的报业数字化过程中，建立新闻网站、手机报、客户端只是进行了内容在传播渠道上的迁移，提供的趣味性相当有限。没能充分利用用户的"认知盈余"参与到内容建设，低参与度直接导致低趣味性的体验。另外，平台的设计要为用户提供便捷的操作性，使行为目标易得。例如，在基本的操作行为层面，要保证用户能够快速、简单地发布文字、图片、音频、视频。以《卫报》在2014年5月推出的APP为例，使用了"颜色语言"，通过细节提升趣味性和用户体验，在手机屏幕上通过不同颜色区分不同类型的内容。蓝色为核心新闻内容，灰色为多媒体内容，红色为直播内容，并且在这个应用中用户可以配置个性化的主页，根据自己的兴趣添加或删除站点的内容，还可以让网页只显示来自某一特定位置的消息，亦或是选择自己喜欢的卫报博主或撰稿者提供的内容。Guardian Witness 的内容平台允许用户上传新闻、照片和视频直接到 Guardian Witness 已启用的文章里，依靠用户的力量实现新闻内容的再加工，使新闻内容更加立体、更加丰富和完整。

第三，保障平台中多边的协同。平台的构建以多边的互动与协同为基础，报业作为数字化信息平台的主导者，要明确平台核心价值、根据用户需求定义平台合作伙伴、制定好平台中合作伙伴之间的沟通机制和利益分配机制的基础上与数据挖掘商、技术提供商、软件开发商、其他内容提供商等形成协同模式。建立平台协同模式有利于报业对技术与市场变化的反应速度。《泰晤士报》的 Times＋需要与商家合作，提供优惠折扣和活动信息；《卫报》APP 客户端上的娱乐互动需要与游戏软件开发商合作；一些数据新闻还需要与 Google 地图的定位和数据提供商、挖掘商的合作；还需要与 Facebook 和 Twitter 共享好友、共享内容。在整个平台运营中，各平台相互配合，形成协同效应。

（三）重视平台技术的应用与开发

"技术是传媒平台化再造中的核心竞争力的来源。"[1] 平台中数据的存储、整理、清洗、挖掘和查询等需要内容管理技术、定位技术、数据挖掘技术、搜索技术、算法等作为支撑，基于技术来实现平台上报业传媒集团内部各板块资源的共享和整合，实现对内容产品的二次组合和深度加工。英国的《每日邮报》通过监测各新闻信息的实时浏览量、阅读时长，及时调整新闻信息的排版位置，将用户感兴趣的新闻和图片始终放在最显眼的位置，还可以与集团外部资源实现双向交互，与第三方内容生产商或者与

---

① 陈威如、余卓轩：《平台战略》，中信出版社 2013 年版，第 7 页。

其他平台实现对接，解决不同内容产品在不同生产平台、传输网络和信息终端的通用性和兼容性问题。随着智能互联时代的到来，英国报业认识到仅仅拥有网络版已经无法挽救报业的颓势，只有不断开拓新兴的电子媒介平台，以用户的需求为出发点，报业才能找到新的出路，以一种开放拥抱的姿态来迎接新技术，积极以新技术来拯救并发展报业，甚至认为网络的出现和快速发展反而使报纸报道更加国际化和快速化，是报业发展的一大机遇。英国的报业集团中，有相当一部分已经实现了用户数据的全记录，除了可以记录网站的点击量和每一篇文章的浏览量，还可以记录用户点击后是马上跳转离开了，还是停留下来阅读，在网站上每一个栏目的停留时间长短都有统计。这些统计数据有利于进一步调整网站版的内容呈现和布局，优化用户体验。现在，英国几乎每家报纸都设立了公开的网络版、电子版，且大多是免费阅读。像《泰晤士报》已经实现以纸质、电子版、平板电脑、手机等四种方式的同时出版呈现。《泰晤士报》的相关负责人曾自豪地说："目前除买报纸阅读外，读者可以在所有的新技术平台上都能读到《泰晤士报》！"

与我国报业不同的是，英国报业更加重视技术平台的自主研发。像《泰晤士报》除纸质报纸以外的多种新媒体出版载体，都是由自己在做技术支持，而不是外包给相关的技术公司，这主要基于在技术应用上可以一切从读者的需求出发。其技术研发强调并遵从两个原则：一是一定要简单。读者是来读新闻的，一定要让读者通过最简单的操作就能读到内容，而绝不能让技术掩盖了新闻。二是一定要讲速度，即下载速度一定要快，读者在浏览新闻时后台还必须不停预先下载读者马上要看的内容，绝不能让读者因等待下载而放弃阅读内容。①

---

① 谷虹：《信息平台论——三网融合背景下信息平台的构建、运营、竞争与规制研究》，清华大学出版社 2012 年版，第 132 页。

第四节 发达国家报业转型发展战略分析

一、整体迁移互联网，做"数字新闻供应商"和内容生产平台

无论是美国报业的"付费墙"战略，还是日本报业的多元化跨位发展战略，亦或是英国报业的平台战略，三种转型战略代表了适应本国用户需求、重建产品与网生代有效连接的转型模式。不过，三种模式的共同指向极为清晰，报业必须向互联网整体迁移，做"数字新闻供应商"或者数据内容产品产消平台。

而从产业转型的效果看，付费墙战略只是美国报业在向互联网整体迁移过程中的一种"过渡战略"，暂时并没有能遏制报业断崖式下跌的趋势。实际上，《纽约时报》等媒体的探索指向已经明确：超越付费墙，迁移互联网，探索电子商务。日本报业的多元化跨位发展战略是与日本的传媒产业生态和用户需求相适应的。由于多种因素的共同作用，导致日本报业的转型呈现出相对温和的状态，甚至严格的版权保护措施也让日本的报业至今依旧占据着社会信息传播系统的主导地位。但是，在一个高度智能化的时代，"数字域"对报业的"重新域定"则是大势所趋。业界的一个基本判断是"日本报业没有像美国那么低迷。但是，在日本新闻界人们会说美国的今天就是 10 年后的日本"①。因此，美国报纸的付费墙战略也开始导入日本。2011 年，《朝日新闻》《日本经济新闻》开始探索实施付费墙；2012 年，《读卖新闻》开始推出"读卖赠送"的电子版服务；2013 年 6 月，《朝日新闻》建立了媒体实验室，希望可以借此突破传统报人的思维定势，为报业提供一个可以不断探索和创新的场所。总体来看，日本报业

---

① 马国仓、孙志勇：《网络时代报业的变与不变——英国报业转型发展的启示》，《中国出版》2012 年第 24 期。

的互联网迁移，步伐较之于美国稍微滞后，但也已经开始。至于英国报业的转型所采用的"平台战略"本身即是互联网企业的基本发展战略。比较来看，英国报业的转型走得更远一些。例如，《卫报》在数字转型过程中，"从未将自己看作一个报纸业务集团，而是一个与 Buzz Feed、Vox 和 Vice Media 竞争的新兴数字新闻供应商"。这实际上是将自身定位于互联网平台。2015 年 1 月，《卫报》正式推出新全球化网站。改版后的网站将英国、澳大利亚和美国三个版本的网址合并简化为一个访问渠道，且在视觉和功能上进行优化。与此同时，《卫报》按照互联网逻辑和思维推进自身的产品不断优化：提升用户体验，开发数据分析软件，分析读者的使用习惯；对浏览器、访问量、页面浏览量、引用路径和用户痕迹进行有效追踪，增加通过会话时间、浏览深度两个标准以观察新闻互动程度；开放评论平台，开放数据平台，开放技术平台，开放新闻平台；实行会员制，颠倒付费墙，保障用户中最忠诚的会员能够看到最新的内容。

二、充分利用各平台之间的相互联动，实现新闻信息的多次开发利用

综观国外各大知名报纸的转型可以发现，在核心品牌竞争力的基础上，报纸与网络、手机、平板电脑、阅读器等新媒体已形成全面联动趋势，平台数量增多，相互之间的联动更加频繁。报纸由于版面空间有限，其呈现方式相对受限，但网络技术的多样性使得新闻的表述具有多种手段，其超链接技术使信息呈现网状结构，为受众提供除传统媒体以外更多的选择渠道，还能通过内容设置影响受众的接受与认知。同时，网络可以成为报纸新的发展支点和赢利点。在"内容为王"的前提下，可以更多更方便地根据信息内容传播的需要来选择和决定使用哪种媒介。读者喜欢什么形式，就尽量以那种形式呈现和传播，从而使新闻信息资源配置达到最优化。寻求报纸网站核心表述力，就要让报纸与其网站相互紧密嵌入，让报纸与网络实现从形式到内容的融合。报纸尽量刊发深度报道，报纸稿件末尾都有指向网络版的链接路径；编辑把记者发回的文字稿件、图像，甚

至音频、视频等内容第一时间"链接"到网络；每个记者还可在网上开设新闻博客，写下在采访中遇到的故事，实时发布事件的进展情况，真正做到报网互相补充和联动。美国媒介综合集团的坦帕新闻中心在新闻报道的实践中，形成了报纸、网站和电视台的分工与协同，网站侧重新闻的即时发布和全媒介形式的专题整合；电视侧重于现场报道；报纸侧重于通过深度报道和评论揭示和挖掘新闻事件的意义。

自建平台的建设需要很长的周期，也面临着较大的风险。因此，除了自建平台之外，报业传媒集团还需要善用已有的互联网平台。在美国，众多报纸都在社交网站上建立了自己的账号，实现新闻发布、用户维护等功能，《纽约时报》等传统大报都接入了 Facebook 等社交媒体的新闻应用。在英国，报纸也利用各大已经成熟的社交网络吸引年轻用户，如《金融时报》在其新闻网站上就开设了 Blogs 栏目，通过签订协议将财经界权威专业人士的博客独家提供给《金融时报》，使财经界权威专家参与网站内容的建设，不仅实现了内容的专业性和独家性，而且吸引了年轻受众的参与。

无论是自建平台，还是利用现有平台，关键是要实现平台生态圈的多方共赢。"平台生态圈"不只是搭建一个平台，而且是以平台为基础构建"为支撑平台活动而提供众多服务"的大系统。以《泰晤士报》打造的 Times＋平台为例，在这一平台上，用户为了参与 Times＋提供的各种活动，如演唱会、明星见面会、购物券等而订阅《泰晤士报》，不仅可以提高《泰晤士报》的数字订阅用户数，而且有利于《泰晤士报》软化形象，培养年轻读者。而商家又可以通过 Times＋提供购物券和优惠券，达到吸引用户、提高品牌知名度的目的。Times＋、新闻网站、商家网站共同形成了一个大系统，实现了用户、《泰晤士报》、商家的多方共赢。

三、基于数字技术，打造优质新闻产品

日本的中马清福先生在《报业的活路》一书中提出未来报业发展的必由之路是"媒体不论是纸质还是网络都没关系，关键在于利用时代产生出

来的新闻媒体发挥报纸的强项。报纸的强项是信息，是内容。以传统和信用为基础竭尽全力收集的信息才是报纸最大的财富"。数字化时代，用户新闻需求的自主性觉醒。纽约时报公司推出的由 7 名一线记者耗时一年编撰而成的《杰出新闻》(Journalism That Stands Apart) 报告，描述了该报核心产品的愿景与样态：《纽约时报》把未来期望定位为读者的最终目的地——权威、明确并且重要。"正是这些良好品质，读者们才会长期以来订阅我们的精心策划的纸质版报纸。同时也使得读者愿意让我们的应用程序占据大家手机宝贵的屏幕空间，从众多媒体应用中脱颖而出，订阅我们的 Newsletter 和简报。""新闻必须改变，必须匹配并且预测读者现在和未来的习惯、需求和欲望。我们需要的是更多的人认为不可或缺、值得每天花费时间和金钱订阅的报纸。主要体现在以下方面：新闻报道需要更加可视化；我们的书面作品也应该用更加数字化文字的方式来展现；我们的读者必须成为我们报道的重要组成部分。"[1] 可视化、数据、读者，都将是新型产品的有机构成之一。

首先，利用大数据技术，打造数据新闻。数据新闻的表现形式和核心功能适宜于互联网媒介和移动互联网媒介，对它的生产也需要做到形神兼具。在打造叙事类数据新闻时，通过数据清晰、客观地讲述事实同时，也要提升可读性，避免话语的枯燥；在打造调查类数据新闻时，要通过关键性数据的呈现和解读直达新闻事件的深层本质；在打造应用类数据新闻时，需要建立与读者之间的紧密联系，甚至提供具有直接的、可操作性的建议。[2]

其次，基于用户阅读习惯，精准推送个性化新闻。互联网时代和移动互联网时代信息生产的爆炸式增长与技术对用户实现的赋权，需要传媒实行精准的个性化内容推送，实现与用户的重新连接。精准的个性化新闻推

---

① 马国仓、孙志勇：《网络时代报业的变与不变——英国报业转型发展的启示》，《中国出版》2012 年第 24 期。

② 高井洁司：《日本报纸网络化进展研究》，南方报业网，http://www.nfmedia.com/cmzj/cmyj/sysj/201401/t20140114_363008.htm。

送可以从两个方面实现：一是建立信息平台，在实现新闻自制的同时，利用网络爬虫技术，归集海量的网络内容资源，以及与其他媒体建立内容共享机制，汇集外部媒体内容资源。在此基础上通过基于标签技术的内容管理，将聚集的内容进行分类，分不同的频道进行呈现，用户可以根据自己的兴趣和需求，手动定制内容频道，使其处于 PC 或移动终端的优先显示位置，便于获取。二是需要以大数据技术和算法技术为基础，通过用户画像和算法推荐系统进行用户与个性化内容的精准匹配。用户画像通过对用户在其应用中点击、转发、收藏、评论、上拉、下滑等行为的分析作出与阅读兴趣相关联的判断。例如，当用户进入某条特定新闻的时间特别短暂便即刻退出时，用户可能不喜欢该类主题的新闻或是该内容质量较低；而在某条新闻上停留的时间较长，则代表用户对该类新闻的偏好度较高。此外，通过微博、微信、QQ 等社交媒体或即时通讯工具的账号登录以让用户获取频道订阅等特定功能，可以获取用户在微博、微信或 QQ 应用上比新闻接触和使用更为多样化的大数据以实现对用户完整和精准的还原。算法在用户画像的基础上，基于用户特征与内容之间存在的紧密联系，给用户推荐内容，如给中年男性推荐时政新闻、给老年人推送养生资讯。在现有条件下，更具有操作性的方法是基于内容的推荐，即算法系统推荐与之前用户曾阅读过的相似度较高的内容。

最后，利用认知盈余，激活 UGC（用户生产内容）。随着公民意识的觉醒，用户不再一味接受专业机构挑选的新闻，用户开始成为重要的内容来源。UGC 的意义在于提升内容质量和通过用户参与与用户建立稳定连接。借助用户进行内容生产，可以通过以下几个方面来实现：第一，传媒生产观念的更新变封闭为开放、变控制为沟通，以用户为中心打造 UGC 的网络发布平台。[①] 第二，培育"勤于创造、乐于分享"的平台文化，激活同边网络效应。同边网络效应是指当某一边市场群体的用户规模增长

---

① 《〈纽约时报〉发布 2017 年战略报告！告诉你在竞争激烈的环境中，如何保持畅销不衰！》，ZAKER，http://www.myzaker.com/article/588588f01bc8e0797c000002/。

时，将会影响同一边群体内的其他使用者所得到的效用。^①通过构建以利益分配和版权保护为核心的创作激励机制，如设置全新的交易系统，以保护内容生产者和内容版权，让内容生产者成为知识产权的拥有者、交易者，实现并享有内容创造的价值，形成内容合伙人知识产权保障平台^②，培养 UGC 用户规模，随着用户规模扩大、原创新闻信息内容的增多，平台的影响力随之增大，新用户涌入，发布的 UGC 会被更多的人看到，又会进一步吸引 UGC 用户，从而形成同边网络效应的"正向循环"。第三，建立监管机制，对用户生产内容进行质量把控。由于绝大多数用户并非专业新闻从业者，其生产的内容在质量上会参差不齐。为了实现平台的可持续发展，传媒必须通过建立预审、事后校改、用户评审等机制来予以规范。^③

四、探索有效的赢利模式

传媒数字化背景下，传统报业危机的根源在于用户失联导致的赢利模式塌陷。报业需要通过传媒资源重组，实现新的价值创造、价值获取和价值锁定。通过分析美国、日本、英国在赢利模式创新上的实践，结合我国报业实际，可以从在线订阅、在线广告、增值服务和投资获利四个方面进行探索。

（一）尝试构建"付费墙"

在全球范围内，能够成功构建"付费墙"的报纸并不多，仅有《纽约时报》《华尔街日报》等少数报纸取得了一定成效。其中，《纽约时报》数字订户在 2016 年第四季度新增 26.7 万户，总数达到 160 万户，来自数字订阅的收入增长 5%，在一定程度上弥补了 9.7% 的广告收入下滑；据

---

① 周婷婷、陈琳：《大数据时代数据新闻发展的主要方向——以全球"数据新闻奖"2013年获奖作品为中心的分析》，《新闻与信息传播研究》2013 年第 4 期。

② 谷虹、黄升民：《三网融合背景下的"全战略"反思与平台化趋势》，《现代传播》2010年第 9 期。

③ 陈威如、余卓轩：《平台战略》，中信出版社 2013 年版，第 34 页。

《华尔街日报》主编 Gerard Baker 表示，2016 年其数字订户也已超过 100
万，是在整体广告于 2016 年第三季度下滑 21％的背景下的利好。以这两
家报纸为样本参照，中国数字报业在构建"付费墙"的过程中需要注意以
下几个方面。首先，内容品质是构筑"付费墙"的基础，在网络中间充斥
免费内容的前提下，数字报业意欲通过内容直接变现，内容在品质上必须
是优质、稀缺和不可替代的。《纽约时报》强大的内容生产能力保障出品
最严肃的综合新闻报道，《华尔街日报》在提供最新和最权威的财经新闻
同时，还有包括近 30 年的道琼斯通讯社、路透社和《华尔街日报》新闻
的数据库服务，对于财经人士来说是不可或缺的。内容品质的问题是中国
数字报业构筑"付费墙"过程中最艰难的挑战，只有少数报纸具备构筑
"付费墙"的资质与能力，一类是在中国报业市场化过程中真正锻造了优
质内容生产能力、积累了深厚品牌资产的优秀报纸，一类是把控甚至垄断
一些群体特殊信息需求来源的媒体。其次，传播渠道对于用户获取的易
得。数字报业将内容直接变现，除了自创网络版或客户端，更重要的是附
着于具有海量用户的互联网平台，如微信、微博，让潜在用户可以尽量便
利地获取内容，并利用这些平台已经建立的付费渠道实现信息消费。再
次，合理的付费策略和灵活的征订方式。"付费墙"构建的基本策略是将
全部内容视为金字塔状，对塔底的大批量内容实行免费，对塔顶部小批量
内容实施收费。用免费的内容产品吸引大规模的用户构筑"防火墙"，阻
击竞争对手，为塔顶部的利润提供保障；灵活的征订方式是可以征订整个
年度的数字内容，也可以在不同终端上实行"微支付"，即购买单篇内容。

（二）打造数字化环境下的广告营销方式

在经营上，传统报业广告的流失是导致经营困难的直接原因。广告主
抛弃报纸的原因是广告目标受众的转场，因此在注意力资源聚集的新传播
场景中打造新的广告模式成为重获支柱性赢利的渠道。中国数字报业重塑
广告营销方式可以通过以下几条路径进行探索。第一，以融合内容的形式
在媒介矩阵中传播。在形式上，突破传统的文字、图片等表现形式，融合
视频、音频、动画等媒介形式，提供广告的表现力和互动性。可以和美国

数字报业在线广告一样，将广告类型拓展为付费搜索广告、横幅广告、分类广告、长视频广告、时段广告、富媒体广告、引导性消费广告、赞助广告、电子邮件广告等，将广告发布的平台布局为数字报业旗下不同形式的传媒，发挥纸媒对视觉具有强刺激、网络媒体互动性强等媒介特征，形成协同效应。第二，推出能够实现精准推送的广告营销模式。数字报业在新闻生产和分发的过程中已经具备初级的大数据技术和算法技术的基础，在广告的生产和推送过程中可以对上述技术进行迁移，用于产品目标用户的分析和精准推送，《纽约时报》已经付诸实践。第三，运用原生广告，实现场景营销。在网络中间，由于用户具有很强的自主权，突兀的广告形式会引起用户的逃离和对广告的负面影响，可以运用原生广告，即与新闻、娱乐、论坛等融为一体的广告形式，在用户可以接受特定内容的环境和情境中进行营销，如京华时报的《云周刊》，在介绍当前网络热门游戏和软件的资讯板块中推介相关产品与服务。

（三）利用现有资源开展增值业务

在数字发行和在线广告之外，国外很多报业集团已经开辟包括数据库、电子商务、舆情服务等在内的增值服务提升营收。例如，日本经济新闻社创立日本最大的商用数据库 NEEDS 供用户进行查询。此外，基于用户需求开发手机游戏、手机音乐等增值业务。2007 年，日本经济新闻社的数字赢利就已经超过了旗下纸质媒体的赢利。[①] 美国的《华尔街日报》建立在线市场数据中心，数据库依托道琼斯公司提供世界一流的商业财经信息和专业记者、财经精英的分析报道，内容包括美国股市、国际市场、交易所交易基金、互惠基金、债券、利率及信贷市场、商品及期货、汇市等。用户通过注册、付费，就可以按照日期或者关键字查询数据信息。中国的数字报业在具备丰富政治、经济、文化、商业资源的情况下，也可以通过建立数据库、利用自有印刷厂开展印刷业务、利用原有的成熟配送系统和演艺资源进行票务销售以及物流领域的服务。

---

① 吕尚彬：《重视 UGC 激励用户分享和原创》，《新闻战线》2013 年第 7 期。

五、重塑内容生产组织结构

依据"结构跟随战略"理论，在报业数字化的战略导向下，报业组织结构转型需要颠覆性变革。具体而言，报业组织结构需要向扁平化、模块化、团队化的方向发展。

（一）模块化

传统的新闻产品是由以报纸为代表的传媒在其组织内部独立完成。但是，在数字报业的新业态中，诸如今日头条和一点资讯等即时资讯聚合平台已经凭借算法实现内容与用户的精准匹配，这在创新传播方式的同时，也重构了新闻生产与传播的基本方式，新闻生产与传播的一体化被打破，新闻生产与分发分离，需要不同的组织完成协同化劳动。这种趋势在大数据技术，VR、MR、AR等信息呈现技术等，不断开始应用于新闻生产与传播领域时越发明显。这也说明数字报业新业态体现出模块化的特征。

模块化是指半自律性的子系统通过和其他同样的子系统按照一定规则相互联系而构成的更加复杂的系统或过程。① 产业的模块化需要组织结构的模块化予以匹配。其优势之一就是打破了组织的固定框架，根据需要替换子模块来实现新功能。

报业组织结构模块化可以通过组织结构中岗位和部门的灵活组合实现内外部资源的自由连接，以保障新闻生产业态的不断更新。组织结构的模块化是将先前基于产品和服务完成生产紧密沟通和联系的各部门拆解为相对独立的部门，它们依据模块系统实现制定的规则、进行独立的生产，然后组合在一起实现整体功能。报业组织结构模块化首先保留核心的内容生产部门模块，同时需要新组建基于大数据技术的用户分析和用户关系维护部门模块以保证内容生产的用户中心原则，在与其他技术协作以完成传播的过程中，对承担这些技术的部门模块根据效率优先的原则，在报业组织内部设置或在市场中寻求相应的功能模块。同样，报业组织的经营性工作

---

① 吕尚彬：《重视 UGC 激励用户分享和原创》，《新闻战线》2013 年第 7 期。

也可以在模块化的框架下外部实施以节约运营成本。在数字报业的新业态中，报业组织将会分化为单纯提供内容的子模块和构建平台型媒体的模块集成商。

（二）扁平化

模块化的报业组织部门模块应该以扁平化为基本要求。现在，中国报业组织最为核心的内容生产部门较多地采用五级的层级结构，由记者、编辑、版面编辑、编辑部主任、总编辑构成，在特殊内容的生产过程中，还可能有新闻宣传部门的监管者层级。相较于传统工业化时代的大企业组织超过二十个级别的组织结构，报业的层级结构已经较为扁平化，但是为了实现对普通员工更好地赋权以满足用户对信息个性化生产与发布速度的更高要求，可以借鉴美国通用公司在组织改革过程中拆除科层组织机构的成功经验，在生产部门中仅保留两级：厂长和员工，常规性的管理工作由员工轮流承担。这样的变革在组织内部效率的沟通、员工积极性和创造性的激发、整个组织的灵活性三个方面都有显著的提升。

在报业组织结构扁平化的改造中，同样需要破除五级层级机构上级对下级严格控制以保证最高层对新闻报道的控制而造成生产行为及其产品高度模式化。具体而言，在纵向上，可以将五级结构压缩为两级，保留记者和版面编辑，记者继续负责内容生产，即 PGC，版面编辑的责任变为对内容实施涉及信息安全方面的审查和处理。而先前其他层次的职能在数字报业的新业态中已经被替代或失去意义。由于数字新闻产品在呈现的平台上已经不受先前纸质报纸版面篇幅的限制，符合基本要求的稿件都能被上传，不再需要编辑的人工筛选；而对内容进行版面与位置安排的权力则交由技术与用户，通过对内容中的关键词进行标签的手段来决定版面安排以及与用户的精准匹配，并结合大数据对网络热点话题的分析结果以及用户的阅读量来决定推送情况和处于版面的位置。

（三）团队化

中国报业的环境和任务都较为特殊，转型的障碍和壁垒较多，加之由于相关技术发展迅速，数字报业的新业态构建需要借助团队化利于试错的优势降低风险。

团队组织结构，即任务编组（Task Force）的组织结构，由不同专长的专业人员根据组织需要，以完成特定临时任务为目标导向临时组成团队，组织以松散和分散的方式管理。相较于传统企业中主流的直线职能制，团队化组织结构的特点与优势如下：首先，因为具有新项目探索和培育的性质，团队可以获得完成整个任务所需的资源，包括原材料、信息、设备、机器等；其次，团队组织内消除了部门、职能和专业之间的障碍，团队成员之间沟通便捷、顺畅，积极性与主动性被充分调动，经过交叉培训的团队成员也可以获得综合、全面的技能，相互协作完成任务；再次，自主决策的权力，团队被赋予较高的自主决定权，团队成员可以自主进行计划、解决问题、决定优先次序、支配资金、监督结果、协调与其他团队和部门之间的活动。

在报业组织实验性团队化组建的具体方式上，可以结合美国 Facebook 团队化组建的模式。公司的员工可以自己的想法和创意为基础，向公司提出组建团队的申请，申请通过公司的评估，员工即得到作为负责人按自己意愿组建团队和选择团队的权限，同时员工的绩效与团队的成绩挂钩。一个员工可参与多个项目团队，在小团队范围内，甚至公司高层也需听从团队负责人的指挥。与此同时，公司也要在团队创业的方向上予以明确并保证完善的保障服务。需要说明的是，在报业组织推动团队化创业必须明确创业的数字报业方向，符合互联网技术发展趋势且有良好的赢利前景。对创业团队实行保障，要立足于建设公开、开放的产业平台，通过资本运作及传媒运营资源的投入，为创业者提供资金、商业、技术、市场、人力、法律、培训等系统化的服务，帮助其快速成长。

组织结构的转型是报业整体转型的支点，重要性不言而喻。组织结构朝模块化、扁平化、团队化的方向转型有利于报业通过与外部资源的连接实现业态不断创新；激发员工进行创造性生产，实现报业组织的柔性化以实现对市场和用户需求变化的灵敏应对，以及在限制较多的环境中实现对数字报业新业态的全面、深入探索。

结　语

　　中国报业变革的步伐是急促而坚定的，其变革的指向则是清晰而明确的。从"报纸＋互联网"升级为"互联网＋报纸"，不只是一个简单的语词游戏，更是一个质的飞跃。它强调的是以互联网为社会传播重构范式，对包括报纸在内的传播形式，按照"网生代"的媒介使用方式和要求的转型重构。转型重构的目标是走向"在线社会信息传播系统"。

　　转型的动因来自社会主流群体及其传媒接触方式的更替。从社会主流群体的更替来看，今天的社会主流群体早已不是"一杯茶、一包烟，一张报纸混一天"的群体，而是"网生代"，是"SoLoMoPe 族群"。"SoLo-MoPe"是四个英文单词"Social""Local""Mobile""Personalized"的缩写结合体。互联网极大地激活并释放来自用户社会信息产消资源和能量。在个人节点化的时代，用户行为最大的特点是社交化、本地化、移动化和个性化，同时还是 prosumer（生产消费者）。对"SoLoMoPe 族群"而言，线下无媒，网外非媒。即使"SoLoMoPe 族群"，也在不断进化，从目前的用户 3.0 逐步升级为用户 4.0。PC 端、移动端、手机端等智能终端的消费者，大体上属于用户 3.0 的初级智能用户。英国牛津大学互联网中心的研究表明，用户的"年龄每大一岁，成为下一代互联网用户的概率降低0.96％"[①]。进化之后 4.0 级的新型用户越来越适应在互联网平台上搜索信息、消遣娱乐、分享信息、创造内容。正是他们决定着目前包括报业转

---

　　① ［美］马克·格雷厄姆、威廉·H. 达顿：《另一个地球：互联网＋社会》，胡泳等译，电子工业出版社 2015 年版，第 25 页。

型、互联网演化的传媒发展走向。

　　转型的逻辑决定于传媒产业演进路径。从历时性演进的角度看，按照"新兴""趋近""共存""支配"轨迹正在展开的中国传媒产业的激进式变革，已经走过了产业新模式孕育、生成、初长的"新兴"阶段，走过了产业新模式和旧模式激烈博弈的"趋近"阶段，正处于产业新模式爆发性增长、以压倒性优势不断胜出的"共存"阶段，即将进入产业新模式处于完全支配地位的"支配"阶段。"共存"阶段是一个传媒产业资源重组的颠覆性变革的关键阶段，更是一个包括报业在内的传统媒体转型的关键时刻。在以新产业模式为主轴，以互联网为社会传播范式，大举吸纳、整合、重组传媒产业的"共存"阶段，传统报业除了凤凰涅槃，在互联网平台上转型外，已经别无选择。

　　转型的未来，进入中国互联网发展的主体。无论是通过媒介融合的策略，还是传媒产业资源重组，融入互联网的报业不再可能以"报纸＋互联网"的形态而获得可持续发展，只能被互联网整合、重组，成为互联网的一部分而构建"新型主流媒体"，进而成为互联网发展的主体。所谓"进入中国互联网发展的主体"，有两层内涵：一是指成为社会信息传播系统；二是指与互联网的演化而演化。今天的互联网正在从泛在化、智能化等维度向下一代互联网演化。物联网的崛起和互联网的连接、开放逻辑叠加，正在不断拓展互联网的疆域，尤其是伴随着大数据能量的流动，互联网在一个巨大的广域空间里野蛮生长着，迅速将"人的世界"和"物的世界"全面连接。另外，互联网作为人工智能系统，在弱人工智能向强人工智能发展的轨道上，不断地提升着智能化水准。智能手机、机器人、可穿戴设备等网络智能终端的不断涌现和更新迭代，推进着互联网硬件的智能化；机器学习技术、算法技术、高性能计算技术、实时计算技术等不断进步，促进着互联网软件的智能化；互联网神经网络技术和"人工仿脑"的发展，探索着互联网的大脑化。报业转型成为互联网的主体之一部分，未来将获得泛在化、智能化发展，或将成为智联网的一部分。

　　转型的阶段目标则是成为在线社会信息传播系统。这是报业转型的直接目标和产业升级重组的阶段目标。如前所述，在线社会信息传播系统是一个基于 PC 网和移动网而形成的产消者实时在线的社会信息大规模、协同化分享的网络系统。这个系统具体包括生产子系统、终端子系统、交流子系统、协作子系统、消费子系统等不同方面，其核心功能则是社会信息的实时协同分享。在线社会信息传播系统构建的核心支撑战略则是用户战略与平台化战略。在线社会信息传播系统的用户战略强调的是以用户为中心、用户驱动传媒发展的战略选择。用户战略通过如下三个核心要点得到实施：构建互联网核岛，形成规模用户；以用户需求为中心，进行产品设计；根据用户需求的变化趋势，提供在线社会信息传播的"解决方案"。在线社会信息传播系统是一个平台媒体，实施平台化战略，打造其互联网平台生态圈是其另一个重要的战略走向。平台化战略及其实施，需要从以下方面持续推进，即构建内容智能生产与推荐平台系统，形成连接用户的价值支点；整合产业资源，形成实现用户商业价值的产业平台；实施跨位战略，拓展产业平台；构建协同网络，完善互联网生态圈。这样形成的在线社会信息传播系统迥然不同于"报纸＋互联网"形态。

　　转型的报业必然走向在线社会信息传播系统，也推进着在线社会信息传播系统向着更高层级的演进。今天已经初现端倪的"泛媒时代""智媒时代"，正在创生的"智能传媒""超新传媒"平台的不断涌现，或将预示着在线社会信息传播系统向"隐线社会信息传播系统""超线社会信息传播系统"的演进趋势。2018 年 3 月 2 日，新华社发布的一个消息，其实是非常重要的一个传媒发展的标志性信号，"新华社媒体大脑从 5 亿网页中梳理出两会舆情热词，生产发布了全球首条关于两会内容的 MGC（机器生产内容）视频新闻——《2018 两会 MGC 舆情热点》，同时也创造了新媒体之最"①。新华社和阿里巴巴公司共同研发的国内第一个媒体人工智能平台"媒体大脑"，已经于 2017 年 12 月 26 日正式发布。该人工智能

---

① 高洁、潘林青：《新华社"媒体大脑"两会上岗 15 秒生产首条两会视频新闻》，新华网，www.xinhuanet.com。

平台提供基于云计算、物联网、大数据、人工智能（AI）等技术的八大功能，覆盖报道线索、策划、采访、生产、分发、反馈等全新闻链路；它不仅具有迅速扫描、收集文本、图像、视频等数据功能，还在判断、综合计算分析舆情上有独到之处。新华社的"媒体大脑"可以在 15 秒产出 MGC 新闻内容，依靠其独特的技术取代了传统媒体人采、编、整理、发表的功能，短短十几秒的时间完成一系列步骤。真正意义上的智能传媒平台已经在国家通讯社进入应用阶段，这是中国传媒产业演进的"共存"阶段即将终结的重大标志。随着传媒新产业模式"支配"阶段的到来，中国传媒产业新的演进周期将不期而至，我们已经来到在线社会信息传播系统的智能化发展门槛。不过，这将是我们进一步探索的研究主题。

后 记

从媒体人的视角来看，这是一个颠覆的时代，也是一个纠结的时代。回望过去，有几分悲凉，也有几分纠结。尤其是看到一家家报纸被互联网平台和新的智能互联网平台所颠覆而悲怆地与读者告别的时候，看到一代代传媒人为之呕心沥血、实现新闻理想的报业集团一天天江河日下，在产业的下行螺旋里难以自持的时候，看到曾经与中国的现代化进程同步发展并辉煌无比的报业却要倒在现代化即将实现的门槛的时候，不能不慨叹报纸的命运是那样辉煌灿烂、惊心动魄却又悲怆无比。

中国报纸的发展及其命运是我们课题组在最近十几年里投入大量精力的研究主题之一，但报纸和报业即将消失在历史之中的严酷现实也迫使我们不能不调整学术关注的重心。2017 年 6 月 18 日，一位寓居京华的著名报业研究学者在我的办公室里感慨："真的悲催！在学术的道路上，走着走着，还没有退休，我们研究的报业本身却走不下去了！"这也许是不少50 后、60 后新闻传播学者的内心独白之一。写这部书的后记，自己的心里不免涌出一丝悲凉：这也许是我们以中国报业为研究对象的最后一部书。在撰写这篇后记的时候，收到了张建星担任主编，唐绪军、崔保国、胡怀福担任副主编，由人民日报出版社出版的《中国报业 40 年》一书。这是中国报业协会集中动员业界、学界、管理界的精锐力量全面观照"新时期"和"新时代"报业发展与变化的一部"大书"。吕尚彬的《四十年报业发展生命周期》，也承蒙关爱忝列其中。此外，该书的附录之一《报业研究论文精选 100 篇》收录了吕尚彬的两篇论文题目；附录之二《报业研究著译作精选 100 部》收录了吕尚彬的两部著作题目。这也算是对课题组过去报业研究的一个阶段性小结。此后，虽然传媒学术探索活动还将继续，但自己思考的重点已经转移。2016 年 12 月，课题组成功申报了名为"传媒智能化背景下中国传媒和广告产业竞争力研究"的教育部哲学社会科学重点研究基地重大攻关课题。这既是中国智能传媒研究领域内设立的第一个重要课题和重大攻关项目，也是我们课题组今后几年着力研究探索的重要选题之一。

本书名为《走向在线社会信息传播系统——中国报业的转型之路》。"主名"与"副名"之间既是互补关系，更是递进关系。或许也可以说，书名本身也代表了我们学术思考迁移的轨迹：脚还在报业，但头已经在智能传媒业；从智能传媒业的层面来揭示中国报业转型的思路。其实，这未必能够解决问题，但至少是希望经历了多次涅槃的数字报业能够在智能互联网时代实现浴火重生，在由人工智能、大数据、云计算、物联网构成的大互联时代重新找到生存的南海。

归根结底，这是一个伟大的时代！如果转换一下视角，从传媒产业的新产业模式的角度来看，这是一个新技术日新月异、新产品层出不穷、新平台不断创生、新用户快速迭代的伟大时代。面向未来，在线社会信息系统正持续升级，隐线社会信息传播系统正在生成。正如本书所预测的那样，在 2020 年前后中国的传媒产业即将进入"支配"阶段，为传媒用户创造价值的智能媒体新模式处于绝对支配地位，新传媒产业必须按照新模式来创造价值；大多数传媒用户停止使用传统媒介系统而更换新系统。社会信息传播系统也将跃升到全新的形态。

本书是集体研究成果的结晶。本书的出版，首先，要感谢武汉大学新闻与传播学院前院长、教育部社科委新闻与传播学科咨询委员会委员罗以澄教授！罗先生不仅持续指导着我们的课题研究，而且欣然将本书列入他主编的"社会转型与中国大众媒介改革论丛"，并资助出版。其次，要感谢国家新闻出版广电总局规划发展司司长朱伟峰先生、原湖北日报传媒集团董事长邹贤启先生！他们不仅作为课题组成员贡献了智慧与思想，而且本书也吸收了他们的一些重要观点。再者，要感谢近十年来的博士生陈薇、赵寰、陈小娟、迟强、唐玥蕄、张鸣民、张帆、田园子、戴山山、熊芳芳、柴松华、权玺、贾军、刘奕夫、蔡鹏举、杨雪、郑新刚、王冠一等，以及2009级以后的部分硕士研究生。他们在读期间，或参与课题研究，或协助实施行业调查，或参与撰写部分章节的初稿，或以关联选题开展博士、硕士论文的研究与撰写，或协助收集文献资料、国内外案例，从不同角度和不同方面为课题研究与本书的撰写做出了贡献。最后，要感谢人民出版社新学科分社负责人陈寒节先生、责任编辑王志茹女士，是他们认真负责的辛勤劳动，才使本书得以高质量出版。

在成书的过程中，我们还参考并引用了复杂性科学、认知科学、计算机与通信技术科学、新闻学、传播学、政治学、经济学、管理学、社会学等学科的新的研究成果和文献资料，有些在相关章节中作了明确的注释，有些因难以查证而没有注明。在此，谨向相关文献的原作者、译者、出版者等致以谢忱。

　　　　　　　　　　　　　　　吕尚彬　　熊敏　　黄莹
　　　　　　　　　　2018年8月28日于武昌珞珈山